数读清史

李治亭 主编

U0833090

清朝覆亡

张立程 著

叁

「江楚会奏变法三折」
三段七级的「癸卯学制」
四级三审司法审判制
三次请愿「速开国会」
二十五岁的摄政王与三岁的幼帝

陆

六部存废：官制改革
北洋新军六镇
六岁幼帝退位——三百年
清史终结

辽宁民族出版社

© 张立程 2020

图书在版编目（CIP）数据

清朝覆亡 / 张立程著. —沈阳：辽宁民族出版社，2020.1
（数读清史丛书 / 李治亭，杨东梁主编）
ISBN 978-7-5497-2020-0

Ⅰ. ①清… Ⅱ. ①张… Ⅲ. ①中国历史—清代 Ⅳ. ①K249

中国版本图书馆CIP数据核字（2019）第247420号

清朝覆亡
QINGCHAO FUWANG

出版发行者：辽宁民族出版社
地　　址：沈阳市和平区十一纬路25号　邮编：110003
印 刷 者：辽宁新华印务有限公司
幅面尺寸：180mm×250mm
印　　张：17.5
字　　数：280千字
出版时间：2020年1月第1版
印刷时间：2020年1月第1次印刷
责任编辑：李　璜
封面设计：杜　江
责任校对：王　荷

标准书号：ISBN 978-7-5497-2020-0
定　　价：58.00元

网址：www.lnmzcbs.com　邮购电话：024-23284335
淘宝网店：http://lnmz2013.taobao.com
如有印装质量问题，请与出版社联系调换　联系电话：024-23284340

前言

李治亭　杨东梁

《数读清史丛书》经构思、组稿、成稿、定稿，历经数年，现在终于可以与读者见面了，这首先要感谢辽宁民族出版社的鼎力相助。

那么《数读清史丛书》究竟是一部什么样的书呢？为什么把“数字”与“清史”联系在一起？这是必须要首先交代清楚的。

提起清史，人们并不陌生，但清朝全史的研究及有关清史图书的出版，在中华人民共和国建立前后一段时间内却显得较为冷清（部分涉及中国近代史、农民战争史者除外）。进入改革开放时期后，清朝的历史和故事受到社会的广泛关注，一方面，学术界不断掀起研究清史的热潮，从地方到全国，国家级暨国际性的研讨会频频举行，研究成果如论文、著作、资料、通俗读物等层出不穷；另一方面，文艺界如戏曲、小说、评书、电影、电视等，也介入清史领域，将其演绎成一部部艺术作品推向社会，从而使清史故事和知识普及千家万户。至今，自20世纪80年代掀起的“清史热”不减不退。可以说，清史的普及率是其他断代史无法比拟的。清史一跃成为史学界之“显学”，不能不使各断代史相顾“失色”！这与改革开放前数十年相对冷清的局面形成鲜明对照。

清史研究的大发展和空前繁荣，实非偶然。清朝距我们当代社会最近，自其亡国至今，也只有百余年；说起清朝的人和事，似在昨天，如在眼前，很容易引起人们更大的兴趣。清朝的历史漫长，经历的时代多变，其丰富多彩的内容，为文学艺术创作提供了取之不尽的素材。坦率地说，把清史故事搬上舞台、银屏，也许比创作关于现实生活的作品来得容易些。因为编导者们受到的约束较少，创作发挥的天地较为广阔，这是不是也算一种“捷径”呢？

对于史学界来说，清史园地既广大又富饶，还有许多待开垦的“处女地”，确有强烈的吸引力。学者们为之付出辛勤劳动，研究成果难以计数，近40年所取得的进展，远胜前60年的总和！

有清一代，比它以前任何一代王朝更受到当代人的重视与关注，这也许是清朝的幸运。但其中也有颇多是非曲直、重重疑点，现在学术界还在争论不休，难以达成共识。不同观点已成对峙状态，能延续多久，尚难预料。不过，争论绝不是一件坏事，学术就需要百花齐放，百家争鸣。如果没有争论，学术也就失去了它的生命力。

现在的问题是，有关清史的歧见，已远远超出了学术争论的范畴。例如，文艺小说及影视、戏剧“戏说”成风，更有甚者，某些清宫影视剧，荒诞无稽，莫此为甚！诚然，文艺作品既然是艺术创作，自然允许虚构，但不能脱离生活，特别是历史题材的作品，更不能天马行空，颠倒、篡改历史，我们常说的“大事不虚，小事不拘”，就是这个道理。文艺界的“戏说”风也刮进了学术界，一些“学者”跟风而上，打着学术的幌子，对三国史、清史，乃至孔子、庄子恣意解读。特别是清史，标榜“正说”者未必不是邪说，其公开宣扬历史唯心主义，信口开河，实则搞乱了清史。任意涂改历史，胡乱编造之风必须煞住，因为不得民心，终将被弃之如垃圾。

尽管“戏说”荒诞，谬说悖理，却仍在社会中流传，清史难“清”。这促使我们决意写一部“新清史”，阐明我们的“清史观”，表述对清史的基本认识，希望能尽量做出科学评断，向社会传达准确的历史信息。这大抵是我们编纂本丛书的初衷，是否如愿，有待实践检验。

撰写一部王朝断代史，首先遇到一个问题，即王朝的起始与终结时间。这似乎是个常识，无须讨论。清以前的历代王朝姑且不论，只说清朝，确有特殊之处。它的终结时间，为宣统三年（1911），清帝宣布退位，清朝统治就此结束。对此，没有任何疑义。那么，清朝的历史又始于何时呢？说法有三：一说，以清顺治元年（1644）入主北京为其始，清有国应为268年；一说，以明万历四十四年（1616）努尔哈赤创建后金政权为清史开端，至终结，共296年；一说，从努尔哈赤于明万历十一年（1583）起兵算起，直至清亡，共历329年。

这三种说法都有一定道理。正如一个人的人生历程，如从参加工作算起，至退休，强调其人的工作时间。如从出生算起，直到去世，这是表示一个人的寿命。清朝的三个“开始”时间，各有所重。学术界采用的是第一种说法，约定俗成，从未受到质疑。因为从入关后清朝才开始统治全国，到其退出历史舞台，就是清朝统治中国的全史。入关前的历史只是清史的序曲，被视为清史的楔子，可不计入清史的时间统计。

我们的意见，取第三种说法：从努尔哈赤创业，到确立在全国的统治，直到溥仪退位，这是清朝历史的一个漫长而完整的过程。其中各个时期，都是清史不可分割的一部分，而各个部分的总和，就是清史的全部。可以说，清史的绝对时间应为329年，举其概数，可称“清史三百年”。同大多数王朝一样，清朝三百年经历了兴、盛、衰、亡的漫长过程。考察清朝三百年，可以说有其独特的经历，这就是：创业、盛世、衰亡，而这三段恰恰是各占百年左右。

先说创业。如前指出，明万历十一年（1583），努尔哈赤起兵，为被害的父祖报仇，即为清朝创业之始，已无疑问。那么，创业于何时完成？进一步问：创业完成的标志是什么？很简单，全国完全统一之日，就是创业完成之时。清在关外时期，仅占有东北与内蒙古地区，统一大业远未完成。清军入关后，于顺治十八年（1661）消灭南明最后一个政权——永历政权，至此，已完成对中华大陆的统一，但台湾仍被郑氏集团控制，故清之创业还不能说完成。直至康熙二十二年（1683），郑氏政权兵败投降，台湾归入清朝版图，至此，清朝才完成了创业。收复台湾，是一个标志。到收复台湾之时，清朝创业正好历时一百年。所谓百年创业，名副其实。

那么何谓百年“盛世”？“盛世”是指最好的历史时期。经济全面发展，文化繁荣昌盛，社会长治久安，国力空前强大等，都是构成盛世不可缺少的条件。清史学界主流意见，认定康熙、雍正、乾隆三朝为清之盛世，史称“康乾盛世”。这个“盛世”，从何时开始？何时结束？学界并无具体界定，学者们见仁见智，但整体上差异不大。我们认为，无论开始、结束，必有一标志性事件，为其时间的界标。进入盛世的标志，恰好是收复台湾的第二年，即康熙二十三年（1684），圣祖首次南巡，非为娱乐，而是专程亲临治理黄河工地，阅视河工。黄河之重要，实关中国历代王朝兴衰，亦为中华民族之命脉。在以农业立国的时代，治理黄河水患，如同治国，是国家头等大事。在收复台湾后，圣祖立即转入治河，说："今四海太平，最重者治河一事。"①治河即治国，国家形势已由前期的战乱转为相对稳定，此即盛世开始之时。从大乱走向大治，治河是标志。

盛世何时结束呢？嘉庆元年（1796），高宗刚退位还不到一年，就发生了一个重大的事件，即川、楚、陕、豫白莲教大起义，引发社会矛盾总爆发，社会动乱。以此事件为标志，宣告"盛世"结束。至此，盛世历时112年，取其概数，称为"百年盛世"。

以嘉庆元年为由盛转衰的时代分界线，清朝转入衰落。历嘉庆、道光、咸丰、同治、光绪、宣统等六朝，经时115年，可称"百年衰亡"。

清朝全史，三个"百年"，并非是人为机械地划分，恰恰是清朝本身自然形成的"三段式"，此说只是我们的一种看法，有待学界形成共识。

我们就是依据上述认识，按照三个百年的历史时期，设计出三个阶段，每个阶段各由3册书组成，共计9册，约180万～200万字。

这套丛书，可以说是一部完整的新清史。清朝灭亡百年来，研究清朝历史的成果不断问世，近30年最为突出，已出版长短不一的清朝全史不下10部。本套丛书则有自己的独特之处：其一，给清史定位三百年，按百年创业、百年盛世、百年衰亡"三段式"撰写清朝全史，似乎尚无先例。其二，予清史以新的解释，反映近30年学界清史研究的新认识、新水平，不落俗套，并非老生常谈，而是对清史的一种新解读，着重阐述我们新的清史观。其三，我们在理论上坚持求

①《圣祖仁皇帝祖训》卷33，"治河一"。

实求真的中国优良学术传统，吸收已有的研究成果，抵制西方史学中的败笔和不良影响，不跟风，不媚俗，也不接受所谓“山寨”的“雷人”之语，更与“戏说”划清界限。一句话，坚定文化自信，坚守中国学风中的优良传统，挡住学术歪风之诱惑，坚定地走自己的路！其四，本丛书的体例与以往不同。近代以来写史多采取西方的章节体，千篇一律，有的节以下再设目、小目，结果节、目重叠，不胜繁杂。本丛书体例设计打破惯例，采用更为灵活的纪事本末体，每件事都是一个故事，通过将这一件件大小事串联起来，以展示清朝三百年历史长编，再现清朝波澜壮阔的历史画卷。

本书更为明显的特点还在于用数字写清史。前文已指出，近40年来，学界或文艺界对清史颇多“创造”，如“戏说”风，风靡各界，以致清史学界也不能幸免！跟“风”而起，“戏说”起来。当“戏说”渐失市场时，又有“正说”“实说”相继出笼。所谓“实”“正”不过是作者主观意识的表达，能否真做到“正”、做到“实”，那就得看作者的史识、史才、史德如何了。事实表明，标明“正说”者，未必正；声明“实说”者，未必实。凡此种种，一个共同特征，就是作者或编导顽固地表现其主观随意性，却弃事实于不顾。我们则希望坚持以历史事实为依据，并通过数字来述说清史之由来。

数字之重要，在于它是代表人类存在的一种符号！在社会生活中，如果没有数字，人类社会将会怎样？毫无疑问，人类必将重返蒙昧时代。考察历史，可知数字与历史的关系至关重要，不容忽视。从《史记》到《清史稿》共26部所谓“正史”中，留下了大量用数字论述历史的资料，在其他各种史书，包括私人著述中，也留下了不少数字的记录。应当承认，我们的祖先对数字远不如西方人那么重视，故史书中有关数字的记录并不多。以数字为基础的统计，其涵盖面颇受局限，而且所记数字也未必都准确。如同文字记述之不确，当考者必考之，以求其真。尽管缺憾多多，但史籍中所留数字仍弥足珍贵。数字与文字记述同等重要，两者互证且互补，数字表明事物存在的形式、规模与质量，是人类从事政治、经济、军事及生产、生活实践活动的依据，亦是政府决策、做出判断的参数；而文字是对数字的说明，如果没有文字的解读，数字也就失去了意义。

如上所言，中国古代不如西方那样重视数字，历来不重视数学发展，数学古称“算数”，即便出现过祖冲之、刘徽这样杰出的算数家，国家整体科技还是没有发展起来。因为古人治国不靠科技，唯专仰经书而已。已故美籍华人、历史学者黄仁宇就晚清百年中国动乱做出独特的分析，称“中国过去百多年来的动乱，不是所谓章法不良、人心不古，也不是全部军人专横、政客捣乱”，却是因为中国未能像西方那样实行“在数目字上管理”的治国手段。

当然，中国古代也并非完全不重视数学，如把“数”列为六艺之一，以数字为基础的学问称“算数”。清朝人对算数的认识颇为深刻，大学者阮元曾说过一段很精彩的话：“数为六艺之一，而广其用，则天地之纲纪，群伦之统系也。天舆星辰之高远，非数无以效其灵；地域之广轮，非数无以步其极；世事之纠纷繁赜，非数无以提其要。通天地人之道曰儒，孰谓儒者而事以不知数乎！”[①]阮元一席话，可知数字无处不在：上经天，下通地，社会生活不可离。阮元之数字论，无疑是对几千年数字之用的正确总结。

① 阮元：《揅经室三集》卷5，“里堂学算记序”。

回顾历史，历代史籍对数字的应用、用数字记述史实的例子，俯拾皆是。如《史记·高祖本纪》载：刘邦率大军攻入咸阳，金银财宝、后宫美女皆不取，独取户籍、地亩、图册，此意是在掌握全国的土地与人口数，以备将来治国之用。其后历代史书皆记载本朝的人口、土地及税收等大量人文经济信息，及至国家各级官吏设置、行政区划、军队及军事活动等，均有数目统计。这些宝贵的具体数字，为后世展开学术研究提供了实证。清代所载各项数据，远比前代更为全面而丰富，如官方编纂的《清实录》、国史及其他官书（如《四库全书》等），还有大量的地方志书、私人著述，无不包含用数字记述的史实。特别是清朝诸帝在位的每一年都要统计并公布该年度的土地增长面积及人口变化，乃至国库存储、蠲免钱粮、水利工程投资、军费支出、官员薪俸等情况，可见数字在国家政治、经济与社会生活的一切领域都占据重要地位。

毫无疑问，数字就是史料，是各种史料最值得重视的组成部分。数字同文字记录一样，都是历史的载体，其独特之处在于，它把历史的内涵具体化，彰显其真实的存在。

数字与历史的关系如此密切，对于史学研究不是可有可无，而是必不可少。应当承认，我们的史学研究往往不那么看重数字，总是偏重于研究事件始末、人物的实践活动、是非的评断，数字只是其中的附属，很少有人把它视为主要依据。这里，还有一个认识误区，即以为“摆弄”数字与统计，是经济史学家的事，似乎跟史学其他方面的研究无关。这一认识显然有失偏颇。我们应当树立“数字历史”的新思维，重新认识数字在史学研究中的特殊价值，若能如此，将深化我们对历史的理解，并做出新的判断。

基于以上认识，我们提出了用数字写清史、读清史的学术概念。同时，清代个别学者对数字的重视与分析，无疑给予我们很多启发，促使我们对这个问题的认识又有了新的升华，具有新的学术意义。

本文开头就提出何谓“数读清史”的问题，现在可以回答：简言之，即以数字为纲，将清史中的各种事件与人的实际活动用具体数字加以量化，展开对清史的叙述。说得更明确些，就是应用数字史料来写清史、读清史。本丛书共9册，每册的标题全用数字表述，此即“数字标题”，体现数字为纲之意。一个“标题”中的数字，构成一个历史事件的中心内容，叙其始末，如此相互衔接，清史全通。试举几例说明之：

例一，努尔哈赤于后金天命三年（1618）率八旗伐明，发动抚（顺）清（河）之役，揭开了明清（后金）战争的序幕。伐明前，发布“七大恨”檄文，阐述其伐明的正当性，此 “七大恨”之数字“七”即构成此事件的本质内容，故列题“以‘七大恨’伐明”（见第一册《清朝兴起》）。

例二，康熙中期，国家已进入“盛世”，为与万民同享“盛世”太平，圣祖两度举办“千叟宴”，招请全国60岁以上老人代表共4000余人至京，参加他举办的盛宴，这是“盛世”中的盛事，反映了中国封建社会发展到顶峰的盛况，故以“盛世两举千叟宴”为题，记述其事之始末（见第四册《开创盛世》）。

例三，高宗刚即位，还不到一年，监察御史孙嘉淦上疏，陈述他的治国之见，提出防止“三习”之恶俗与杜绝“一弊”之办法。此疏向新即位的乾隆帝发出了警告。其识见之深、文笔之犀利、预见性之强，一时震动朝野，士子争相阅读。清人即誉此疏为“三习一弊疏”。书中以此为题，评叙其事，为此卷之必不可少，故照此疏之名录下为标题（见第六册《乾隆鼎盛》）。

例四，“103天变法”又称“百日维新”，是晚清时期一次重要的政治变革。“百日”足见其时间短促，反映了顽固派与改良派力量对比之悬殊，也说明当时资产阶级改良派政治上之不成熟。此一数字包含了深刻的政治内涵（见第八册《危局求变》）。

例五，“江楚会奏变法三折”，此折是光绪二十七年（1901）湖广总督张之洞、两江总督刘坤一联合向清政府提出的全面改革方案。三份奏折共计三万多字，代表了朝野上下改革派政治改革的基本框架和思路，成为“清末新政”的纲领性文件。“三份”和“三万”的数字足见其内容之丰富（见第九册《清朝覆亡》）

“数字标题”，涉及如何选用数字。可以肯定地说，我们不会随意采用。如同选择史料，必选有重要价值、内涵丰富、具有代表性的，且数据可靠的数字。具体筛选数字的方法，可概括为三种：

一是直接取用于清官方各书中的准确数字。如以上例证中，“七大恨”“千叟宴”“三习一弊”等，皆来源于《清实录》中的明确记载。

二是归纳或统计后得出的数字。如努尔哈赤先后三次征讨乌拉部，最后一次将乌拉部灭掉，由此归纳为“三征乌拉”；世祖去世前，命索尼、遏必隆、苏克萨哈、鳌拜等为“辅政大臣”，辅佐年幼的少年皇帝圣祖，即成“四大臣辅政”；余类推。

三是概数，将不确定的数字，予以约定。高宗执政时，诛杀多名贪官，有的已计入“实录”，有的则未入录，不能完全确定诛杀贪官的数目，便用“众贪官”表述。因为“众”字及“多”“少”等字，也是数字概念，只是不甚具体而已。如“盛世修书百余种”，其“百余种”系作者据史籍的统计，而“余”字则表明为概数。

数字之用，在于无隐晦，不夸张，不修饰；看数字即识内容，不露作者的主观意图，亦不直接反映作者的观点倾向，一切都通过数字来反映历史的真实客观，其是非、长短，概由读者自行判断，不致被作者表述失当而误导。

书中每一个数字都不是凭空捏造的，甚至可以引申出一篇精彩的故事，读来饶有情趣。那么，为写好每一篇数字故事，采取什么样的体例最适合？比较再三，最后，我们认为采取纪事本末体为好。前已说到，当代盛行的章节体例，过于复杂而烦琐。纪事本末体，为我国传统史书的体例之一，更简捷、明快，尤其便于记述事件的过程，娓娓道来，有引人入胜之效。

与此相适应，本书的文字表述，力求通俗易懂而不失生动，朴实无华而不失美感。时下，文风、学风颇多不端之处，尤其是文风浮华，玩弄“概念史学”，把文字写得晦涩难懂；更有甚者，将中国话“洋化”，引来时尚名词，写的是中国字，讲的却不是“中国话”。我们坚决反对这种坏文风，并与之划清界限，要坚持体现中国传统的优良学风与文风，体现当代中国特色的史学新风。本丛书的各位作者共同约定：要写自己的话，也就是要用自己的语言文字把每件史实写明白，以让读者读懂为最高要求。至于能否做到，效果如何，我们不敢自夸，只能以此为努力目标，并有待广大读者检验。

研究历史，撰写史学著作，目的是经世致用，正如清代学者所倡导：“夫学不经世，非学也！”如果下笔成书，还不明白对社会、对读者有何价值，写书又有何用呢？我们明确宣示：撰写本套丛书，除意在正确传播清史知识外，更重在总结清史中的经验教训，把人生感悟与历史启示贯穿于本丛书的各个篇章，让人读后，多有获益。读者是否有此感受，只可待读后而论也。

以数字写清史、读清史，是我们的大胆尝试，不完美、不完善是必然的。我们不知，此举是否是清史研究和清史著述的新通道，如果这条路径行得通，“数读”对任何一代王朝都适用的话，就会有“数读唐史”“数读明史”等。果真如此，那么中国通史的写法能否跳出原有形式，有所创新呢？

本丛书既然是一种新尝试，难免有诸多不足之处。读者诸君如发现不当，尚祈给予教正。

2019年4月6日于北京

目录

一

八国联军　十亿赔款

數讀清史清朝覆亡

义和团横扫直鲁两省

义和团运动是近代以来规模最大的一次中国人民的反洋教斗争，是近代中国19世纪60年代以来中国人民反洋教斗争的总爆发，是一场波澜壮阔的反帝爱国斗争。义和团是在民间秘密反清教门——义和拳的基础上发展起来的。义和团运动的兴起，源于帝国主义掀起的瓜分狂潮。

德英入侵山东

山东被称作孔孟之乡，儒家传统文化在民间根深蒂固，敬天法祖的观念深入人心。山东民风强悍，特别是鲁西南和鲁直交界一带，民间一向有习武的风气，人称“山东好汉”，各地到处都有传统的民间结社和习武团体，民间习武以卫身家的风气十分兴盛。义和团运动在山东的兴起，主要源于帝国主义侵略山东所造成的主权沦丧、经济凋敝以及文化对立。

自19世纪60年代以来，由于西方列强的入侵，沿海航运业发展起来，受此影响，南北运河的传统运输业务急剧衰落，大批依靠运河为生的船户、挑夫、搬运等行业的工人纷纷失业，有些沦落为无业游民。甲午之战，山东遭受了战争的蹂躏，光绪二十一年（1895），日军攻占威海卫，登州、莱州一带，惨遭蹂躏达三年之久。清政府最终屈膝求和，签订了丧权辱国的《马关条约》，这对于儒家正统思想浓郁且早已深受列强侵略危害的山东人民来说，是很难接受的事实，强烈的反帝情绪不可遏抑。甲午战后，山东各地连年发生自然灾害，旱涝灾荒持续不断，导致饥民遍地、社会动荡，一片哀鸿遍野的惨象。

列强在甲午战争中认识到清政府徒有其表，国力虚弱，就以俄、法、德三国“干涉还辽”为契机，掀起了瓜分中国的狂潮。光绪二十三年（1897），德国借巨野教案率先出兵，占领了胶州湾及附近地区，德国强租胶州湾99年，攫取了修筑胶济铁路和在铁路沿线15公里内采矿的特权，并把整个山东划为势力范围。光绪二十四年（1898），日军从威海卫撤退，但英国随即侵入，强租99年。自此，山东落入德、英两国之手。特别是德国入侵山东后的种种做法，加剧了甲午战争后已经激化的中外矛盾。

德国在山东境内修筑铁路，破坏了沿线城乡居民正常的传统生活，外资商品潮水般涌入山东，山东农村的家庭手工业和城市手工业日趋破产，广大农民和手工业工人的生计遭受致命打击，引起了民众极大的不安和不满。强征修路需要损耗大量耕地，大批缺田少地的农民迅速破产。在筑路勘测施工的过程中，德国人无视中国人的传统风俗，遇到坟墓，不等村民拆迁就自动刨掘，铁路所到之处，将村落民居全部损毁，这种粗暴野蛮的做法既严重损害了山东各地民众的切身利益，也深深地伤害了素有敬祖传统的山东百姓的感情，再加上筑路工程破坏了所经地区原有的水系，致使河道堵塞，德国人又未能及时、妥善地予以解决，影响日常耕作，甚至危及一些村庄民宅的雨季安全，引起了山东各地民众的不满，怨声沸腾。德国出兵强占胶澳地区，激起了山东地方官员的普遍不满和愤慨，自巡抚李秉衡及以下山东各级官吏，对德国恃强凌弱的行为均深感痛恨，对百姓反对德国天主教会的斗争表示同情乃至默许，李秉衡还因此一度被罢官。不少地方官绅亦痛恨德国人，谋求报复雪耻。这些原因，与民众的反教会反侵略斗争在某种程度上形成了合力，对义和团首先在山东的爆发起到了至关重要的作用。

“先学义和拳，后学红灯照”

鸦片战争后，天主教神父罗类思就曾来过山东，在泰安城关开展传教活动。烟台开埠通商后，天主教很快就进入山东各地。咸丰九年（1859），英国浸礼会传教士在烟台设立总堂，光绪十三年（1887），英国传教士库寿宁来到青州传教，19世纪末全省新旧教徒达到8万人之众。天主教在山东主要以法国为主，德国与法国争夺教权。光绪五年（1879），德国天主教会派安治太和福莱纳德梅茨来到香港，随后安治太来到烟台。他野心勃勃，要使德国拥有在山东的教权，在山东各地不断活动，将驻地迁到济宁。光绪二十年（1894），安治太获清政府赏赐的二品顶戴，更加肆无忌惮地开展文化侵略。19世纪末，山东全省108个州县中，基督教会已在72个州县开展活动，设立总堂达27所。其中，天主教、耶稣教在山东共设有大小教堂1300余处，教士150余人[1]，传教士凭借治外法权，在山东各地横行霸道，官府也往往偏袒教徒，这种现实，让百姓饱受折磨、苦不堪言，民间也酝酿着强烈的排外、仇洋情绪，各种教案在这一时期层出不穷。民教冲突过后，地方治安仍主要依靠乡团维持。白莲教教徒散归乡里后，逐渐渗入广大乡村的团练组织中。乡团背后有官府撑腰，白莲教教徒渐渐由反清转为反洋，双方的宗旨立场渐趋一致，白莲教逐渐与乡团合流。

① 沈祖宪辑：《养寿园奏议》（未刊本）卷4。

义和拳是在山东、直隶一带广大农村中传播的民间秘密结社，早在乾隆四十三年（1778），便在官方文书中出现。义和拳的流派十分复杂，主要成员原属白莲教支派八卦教的分支，白莲教原本奉弥勒佛为主宰，后来渐渐杂糅了一些道教成分以及其他迷信成分，支派不一，其中以“八卦教”的势力最大，分为“天理”“金丹”“红灯”等派别，成员主要以农民为主。八卦教所练之拳被称作“义和拳”，也叫“梅花拳”，各有神坛，他们自称祈祷后能够降神附体，口诵咒语，金枪不入，枪炮不伤。此外，义和拳也有部分人是大刀会的余部及民间各种自卫性组织的成员。德国割占胶州湾后，其势力从沿海日益深入山东内陆腹地，传教士、教民的气焰更加嚣张。他们强占田产、包揽词讼、庇护歹徒，甚至敲诈勒索、重利盘剥，各种鱼肉乡里的恶劣行径令人发指。深受教会欺压的普通民众，特别是乡村的广大农民，在斗争中认识到，只有联合起来，舞拳弄棒，才能稍稍遏抑教会的各种不法行为，甚至能对官府、洋人形成有效制约，于是民间各种练拳护家的乡团组织在甲午战争后纷纷兴起。

甲午战争后，山东各地的反洋教斗争，多数是由民间会社组织发动起来的。在德国入侵山东前，山东巡抚严格执行清廷的政策，对各地的反洋教斗争严厉镇压。光绪二十二年（1896），曹、单等县大刀会的反洋教斗争，被山东巡抚李秉衡会同两江总督刘坤一上奏清廷派兵严酷绞杀。当地大刀会首领刘士端、曹得礼虽然没有离境指挥作战，最后也被逮捕杀害。然而，自从德国入侵山东后，山东当局对民众的反洋教斗争态度发生明显变化，巡抚李秉衡对洋教肆虐乡里、洋教士干预地方政务的状况早已不满，他虽然奉命镇压了曹、单一带大刀会的反洋教斗争，但还是认为百姓与教会之所以不相融，是由于平时教民欺压平民，传教士袒护教民，积怨太深，才导致局面一发而不可收拾。

德国入侵山东后，李秉衡主张武力抗击德国的入侵，他对洋教势力的不满情绪急剧增长，对清廷剿灭义和团的命令暗中抵制，默许山东民众开展的反洋教斗争。光绪二十三年（1897），由于教会挟持官府，欺凌乡民，山东寿张县群众30多人手持农械冲入郑家海教堂，搜寻德国传教士齐思来。在一无所获后，官府决定惩罚教会缴银认罪。在山东巨野县，大刀会众围攻该县磨盘张庄天主教堂，愤怒的义和拳民众杀死了持枪向群众射击的德国传教士韩理、能方济两人，巨野教案爆发。德国政府在得知此事后，决定利用这一教案扩大事态，实施外交勒索。德国皇帝威廉二世公然叫嚣，要采取严重的报复手段，以极野蛮的行为对付华人，并电令驻上海吴淞的德国舰队司令棣利士将舰队驶往胶州湾，占领要隘、城市以及其他适当地点，进行武装恐吓。同时，德国驻华公使海靖照会总理衙门，要求严惩滋事的民众。还向清政府提出将李秉衡撤职、逞凶、赔偿以及中德合资修筑胶州至北京铁路等条件。最终，清政府迫于德国的压力，派李鸿章与德国签订了《胶澳租界条约》，将胶州湾租借给德国，为期99年，并被迫将李秉衡革职。

此后，许多大刀会成员转移各地，继续以不同形式开展斗争，曹州府的反洋教斗争继续扩大，光绪二十四年（1898），阎书勤①、赵三多②再次传帖邀集邱县、威县、广平等地拳众数千人，到冠县梨园屯集中，并焚毁附近教堂。冠县教案的扩大，引起了清政府的重视，清政府命令新任山东巡抚张汝梅前往镇压。张汝梅掩耳盗铃，认为山东曹州并无大刀会滋扰地方的情况，上奏建议将义和拳归入乡团，称为“义和团”，认可了义和拳的合法地位。九月十一日（10月25日，一说26日），在赵三多、阎书勤等人的领导下，山东冠县梨园屯义和团正式发动武装斗争，首次打出了“助清灭洋”的旗帜，

① 阎书勤也是梨园屯义和拳首领之一，贫苦农民出身。他与高元祥等18人多次组织群众进行反教会斗争，被称为“十八魁”。

② 赵三多，字祝盛，人称赵老祝，有时因其谐音，亦称为洛珠、老朱、老褚。直隶威县（今河北威县）城东15公里沙柳宅人。自幼练习梅花拳，后成为远近闻名的梅花拳师，徒弟遍及直隶、山东交界数县。

广泛活动于直鲁交界地区，拉开了义和团运动的帷幕。在他们的领导下，梨园屯成为山东义和拳最早发源地之一。义和拳开始攻打冠县、临清、直隶曲周等地的教堂，附近的农民踊跃前来参加义和团，队伍日渐壮大，发展到1000多人。冠县民、教的争斗扩大到邻近的高唐、恩县、茌平、临清、平原一带的数十州县，多种形式的反洋教斗争持续踵起，义和拳的声名从此远近皆知。

在各支反洋教队伍中，规模和影响最大的是朱红灯领导的神拳，这支反洋教斗争队伍先后汇聚了大刀会、义和拳等多种民间会社的力量，并受冠县义和拳的影响，树起了“天下义和拳反清灭洋”的旗帜。朱红灯率众自山东长清转移到茌平，设厂授徒，急剧扩张，广大民众纷纷前来依附。在3个月内，茌平县860多个村庄中，供拳众练习义和拳的场地多达800多处。在朱红灯的领导下，茌平拳众公开提出了“先学义和拳，后学红灯照，杀了洋鬼子，灭了天主教”等口号。山东境内各地民众纷纷响应，义和团的队伍急速发展壮大。

“绥靖地方”与“调和民教”

光绪二十五年（1899）春，毓贤接替张汝梅出任山东巡抚。他深信大多数拳民富有神力，如果能够驾驭拳民，就一定能够抵御列强。毓贤对义和拳主“抚”，加强对义和拳的控制。义和拳在山东各地掀起了攻打教堂的斗争高潮。在列强的压力下，清政府对毓贤偏袒大刀会、红拳会而招致西方列强不满的行为极力贬抑，十一月（9月），清政府撤换了毓贤，任命工部右侍郎袁世凯署理山东巡抚，将袁世凯部调往山东，镇压义和团。

袁世凯赴任山东后，一心剿灭义和拳。他派军队稽查黄河渡船，严禁义和拳武装队伍南渡，将山东境内的大股义和拳拳众驱往直隶。受清军镇压的义和拳开始进入京、津地区，在直、鲁交界的河间、深、冀各州府发展迅猛。经过3年的发展，义和团已经在山东、直隶境内掀起了反洋教斗争的浪潮，义和团的势力四处蔓延，清河、威县、曲阳一带形势吃紧，直隶总督裕禄为之惊叹。袁世凯的做法遭到了部分社会舆论的非议。御史熙麟、给事中王培佑相继参劾袁世凯滥剿拳民，激成事变。清政府为此特地发布了上谕，命令各省官员在办理教案时，应该坚持化大为小、化有为无的原则，不要随意株连、滥杀无辜民众；同时，对民间的集会要注意加以区别，不应良莠不分，一律将其看作“会匪”。

义和团声势浩大，直隶总督裕禄也力主武力镇压，他命令直隶巡防营务处总理张莲芬赶赴深、景等地，会同梅东益率兵镇压，直隶提督、武卫前军统领聂士成拨马队2营前往会剿。裕禄还致电袁世凯，商请山东、直隶两省合作追捕、通缉义和拳会。袁世凯与裕禄商议后，力主对义和拳会应以惩办“匪首”、肃清祸源为目标。同时，他们向清廷奏报了山东民教相争的情况，提出了“绥靖地方”以治标，“调和民教”以治本的两项办法。

尽管直隶、山东两省当局企图以武力剿灭义和拳会，但在列强步步进逼下，山东、直隶一带的反洋教浪潮一浪高过一浪，各地清军疲于奔命，防不胜防。局势的迅猛发展，终于迫使清政府下决心改剿为抚，控制并利用这支民间力量来对抗西方列强。光绪二十五年（1899）“己亥建储”的出台，加剧了清政府与西方列强的直接对抗。

八国联军进北京

"百日维新"因慈禧发动政变而宣告失败，德宗被软禁在中南海的瀛台。慈禧太后对德宗通过推行新政收回统治权力的做法十分痛恨，起初企图谋害德宗，宣称德宗久病，不能君临天下，同时密电南方各省督抚，希望能够直接将其帝号废掉，另选皇室中顺从她的皇子来代替。

"己亥建储"始末

光绪二十五年十二月二十四日（1900年1月24日，干支纪年为己亥年），慈禧太后以德宗体弱多病、未生皇子为借口，召集文武大臣，宣布立仁宗（嘉庆帝）曾孙端郡王载漪的儿子溥儁为皇子，又称"大阿哥"，承继穆宗皇帝（同治帝）为子，定于光绪二十六年元旦，德宗行让位礼，改元保庆，是为"己亥建储"。

消息传出，天下哗然。端郡王载漪为达到目的，邀请各国公使入朝祝贺，慈禧太后也邀请各国公使夫人进宫参加筵席，透露这个信息。然而，各国公使并不赞同慈禧太后的废立主张，反而派医生进宫给德宗看病，借机窥探清廷内部虚实。在民间，候补知府衔上海富商经元善联络了1231名知识分子、士绅、商人等各界人士联名上书清廷，反对“己亥建储”，要求德宗临朝；并宣称如果清廷不予理会，全国各城市的工商界将举行罢市集议以示不满。海外保皇党人发动了号称数十万的华侨，纷纷致电反对。

德宗自从“亲政”以来，对西方列强的态度不像顽固派大臣那样极端排外，同时也有改革朝政的志向。特别是他宣布改定国是，推行变法，被认为有“开放”倾向，得到了欧美列强的同情。尽管“戊戌变法”失败后，他处于被软禁状态，但一些地方督抚大员们仍反对“废立”。以两江总督刘坤一为代表的各地督抚就对此持审慎态度，复电称“群臣大义已定，中外之口宜防”。康有为也在海外鼓动保皇党人与广大华侨纷纷发电“请皇帝圣安”，要求德宗归政。梁启超也在《清议报》上歌颂德宗，揭露后党的各种图谋。最终，慈禧太后废黜德宗的阴谋未能得逞。

义和团京津“灭洋”

面对义和拳汹涌澎湃的反洋教斗争，西方列强感受到了威胁。英、美、德、法等国驻华公使同时照会总理衙门，要挟清政府对义和拳和大刀会等反洋教的民间结社进行全面镇压和取缔。

以慈禧、载漪为首的顽固派企图利用义和拳对付西方列强，以发泄列强反对“己亥建储”的私愤，对各国公使的要求不置可否。英、美、法、德、意5国公使再次前往总理衙门，要挟清政府再次发布镇压义和拳和大刀会的上谕，并要求将谕旨全文发表在《京报》上。在遭到拒绝后，五国公使威胁：如果清政府不答应请求，将采取必要手段。在各自得到本国政府的许可后，各国海军在渤海进行了挑衅性的示威。在这种压力下，清政府实授袁世凯为山东巡抚，毓贤则调任山西巡抚。袁世凯一上任就颁布《禁止义和拳》告示，主张“尽行剿绝”，清政府担心这一做法会“激成大祸”，遂于光绪二十五年十二月十一日（1900年1月11日）发布“上谕”，称“只问其为匪与否，肇衅与否，不论其会不会，教不教也”[①]，这无异于承认了义和拳的合法性，自此，义和拳正式改称“义和团”。

这时，直隶的义和团已经发展到天津城厢内外及京畿近郊。在天津城内，义和团民逐渐增多，并出现匿名“揭帖”，号召群众抗击洋人，密谋于三月初一日（3月30日）起义，攻打外国租界。

三月初七日（4月6日），英、美、德、法四国公使照会清政府，要求在两个月内务必将义和团一律剿除，否则，四国将派军进入山东、直隶两省，“代替”清政府剿灭义和拳。四月一日（4月29日），北京街头开始出现揭露洋人罪行的义和团揭帖。东单牌楼西裱褙胡同于谦祠内出现了第一个义和团坛口，同时天津也出现了大量的总坛口（一个总坛口管理几个或十几个坛口，各总坛口之间无统属关系）。山西大同的义和团民散发传单，宣传“灭洋”。直隶御史郑炳麟建议将义和团化私为公，以官方名义训练、收编，无形中将祸患消除。裕禄则反对郑炳麟的建议；袁世凯也上奏清廷，反对将义和拳编为团练。这时，出使俄国的大臣杨儒致电总理衙门，转达俄国外交大臣关于列强酝酿进行武装干涉的信息，提醒清政府及早做出应对。

四月二十二日（5月20日），各国驻京使团召开会议，讨论中国的政治局势，决定联合照会清朝政府，强烈要求镇压义和团运动。步军统领衙门拟定了严禁义和拳会章程十条，奏准施行。北京城内四处张贴着义和团的揭帖，声言第二天将拆毁京师同文馆、京师大学堂等文教机构。在告白中，义和团宣称义和神拳的宗旨是“保护中原，驱逐洋寇”。与此同时，慈禧太后在紫

① 国家档案局明清档案馆编：《义和团档案史料》上册，第56页。

禁城内连续3天召见了甘军统领董福祥，商议应对各国公使联合照会的对策。

五月初一日（5月28日），数千名义和团民拆毁了琉璃河至芦沟桥的铁道，砍断了沿路电线，并焚毁了京郊琉璃河车站长辛店、芦沟桥车站、料厂及涿州铁桥，芦保铁路火车中断。当天晚上，各国驻华公使再次集会，决定不失时机地调来卫队保护各国使馆。第二天，清廷谕令地方文武官员对义和团严厉缉捕首要分子，解散被胁迫屈从的成员，如果义和团武力抗拒，立即剿灭，正式开始对义和团进剿。慈禧太后调来两营清军保卫颐和园，并命令步军统领衙门派兵在京城东交民巷各使馆附近昼夜巡守，保护使馆。军机大臣荣禄亲自到丰台、马家堡一带巡阅，并派武卫中军五营开往丰台、马步三营开往马家堡并驻扎在永定门内，直隶提督聂士成也从天津拨出一营步队前往丰台协助武卫中军，以防范义和团。

各国公使分别电令集中在大沽口外的外国舰队派兵入京。中午12时，20名日军自塘沽乘火车前往天津；下午5时，120名美军从大沽乘船前往天津，积极准备进攻北京。五月三日（5月30日），总理衙门答复各国公使照会，拒绝外国军队前来北京，同时表示将全力保护使馆的安全。各国公使随即进行威胁，声称如果不允许各国调兵进京，将产生严重的后果。重压之下，清政府同意各国派兵入京保护使馆，但要求每使馆以派兵二三十人为限。晚7时，英、俄、日、法、美、意等国官兵共356人，从天津抵达北京。五月五日（6月1日），法、意等国40名士兵前往西什库教堂护卫。步军统领崇礼也派出10名清军前去保护。北京城内的教民纷纷搬往西什库教堂暂住避难。

这时，天津的义和团发展迅速，在城厢内外各处纷纷立坛。张德成在直隶定海成立“天下第一团”，他率团进入天津，成为义和团运动中的著名领袖。永清、雄县、安肃、蠡县、定兴、晋州、霸州、固安等地的义和拳焚毁教堂、车站、道房、桥梁等设施，袭击教士、教民，直隶各地处于一片混乱之中。

五月十二日（6月8日），各国驻津领事分别接到本国公使调兵进京的电令后，连夜举行了会议，最后决定组成侵略联军北上。经过激烈争论，推定英国海军中将西摩为统帅，美国海军上校麦卡加拉为副统帅。第二天，慈禧太后从颐和园回宫，她命令董福祥的甘军自南苑进驻京城。十四日（6月10日），西摩率英、美、奥、意、俄、法、德、日等国联军2000人左右，分数批乘火车自津赴京。晚间，在落垡与义和团数百人开战，被困于廊坊。

其时，北京的义和团百十为群，日夜持械，在街市巡行。十五日（6月11日），义和团开始大规模涌入北京城。日本驻华使馆书记生杉山彬在永定门迎接进京侵略军的途中，被董福祥部士兵击毙。清廷谕令严拿“凶犯”，对各国驻京外交人员秘密进行保护。北京人心动荡，形势异常紧张。

清廷廷议“和”“战”

五月二十日（6月16日），慈禧召集大学士、六部九卿参加御前会议，就剿、抚义和团以及对列强和、战问题，展开激烈争论。吏部侍郎许景澄说：“中国与外洋交数十年矣，民教相互仇杀之事，无岁无之，然不过赔偿而止。惟攻杀使臣，中外皆无成案，今郊民巷使馆，拳匪日窥伺之，几于朝不谋夕。倘不测，不知宗舍生灵，置之何地？”太常寺卿袁昶也说，“衅不可开，纵容‘乱民’，祸至不可收拾。他日内讧外患相随而至，国何以堪？”载漪、载濂以及户部侍郎溥良则极力进言人心不可失。光绪帝说：“人心何足恃，祇益乱耳！今人喜言兵，然自朝鲜之役，创巨痛深，效果亦可睹矣。况诸国之强，十倍于日本，合尔谋我，何以御之？”[①]载漪却说，董福祥镇压回民起义立有功劳，依靠他来抵御列强，应当没有敌手。德宗说：“福祥骄纵难

① 中国史学会编：《中国近代史资料丛刊·义和团》（一），第13页。

用，敌器利而兵精，非回之比。”侍讲学士朱祖谋“亦言福祥无赖”[1]。载漪大为恼怒，出言不逊，德宗只能默然不语。

御前会议后，慈禧责成刚毅、董福祥对义和团加以利用。北京的义和团在清政府的默许下，焚毁了前门大街大栅栏老德记西药房，火势失控，蔓延到周边的民居，被焚毁的民房达数千间，正阳门城门楼洞也被烈焰波及。天津的义和团砸毁了海关道署，并继续释放囚犯，夺取枪械，烧教堂、焚洋楼。就在御前会议召开的当晚，八国联军逼迫大沽炮台守将、天津镇总兵罗荣光交出炮台，京津的局势变得不可控制。

这时，一个突发情况导致主战一方占了上风。五月二十日深夜，江苏粮道罗嘉杰之子向荣禄密报了列强逼迫慈禧太后“归政”的假照会，主要内容有四项：一是勒令皇太后归政；二是指明一地，令中国皇帝居住；三是代收各省钱粮；四是代掌天下兵权。翌日黎明时分，荣禄将这个照会密告慈禧太后，终于彻底激怒了她。

五月二十一日（6月17日）午后，慈禧太后再次召开御前会议。她隐讳了第一条内容，向群臣宣告了其余三条，表示决心一战。她说：“今日衅开自彼，国亡在目前，若竟拱手让之，我死无面目见列圣。等亡也，一战而亡，不犹愈乎！”[2]更让慈禧太后如鲠在喉的是“归政”传言，她大怒道：“彼族焉敢干预予之权，是可忍，孰不可忍也！当以灭此朝食。”[3]奕劻、载漪、刚毅、启秀等人力主对义和团安抚笼络，加以利用。荣禄、世铎则反对纵容义和团，但因为自身地位不及参加会议的其他大臣，无法改变主抚派占上风的局面。载漪趁机请求派兵进攻使馆。大学士荣禄是反对围攻使馆的，

① 中国史学会编：《中国近代史资料丛刊·义和团》（一），第13页。

② 中国史学会编：《中国近代史资料丛刊·义和团》（一），第49页。

③ 中国史学会编：《中国近代史资料丛刊·义和团》（一），第66页。

但他在公开场合则暂时保持沉默，至多只能“婉转其词力陈之”[①]。

慈禧太后回宫稍微休息后，再次到勤政殿召见王公、军机大臣以及六部九卿、科道、内务府大臣和八旗都统。她宣谕称：“乃归政一事，朝廷自有权术，非外人所得干预也……现已定夺与洋人决裂，不可再为挽回也。”[②]她要德宗对进攻使馆表态。德宗迟疑了很久，最后还请太后听从荣禄的意见，不要进攻使馆，并护送各国使臣到天津。刑部尚书赵舒翘请求明确发布上谕，消灭内地的外国人，来杜绝外国间谍。吏部左侍郎许景澄说，中外缔约几十年，民众、教民互相攻击的事情每年都有，但不过是赔款而已。一旦进攻、杀戮外国使臣，必定会招来战争。如果各国协同对付清廷，该怎么抵御呢？太常寺卿袁昶说：“臣值总署大臣有年，外洋之情形无不熟悉，至各使咨请归政一事，臣保其必无。我内政之权，洋人虽愚，焉能以恫吓之辞干预，足见该照会之伪。”[③]听到袁昶这样说，载漪大怒，斥责袁昶是汉奸。慈禧太后命令袁昶退出会议。户部尚书立山说，“拳民虽无他，然其术多不效。”载漪愤然说，“用其心耳，何论术乎！立山敢廷争，是且与夷通”，廷议不欢而散。二十二日（18日），慈禧太后又召见诸大臣，载漪要求进攻使馆，太后同意。内阁学士联元反对说：“不可，倘使臣不保，洋兵他日入城，鸡犬不宁矣！”[④]载漪怒斥他说，联元刚从使馆回来，怀有二心，论罪该被杀头。听到联元这样讲，慈禧太后也十分生气，命令立刻将联元斩首，因庄亲王载勋力救才得以保命。从这以后，参加会议的大臣中没有人敢再发言。经过激烈争论，载漪等主“抚”派占了上风。

慈禧太后随即命令军机处宣布开战上谕，传达到各省。在开战前应当先

① 《荣禄集》，《近代史资料》1983年第4期，第39页。

② 中国史学会编：《中国近代史资料丛刊·义和团》（一），第67页。

③ 中国史学会编：《中国近代史资料丛刊·义和团》（一），第69页。

④ 中国史学会编：《中国近代史资料丛刊·义和团》（一），第14页。

到太庙祭祀，于是派载澜为团练大臣，限定各国使臣当天傍晚离开北京，命令荣禄派兵护送他们到天津。又谕令各国使臣照常安居。

清廷摇摆不定

联军被困落堡的消息传到北京后，列强决定进一步增兵进入北京。俄军1700人于五月十六日在大沽登陆，开始武力入侵天津。在北京，因杉山彬被杀，清廷谕令追拿凶犯，并派兵对各国驻京使馆人员加以保护，以企图挽回开战后的不利局面。清政府一面查禁、驱逐北京城内聚众学习拳棒的义和团，一面命令直隶提督聂士成回军天津，全力阻止各国军队乘火车进京。之前少数进京的外国军队在各国使馆人员的指挥下，开始在北京街头肆意抓捕、驱赶、枪杀甚至炮击义和团以及中国民众。

面对紧张的局势，清廷照会各国驻天津领事，希望能够阻止各国派兵进入北京。在得到必须剿灭义和团，派人保护各国公使及其家眷离开北京等条件答复后，清政府发布上谕，对义和团进行镇压，调李鸿章进京，命令袁世凯带领军队进京拱卫，并派宋庆到天津剿灭义和团，以换取列强的谅解。各国公使在东交民巷划定使馆区，由侵略军驻守，不断枪杀义和团成员，禁止中国人进入。

外国军队的暴行激起了公愤。在这种情况下，义和团在北京城内四处焚烧教堂及洋楼，他们开始围攻西什库教堂，并焚烧西单及西交民巷等处的教堂及教民房屋。

东南各省的督抚领袖张之洞、刘坤一则致电直隶总督裕禄，希望能够联衔上奏，对义和团进行全面剿杀。

御前会议后，慈禧太后召巡阅长江水师大臣李秉衡来京，李秉衡之前因为巨野教案获罪，被派到奉天查办事件，又被派巡阅长江水师，此时奉命带兵入京。到景州（今河北景县）时，李秉衡部下道员陈泽霖帮助义和团攻占、烧毁了几处村落。李秉衡到达北京后，慈禧太后在宁寿宫召见他。她后来对左右大臣说，李秉衡主张宣战，并且说义民可以使用，应该用兵法管理他们。慈禧太后还主张进攻使馆，从翰林院安置地雷轰开道路。董福祥希望用这个方法打通道路，但结果翰林院被焚毁，各国使馆却安然无恙。慈禧太后又召集大臣召开了两次御前会议。直隶总督裕禄奏报列强公然索取大沽炮台，请政府立即与列国宣战。慈禧太后得知消息后十分愤怒，立即离开仪鸾殿，召集军机会议。

大战八里台

八国联军登陆大沽后，迅速集结兵力，向天津进发。紫竹林租界是列强进攻天津的重要据点，成为义和团和清军进攻的重要目标。裕禄和聂士成商定联合以张德成、曹福田等人为首的各路义和团民众，分路进攻紫竹林。六月初九日（7月5日），聂士成与马玉昆统率武卫前军、武卫左军三面围攻天津机器东局。第二天，聂士成移军天津城南海光寺，命令所部将士在天津小西门设火炮两尊轰击租界，炸毁洋楼1座。从清晨直到傍晚，与八国联军展开激烈的炮战。清军用猛烈的炮火轰击紫竹林租界和天津东站，八国联军则集中十余门大炮轰击天津各衙署、城楼和民居。当晚，聂士成选出100多位勇士组成突击队，一路潜行到跑马场，用手雷炸死侵略军多人，并将该处的3座洋楼焚毁。当天，聂士成部攻下了租界东南的小营门炮台。

六月十一日（7月7日），清军和民众继续与侵略军激战。侵略军不断向城内炮击，清军和义和团从三面继续围攻租界。聂士成率部沿马场大道进攻到租界边缘，用几门克虏伯大炮向租界内猛烈炮击。在炮火的轰击下，许多洋楼中炮起火。八国联军组织了6000多人向聂军反扑，一路日军扑向天津南郊的纪家庄，企图从背后偷袭聂士成部，遭到义和团的顽强阻击，日军不断增兵，纪家庄失守。另一路英军与俄军向驻守在小营口、马场道一带的聂士成部发起猛烈进攻。经过一番激战，聂士成部退到八里台一带，凭借险要地势据守。增援的八国联军陆续开到八里台南侧，清军腹背受敌，陷入重围。

在这危急时刻，聂士成大义凛然，率部英勇还击。经过浴血奋战，伤亡过重，弹药耗尽。聂士成双腿都已受伤，难以站立。部将宋占标劝他迅速撤退，聂士成奋力持刀，挺立在八里台桥头，慷慨激昂地说，这是我牺牲的地点，越过这一步，我就不是大丈夫！话音未落，一发炮弹落在附近，聂士成腹部被弹片击穿，肠子流出体外，聂士成依然挺立不动，而敌军子弹先后击中了他的头部和胸部，聂士成遍身流血，最终壮烈殉国。营官宋占标、哨官范振先、统领周玉和以及武卫前军官兵300余人也同时遇难。八里台失守。

聂士成殉国后，八国联军对他望而生畏，老百姓十分敬佩他的英勇威武，在他阵亡的地方建有纪念碑，镌刻着“勇烈贯长虹，想当年马革裹尸，一片丹心划作怒涛飞海上；精忠流碧血，看此地虫沙历劫，三军白骨悲歌乐府战城南”的楹联。

联军攻占天津

攻占八里台后，天津门户已经洞开，八国联军直扑天津城下。天津城攻防战是八国联军侵华战争中的一次重大战役。六月十四日（7月10日）晚，驻天津各国司令官举行会议，专门讨论向天津城发动总攻击的时间和作战方案。会议决定六月十七日（7月13日）下午3时30分由租界西南门出发，兵分两路向天津城发起总攻，俄国海军中将阿里克谢耶夫担任这次行动的总指挥。六月十六日（7月12日）晚，各国司令官再次举行会议，将总攻的时间提前至六月十七日（7月13日）凌晨。

经过几天的激烈战斗，到八国联军攻城前夕，守卫天津城的清军已不足12000人，其中守卫天津南门外的是由宋庆和马玉昆所统率的武卫左军，约5000人；守卫天津西门的是原聂士成统领的武卫前军，此时只有约2000人；守卫城东北炮台和总督衙门的是原由何永盛所率练军，约1600人；此外在天津城里有罗荣光、吕本元统率的淮军，约3000人。与驻军配合作战的，还有直隶总督裕禄临时招募的2000余名芦勇和雁勇，以及近万名义和团民。

六月十七日（7月13日）凌晨4时30分，八国联军对天津城的总攻开始。联军集中了12门速射炮和28门野炮同时猛轰天津城。炮火猛烈，烟雾弥漫，无数碎片腾空而起。7时左右，租界内的联军确信天津城内已遭到巨大破坏，便留下1000名法军守卫租界，其他联军在震耳欲聋的炮火掩护下倾巢而出，由阿里克谢耶夫指挥，分兵东西两路，同时向天津城发起冲锋。

东路以4000名俄军为主，还有200名德军和800名法军，共5000多人。其中2500多人的主力已于六月十六日（7月12日）夜间出发，先绕道玉芦台运河，然后沿运河两岸向西南方向推进。另一部分约800人作为佯攻部队直接向西进攻，吸引清军的注意力。当时，由马玉昆统率的武卫前军与武卫左军的大部分兵力驻扎在东路军攻击的阵地上，对侵略军进行了顽强的抵抗。经过几小时激战，八国联军在付出重大伤亡代价后，于六月十六日（7月13日）上午占领了从芦台运河到老龙头的全部铁路线，并摧毁了铁路以东的清军阵地，夺取新式大炮7门。此后，东路联军便集中所有大炮的火力向黑炮台和直隶总督衙门等要地猛轰。

西路联军以2700名日军为主，另有659名英军、900余名美军和少数意军、奥军，共计4300余人。他们于7时左右从大营门出发，由海大道攻向跑马场，然后绕道直扑西局子。经过两个多小时的激战，在付出重大代价之后，才攻占西局子。此时已快到中午，这支联军留下少部分守卫西局子，其他联军分三路从西局子进攻天津城南门，日军冲在最前面，美军在中间，英军压后。这时，守卫天津南门的宋庆、马玉昆部已撤往北仓，只剩下何永盛统率的练军和义和团民在坚守。虽然兵力单薄，但他们凭着一腔热血拼死抵御，并利用南门外到处是沼泽、水塘、壕沟和坟丘等有利地势灵活阻击敌人，挫败了联军一次又一次的进攻。战斗一直持续到夜间，联军始终无法攻入城里。

这时有人建议日本的福岛将军下令退却，可福岛坚决拒绝，命令部队在夜色的掩护下一寸一寸地向前逼进，在六月十八日（7月14日）凌晨3点左右逼近了南门。日军通过收买奸细，得知南门城墙有刚刚修补的塌陷处，便决定在这里安放炸药，炸开城墙。清军察觉后，一连三次掐断了导火线，但日军最终还是炸开了经过修补的城墙，练军守备宋清华等众多将士牺牲在城垣之上。城内的义和团民和清军怒不可遏，与进城的联军展开巷战。张德成、杨寿臣等义和团首领在激战中身负重伤，最后才撤出天津。保卫南门一战，共打死打伤侵略军750多人，其中日军392名，美军127人，英军96人；击毙美军上校、日军少佐各1人，击伤英军司令等多名高级军官。这是中国军民在抗击八国联军入侵的战争中歼敌最多的一仗，天津军民为此付出了两三千人的巨大代价。

在南门保卫战打响的同时，东北角、黑炮台等处的义和团和清军水师也多次击退东路联军的进犯，打死打伤俄军127人、法军117人。直到南门失守，西路联军从背后袭击过来，义和团和清军两面受敌，伤亡极大，被迫于六月十八日（7月14日）下午撤离战斗。天津城到此完全被八国联军攻占。

“天津都统衙门”

六月二十日（7月16日），联军攻陷天津城后的第二天，阿里克谢耶夫海军中将便以讨论恢复天津秩序为名，召集各国指挥官会议，建议成立一个临时政府来管理天津，并提议委派一名具有行政权的总督主持临时政府的工作，总督之下根据出兵的国家数目，设立只拥有发言权的八人委员会。由于沙俄想乘机独揽管理天津大权的意图暴露得过于明显，当即遭到多国指挥官的反对。会后，沙俄派代表四处游说，仍无济于事。六月二十二日（7月18日），阿里克谢耶夫又召集了第二次联军指挥官会议，他无奈放弃一人掌权的原则，提出由三国委派三名具有同等权力的成员组成“临时政府”的方案，这一方案缓和了列强因竞争而造成的矛盾，当场获得与会国的一致同意，并通过了俄、日、英三国分别提出的人选，由俄沃加克上校、青木宣纯中佐和鲍维尔中校三人担任委员。“天津临时政府”通常称为T·P·G，全称是“暂行管理津郡城厢内外地方事务都统衙门”，简称“天津都统衙门”，是八国联军攻占天津后设立的殖民统治机构。

七月初五日（7月30日），“天津都统衙门”在原直隶总督衙门的旧址正式成立。“都统衙门”下设秘书处、巡捕局、卫生局、库务、财产管理部、军事部、司法部和公共粮食供应部。每一部门由一个主管长官和根据需要而配置的属员组成。开始时，“都统衙门”的管辖范围仅限于天津城内及城外直到土围子一带的地方。至光绪二十七年十二月二十五日（1901年2月13日），其管辖范围扩大到天津四邻，设塘沽区、军粮城区、天津城区、天津南区和天津北区5个区进行管理。除天津城区外，每一个区委派1名军官担任区长官，并规定在服从委员会领导的前提下，赋予区长官独立处理区内事务的行政权、用人权、治安权、司法权、征税权和开发权。由于统治区域的扩大，“天津都统衙门”改名为“天津地区临时政府”。

随着日后各国军事力量的消长变化，都统衙门委员的数量和人员发生了一些变化。光绪二十七年十月，增加法、美、德军官各1名，扩大为六人委员会。光绪二十七年二月二十七日（1901年4月15日），增添1名意大利军官，变为七人委员会。同年三月二十二日（5月10日），美国代表退出，又变为六人委员会。

“天津都统衙门”从光绪二十六年七月初五日（1900年7月30日）成立到光绪二十八年七月初二日（1902年8月15日）撤销，存在了两年多。它享有立法、行政、司法全权，对天津城乡人民实行残酷的军事殖民统治，天津民众深受其害。

联军攻进北京

攻占天津后，八国联军随即于七月十八日（8月12日）攻占了通州。当晚，各国司令官军事会议召开。会议决定在第二天进行侦察，并划分了侦察和进军的路线。联军全军将从通州分四路向北京平行进军。俄军和日军在通惠河的北岸侦察进军，俄军沿通惠河和官道之间的乡间小道前进，目标是占领东便门；日军走北路官道，目标是攻占齐化门（即朝阳门）。英军和美军在通惠河南岸侦察行军，美军沿河南边的乡间小道前进，英军在最南面的一条道路前进，目标都是沙窝门（即广渠门）。会议还一致同意，七月二十日（8月14日）各国军队一起到达日军前卫占据的战线，然后举行司令官会议，商讨进攻北京城的具体办法。攻打北京城定于七月二十一日（8月15日）凌晨开始。

与此同时，清政府在仓促匆忙之中对北京城进行了布防。集结在北京城内外的清军达七八万人。其中宋庆、马玉崑率领武卫左军和前军的余部1万多人驻守在南苑；董福祥率武卫后军25营驻守广渠门、朝阳门和东直门；荣禄率武卫中军30营驻守西华门和棋盘街；八旗、绿营两万多人驻守内城九门和外城七门；奕劻率神机营25营、载漪率虎神营14营，分守各城楼；八旗前锋和护军守卫紫禁城。另外还有义和团5万多人分别守卫东西河沿、东西珠市口、菜市口、花儿市等六大区。整个北京城防仍由荣禄负责，慈禧太后命令他与那桐、崇绮、奕劻、载漪等军机大臣共商重大事宜，但实际上并没有形成统一的指挥机构。

清政府根本没有拼死血战与京城共存亡的决心，仍然一厢情愿地寄希望于和谈。他们照会已经占据通州的各国侵略军司令，乞求先行停战。被授予议和全权的李鸿章，也奉命与驻军领事交涉，希望他们能命令联军停在通州，等待谈判。

八国联军对清政府的城防、求和一律不予理睬，开始向北京城发动总攻击。参加攻打北京城的有日、俄、英、法、美五国侵略军15000人，战炮11门，其中日军7200人，战炮54门；俄军3480人，战炮22门；英军2250人，战炮10门；美军1670人，战炮6门；法军400人，战炮18门。

一心想抢夺“头功”的俄军提前开始行动。他们在七月十九日（8月13日）下午两点就派出一支强大的先头部队，由参谋长华西列夫斯基指挥，对通向北京的道路再次进行侦察，偷袭并占领东面的城门。这支部队到达了北京城墙，并在凌晨3时占据了东便门外的城门。由于遭到城内董福祥军队的猛烈阻击，无法继续前进。上午8时，俄军主力部队赶到北京城下，与先头部队会合，向内城和箭楼发起猛烈攻击。守城的甘军英勇还击，使俄军增加了伤亡人数。直到下午两点多钟，俄军才攻入内城，但在通过护城河到城门这段道路时，依然受到甘军和义和团的阻击。

日军司令官得知俄军抢先进军的消息后，也立即下令向北京进发，并同时通知了美国和英国司令官。他们沿原指定路线前进，在七月二十日7时30分抵达朝阳门外东岳庙附近。日军突进到距城400米处，遭到城内密集火力的回击，不能靠近城门。工兵组织的敢死队试图到城门下安放炸药，但还没越过封锁线就全被打死。日本炮兵选定距城门1600米处为阵地，集中所带的54门大炮向朝阳门、东直门一带狂轰滥炸。防守这段城墙的甘军早已严阵以待，等日军开始炮击，他们便以最猛烈的炮火予以还击。11时30分，朝阳门城楼被轰毁了，东直门城墙上的枪眼被炸坏，但守城的清军和义和团民们依然顽强地坚持到晚上9时。这时，一队日本工兵趁夜色扑到朝阳门下，用炸药将城门炸开；不久，另一队日本工兵也攻破了东直门和安定门。日军进城后，仍遭到清军和义和团的猛烈阻击，一直到七月二十一日（8月15日）下午1时才到达使馆区。

美军基本上是遵照联军的协议行动的。在七月十九日展开侦察，并于午夜以前把部队集结在离北京城约4公里处。第二天清晨7时开始向北京进发，进军到北京城外，炮兵首先参与战斗。在炮兵的掩护下，美军无法靠近城门。后来，部分美军从清军侧后利用梯子爬上城墙才进入内城，但在向使馆区前进时，遭到中国军民的有力阻击。下午4时左右，沙飞将军才带领美军主力进入北京城，当他们到达使馆区时，已比英军晚了将近2个小时。

七月十九日（8月13日）晚，当英军指挥官盖斯里将军得知俄国人行动后，立即派出了先头部队。英军主力部队在第二天上午11时抵达北京城外。在北京城下，英军与正向东便门移动的美军相遇，盖斯里立刻指挥英军扑向广渠门。当他们在下午1时逼近广渠门时，之前防守这里的清兵都被调到北面去阻击敌军，英军几乎没有遇到任何火力阻碍。他们用炮火轰开城门，进入外城后，首先派兵占据了天坛，然后径直朝内城下御河的水门前进，去寻找窦纳乐公使在密信中透露的那条到达使馆区最方便的通道。找到水门并砸开铁栅栏后，盖斯里率领部分英军冲过护城河，穿过污水齐膝的水门，成为第一批进入内城和使馆区的八国联军部队。

随联军出发的500名法国兵被编入俄军山炮连，但他们是在进攻之后才到达北京的。另外，由福里将军统领的法、德、意、奥联军支队奉命留守在通州，七月二十日（8月14日）晚得知联军攻入北京后，也在当晚12点抵达使馆区。

在攻打北京城的战斗中，八国联军共伤亡91人，负伤346人，其中日、俄军占95%。

北京城被攻破后，城内清军大多弃城逃走。七月二十一日（8月15日）清晨，慈禧太后带着光绪皇帝、王公大臣们仓皇出西华门和德胜门，经颐和园、居庸关等处，向太原方向逃避。但驻守皇城的八旗兵仍在皇城和内城部分地区顽强抵抗。七月二十二日（8月16日）清晨，侵略军攻占内城，并攻入皇城西安门。清军与义和团在一些街巷继续抵抗。到晚上，八国联军将北京城全部占领。

十三省东南互保

光绪二十六年（1900）五六月间，义和团运动在直隶、山东等北方地区的发展进入高潮，八国联军向北京进攻的同时，清政府对义和团的政策在剿、抚两端中不断摇摆，中外关系更加复杂紧张。

列强磋商东南督抚

英国在一年前的瓜分狂潮中，将长江流域划为势力范围，为了保证自身在这一区域的商业利益，英国政府一方面策动本国政府派出侵略军，与列强一道组成联军，对中国进行武装侵略，另一方面，也为了防止战火烧到长江流域，五月十八日（1900年6月14日），英国驻上海代理总领事霍必澜致电外交大臣索尔兹伯里，建议英国政府应当立即与汉口及南京的总督达成一项谅解，如果刘坤一、张之洞能够获得来自英国政府的有效支持，他们将在所辖地区内尽力维护和平。五月十九日，霍必澜得到外交大臣索尔兹伯里的复电，同意他策动两江总督刘坤一、湖广总督张之洞等地方督抚，要求他们采取措施，防止义和团运动向长江流域扩展，并答应如果他们采取维护秩序的措施，将得到来自英国海军军舰的支持[1]。同时，英国政府派出军舰分别来到长江流域各省，向督抚们表示将以武力支持东南各省镇压义和团的行动。此时，督办芦汉铁路大臣盛宣怀恰好在上海，他同英法等国政府向来保持着密切的联系，于是在联络东南各省督抚的过程中，不但起到了穿针引线的作用，还实际负责这场运动的整体策划。英国政府的建议迅速得到了刘坤一和张之洞的响应，他们愿意得到来自英国的支持，但目前不希望有任何军舰驶入长江，他们保证在各自的辖境内维持秩序，并积极向清政府上奏，反对对义和团采取绥靖政策。

五月二十五日，清政府发布了与列国宣战的诏书，刘坤一、张之洞认为，一旦中外开战，不仅南方义和团运动将会高涨，也会引发外国列强的军事进攻，长江流域的局势将不可收拾。因此，刘、张等人加紧策划东南各省的互保，以防止战火烧到南方各省。盛宣怀首先致电刘坤一、张之洞两位总督，希望他们能坚定地继续执行对内镇压、对外保护的原有方针，同时，在接到清廷诏书前，迅速与各国订立条约，通过约章的形式，明确中外保护的各自职责范围，防止外国军队进入长江内地，避免中外爆发冲突。刘坤一和张之洞完全接受了盛宣怀的建议。于是，他们宣布清政府颁布的“宣战诏书”是伪诏，拒绝予以承认。

《东南保护约款》

五月三十日，盛宣怀和上海道员余联沅与各国驻上海领事在上海正式会谈。会谈中，盛宣怀提出了《东南保护约款》（或称《保护上海长江内地通

① 胡滨译，丁明楠等校：《英国蓝皮书有关义和团运动资料选译》，第41~42页。

共章程》）九条，要求各国领事同意。九条内容如下：

一、上海租界归各国共同保护，长江及苏、杭内地均归各督抚保护，两不相扰，以保全中外商民人命产业为主。

二、上海租界共同保护章程，已另立条款。

三、长江及苏杭内地各国商民教士产业，均归南洋大臣刘、两湖总督张，允认真切实保护，并移知各省督抚及严饬各该文武官员一律认真保证。现已出示禁止谣言，严拿匪徒。

四、长江内地中国兵力已足使地方安静，各口岸已有的外国兵轮者，仍照常停泊，惟须约束水手人等不可登岸。

五、各国以后如不待中国督抚商允，竟至多派兵轮驶人长江等处，以致百姓怀疑，借端启衅，毁坏洋商教士的人命产业，事后中国不认赔偿。

六、吴淞及长江各炮台，各国兵轮不可近台停泊，及紧对炮台之处，兵轮水手不可在炮台附近地方练操，彼此免致误犯。

七、上海制造局、火药局一带，各国允兵勿往游弋驻泊，及派洋兵巡捕前往，以期各不相扰。此军火专为防剿长江内地土匪，保护中外商民之用，设有督巡提用，各国毋庸惊疑。

八、内地如有各国洋教士及游历洋人，遇偏僻未经设防地方，切勿冒险前往。

九、凡租界内一切设法防护之事，均须安静办理，切勿张皇，以摇人心①。

此外，还有一项《中西官议定保护上海租界城厢内外章程》，共10条。福建巡抚又同各国驻福州领事签订了《福建互保协定》，共七款②。

① 中国史学会编：《中国近代史资料丛刊·义和团》第3册，第338页。

② 胡滨译，丁明楠等校：《英国蓝皮书有关义和团运动资料选译》，第205~206页。

约款提出后，各国领事反对其中有关限制列强在长江流域行动的规定，拒绝签署这一文件。但在反复磋商谈判后，各国领事还是以照会的形式承认了章程中所规定的主要内容，并对外宣布，只要两位总督能够尽力保护外国人生命和权益不受伤害，他们将不派军队进入长江流域。这实际上也就是承认了东南互保的原则，达到了刘坤一、张之洞要求订立约章的目的。至此，东南互保的局面正式形成。刘坤一、张之洞的互保活动，始终得到两广总督李鸿章的支持。接着，山东巡抚袁世凯、闽浙总督许应骙、浙江巡抚刘树棠、四川总督奎俊、陕西巡抚端方等地方督抚大员们相继表示赞同，实行互保的地区从长江流域扩大到了广东、广西、山东、浙江、福建、四川以及陕西等13个省份。

东南互保运动的实行，一方面限制、阻碍了义和团运动在南方各省的发展，使帝国主义列强可以集中精力专注于对华北、东北等地区的军事侵略；另一方面，阻止了侵华战争扩大到南方地区，客观上保证了中国东南地区社会经济的相对稳定。东南互保运动集中暴露了地方督抚对清廷的离心倾向，这对此后清末政局的演变也产生了重大影响。

十亿两白银赔款——《辛丑条约》

光绪二十六年（1900）八国联军攻入北京，为迫使清政府彻底屈服，列强有计划地四处派兵攻城略地，烧杀抢掠。他们东踞山海关，南占保定，北犯张家口，西扰娘子关。在中国人民惨遭侵略者铁蹄蹂躏之时，慈禧太后在一路西逃途中，为了保全自己的身家性命，一方面命令两广总督李鸿章和庆亲王奕劻担任议和大臣，尽快与列强议和，一方面把战争的责任全部推到义和团的身上，她下令各地清军诛杀义和团，最终使这场轰轰烈烈的反帝爱国运动被中外反动势力联合绞杀在血泊中。

“议和全权大臣”

义和团被绞杀，清政府被迫屈服，列强联合侵华的目标已经实现，然而，围绕与清政府的谈判索赔问题，帝国主义列强又各自为了自身利益而在公开以及私下各种场合展开了新的明争暗斗，是否承认李鸿章的议和全权大臣资格问题成为这场角逐的第一个热点。

李鸿章自光绪二十六年七月十三日（1900年8月7日）出任谈判全权大臣后，便积极与列强联系。对于清政府任命李鸿章为议和全权大臣一事，列强的态度在相当一段时间内迥然不同。沙俄对李鸿章代表清政府前来议和表示非常赞成。他们确信，甲午战争后，李鸿章是清政府内部亲俄势力的代表人物，沙俄政府正是通过他才获得了在中国东北筑路的权利。此后，李鸿章与沙俄政府及其驻华代表一直保持着特殊的“友好”关系。而李鸿章的代表资格恰恰是由对俄国有好感的慈禧太后任命的，承认李鸿章，就等于承认正在逃亡的以慈禧太后为首的清政府的合法地位，这样会使目前极端害怕列强复仇的慈禧太后进一步增加对俄国的感激之情。因此，由李鸿章充任谈判全权大臣会给俄国带来绝对的利益。

继沙俄之后，随即表示同意接受李鸿章为和谈代表的是法国和美国。此时的法国，是与沙俄关系密切的盟国，在外交政策上总是与沙俄保持一致立场。同时，法国为了抵制英国的势力向两广地区扩张，对李鸿章作为和谈代表表示同意也在情理之中。美国凭借其全世界首屈一指的工业实力，对华政策的基调是希望通过“门户开放”政策的实施来逐步扩大侵华特权，为此还专门提出了“第二次门户开放宣言”。他们希望早日结束战争，同意与李鸿章尽速开议，因此也开始表示支持俄国的主张。

除俄、法、美三国外，其他列强对李鸿章议和的态度都很冷淡，有的甚至在相当一段时间内持坚决反对态度。

英国政府对李的代表资格问题迟迟不予表态。当时英军在联军中不占优势，急于议和，显然对英国没有任何好处，索性就以沉默来拖延时间。英国政府持这种态度的目的，是希望将谈判推迟到南非等地的战争结束、大队英军来华之后再进行，以增加自身在谈判桌上的分量。并且，英国政府担心李鸿章一贯的亲俄态度会在谈判中产生薄英厚俄的结果。自戊戌政变和“己亥建储”以来，英国对亲俄倾向有增无减的慈禧太后很不满意，一直幻想支持光绪帝重新上台，组成一个亲英的中央政权。但英国也非常清楚，这件事情难度十分大，希望也十分渺茫，尽管并不欣赏慈禧太后，但也不愿意轻易激怒她，更不愿意把李鸿章完全推入俄国的怀抱。他们反复斟酌后，决定不公开反对李鸿章的代表资格，但又想把这件事情拖垮。

德国坚决反对承认李鸿章的全权大臣资格，主要原因也是不想过早谈判。当时，瓦德西的联军统帅位子刚刚确定，尚未赶到中国。德国政府正野心勃勃地准备以公使被杀为借口扩大对华侵略，企图通过增兵报复，对清政府施加军事外交压力以及扩大德军在联军中的影响等手段，来侵占烟台并进一步控制山东，以攫取更多的在华权益。德国不愿与清政府过早展开谈判，自缚手脚。

日本政府因为嫉妒沙俄趁联军入侵之机出兵侵占东北，也对俄国出面组织三国干涉还辽，致使其未能从清政府手中攫取更多的土地与权益一事耿耿于怀，新仇旧恨交织，也一度拒绝接受亲俄的李鸿章担任和谈全权代表。

清政府对各国拒绝李鸿章作为议和代表既不满，又不安，不得不在赫德的影响下又增派庆亲王奕劻参加议和。这项任命受到了反李派列强的欢迎，沙俄也没有表示反对，但仍坚持同时接受李鸿章，双方的争执又持续了一段时间。

李鸿章六月初六日（7月21日）就抵达上海，由于德、英等列强不予承认，迟迟不敢北上。对此，沙俄首先强烈抗议逮捕李鸿章，并摆出一副谁要逮捕他就要与谁开战的架势。紧接着它又极力向其他列强说明继续维持以慈禧太后为首的清政府和接受李鸿章为和谈代表的必要性，强调只有承认这个政府，中国人才会承认谈判。此外，俄国还向德国频频示好，以俄国军队将服从瓦德西指挥的表示来尽力缓解因俄国要从直隶撤军而引起的德国人的不快。俄国这些软硬兼施的办法果然奏效，至此德国和英国虽然还没有公开承认李鸿章，但也基本上收起了要逮捕李鸿章的主张。

德、英等列强的一度缄默使沙俄认为转机已到，于是，加紧与李鸿章联络，促成了李鸿章的启程北上。李鸿章到达天津后，受到沙俄的热情接待和保护。

英国政府本来抱着趁这次动乱之机迫令慈禧太后下台、扶持光绪皇帝重新执政的目的，现在却改变了态度。经过几番较量之后，他们认识到慈禧太后虽然逃遁出走，但其控制清王朝朝野局势的实力并未受损，她依然能够指挥调度各地军队，其统治权力不可能突然之间被别人取代。要想保住英国在华的巨大利益，还是要继续维持她的统治地位。鉴于慈禧太后对外态度的变化，再加上由英国提议的庆亲王也被任命为全权大臣，英国政府就不再坚持反对李鸿章了。

德国为了避免同俄国开战，虽然放弃了逮捕李鸿章的打算，但为了阻止沙俄在瓦德西到达北京之前与李鸿章进行议和谈判，又提出了“惩凶”的要求来延宕时间。在瓦德西到达天津之前，清政府已就“惩凶”等问题做出了明显讨好德国的表示，法国提出的6条议和基础提案与德国的对华政策大部分吻合后，在八月二十七日（10月9日），德国政府的态度发生了根本转变，命令当时在天津的瓦德西会见李鸿章。

至此，清政府对李鸿章和谈全权大臣的任命得到所有侵华列强的认可。列强们关于议和代表的争吵暂时宣告平息。

《辛丑条约》签订经过

清政府与八国的谈判开始了。

由于列强内部矛盾重重，双方的谈判出现了几次反复。谈判之初，列强围绕着沙俄提出的撤军撤使问题争吵得一塌糊涂，这成为他们攻克北京之后，新发展的矛盾热点之一。

光绪二十六年七月十二日（1900年8月25日），沙俄外交部电告俄国驻法、德、英、奥、意、美、日外交使节：鉴于清政府已经撤离北京，各国在北京保留外交使团已毫无意义，俄国政府拟将其外交官及所有使馆人员召至天津，俄国军队将陪同护送他们。俄国政府要求各国使节将这一决定尽快通知各驻在国政府，争取得到各国的支持。这是俄国第一次公开抛出撤使撤军的提议。

早在义和团运动期间，列强通过其驻华公使纷纷要求清政府对纵容义和团的官员给予惩办。八国联军攻陷北京后，列强一致把“惩治祸首”作为议和的首要条件。由于在“惩治对象”上有分歧，列强之间争论不休，讨价还价，这场争论分为两个阶段。

在议和初期，是否把慈禧作为主要“祸首”就成为列强争论的焦点。八月初六日，为阻止各国在瓦德西抵达北京前与中国政府展开谈判，德国政府提出必须以惩办慈禧、端王载漪等“真正的祸首”作为开议的“先决条件”。对德国此项建议，各国反应不一。英国和日本支持德国，俄、法等国则主张宽大处理慈禧，迅速与清廷议和大臣李鸿章开议。九月（11月）中旬，瓦德西来华就任联军总司令，他拒绝与李鸿章谈判，企图继续扩大侵略战果。这不仅遭到俄国的反对，就连英、日、美等国也害怕德国独享这份收益。他们一方面参与联合行动以待日后分赃，另一方面他们在各种场合表达希望尽快结束这个动荡局面的意愿。列强的这种愿望，在一定程度上为清政府的求和活动打开了方便之门。

另外，列强在战争赔偿问题上也矛盾重重。

从法国最初提出6项条款到外交团会议上被扩充为12款后，担任外交团首席公使的西班牙公使葛络干代表德国、英国、美国、日本、意大利、俄国、法国、奥国以及西班牙、比利时、荷兰等共11国，在光绪二十六年十一月初三日（1901年1月13日）将这份“议和大纲”面交庆亲王奕劻（李鸿章因病未出席），宣称这些条件已不能再改，要求清廷迅速做出答复。西安的慈禧太后接到“大纲”条款，见没有牵涉她个人的内容，在3天后，也就是十一月初六日，批准了列强提出的“议和大纲”，奕劻、李鸿章等代表清政府答应了全部条件。李鸿章等人又与列强围绕着惩办“灭洋”斗争祸首及赔款问题进行了长时间的讨价还价，终于在光绪二十七年七月二十五日，与列强在北京签订了丧权辱国的《辛丑条约》。

除正式条文外，还有19个附件，主要内容如下：

（1）派醇亲王载沣为头等专使赴德国谢罪，在德国驻华公使克林的被杀处建立牌坊，书以拉丁文、德文、汉文等文字。

（2）惩办载漪、载勋、赵舒翘、毓贤等“首祸”诸臣，并分别惩办发生教案的各外省官员，外国人遇害被虐的城镇，停止文武等考试五年。

（3）派户部侍郎那桐为专使，赴日本为驻华日本使馆书记生杉山彬被杀一事向日本谢罪。

（4）在外国人坟墓被挖掘被损坏之处，分别建立“涤垢雪侮”之碑。

（5）两年之内，中国不准进口军火以及专为制造军火的各种器料。

（6）赔款四亿五千万两，分三十九年还清，本息合计九亿八千万两，以海关、常关及盐政各进款为担保。

（7）划定外国使馆区域，并独有使馆管理，中国民人概不准在界内居住，各国可以派驻军队，保护使馆。

（8）将大沽炮台及有碍京师至海通道的所有炮台一律削平。

（9）各国在黄村、廊坊、杨村、天津、军粮城、塘沽、芦台、唐山、滦州、昌黎、秦皇岛、山海关等十二处地方留兵驻守，以控制北京至渤海的交通。

（10）两年之内，在各府厅州县张贴布告，永禁或设或入与诸国仇敌之会，违者皆斩。各省督抚文武官员于所属境内如再有上海外国人等情事，或再有违约之行，必须立即弹压惩办，否则该管之员即行革职，永不叙用。

（11）清政府允定，将通商行船各约内诸国视为应行商改之处，以及有关通商其他事宜，均行议商，以期妥善简易，现议定改善北河、黄浦两水路。

（12）将总理各国事务衙门，按照诸国酌定，改为外务部，班列六部之前，并变通各国钦差大臣觐见礼节①。

议和代表李鸿章因为在议和过程中费尽了心力，油尽灯枯，一病不起，在签字两个月后就病逝了。

《辛丑条约》是帝国主义列强联合起来强加给中国的一个严重的不平等条约。通过这个条约，列强从政治、经济、军事、外交等各个方面全面加强了对中国社会的控制。慈禧太后对《辛丑条约》没有出现将她列为战犯惩治的内容而欣喜若狂，公开说出"量中华之物力，结与国之欢心"这种厚颜无耻的话，保证不许中国人反对帝国主义。从此，清政府完全成为听命于列强的"洋人的朝廷"。

① 王铁崖编：《中外旧约章汇编》第1册，第1002页。

数读清史清朝覆亡

二

十年『新政』变法图存

SHUDU QINGSHI
QINGCHAO FUWANG

1901年『变法』上谕

庚子年的八国侵华，慈禧太后带着德宗以及大小臣工仓皇逃出北京，一路经直隶、山西，沿汾河谷底前行，颠沛流离，寝食难安，最终到达西安。在两个月的时间里，慈禧太后遭受了人生当中最后一次，也是最艰险的一次磨难。这次出逃，比咸丰十一年（1861）英法联军攻入北京，咸丰皇帝避居热河还要尴尬，清政府腐败颟顸的最后一块遮羞布也被无情地揭开，统治危机至此达到了顶峰。

尽管狼狈出逃，颜面尽失，国家机器已经运转不灵，为保证“以华制华”计划得以实现，列强还是保留了清政府，但要求傀儡政权能够有所振作，以维持其统治。清廷在庚子之役后，对失败的原因也进行了反思，指出“近数十年积习相仍，因循粉饰，以成此大衅。现今议和，一切政事尤须切实整顿，以期渐臻富强”[①]。鉴于上述情势，清政府发出了“变法”上谕，向外界表明自己确实有维新、振作的决心，以适应帝国主义侵略政策的需要。

① 沈桐生辑：《光绪政要》卷28，第27页。

而事实上，当时朝野上下一致的变革意识和要求，1904年4月12日的《大公报》曾有如下描述：今日我中国朝野上下，纷纷言救国矣。其为上之人所常言者曰变法，曰自强，曰力图振作，曰兴利除弊；其为下之人所日号于众者曰维新，曰民主，曰立宪，曰革命。种种说法，各标宗旨。其间虽不免有假公济私、借名图利之辈混杂其间，然国势业已如此，苟非毫无心肝之人，必不至虚然而不知痛痒，下之人勿论，仅就上之人而言，仍以真心救国者为最占多数。

光绪二十六年十二月初十日（1901年1月29日），慈禧太后在西安颁布了谕旨，表示要在用人、行政、筹饷、练兵等方面切实整顿。谕旨首先指出，“世有万古不易之常经，无一成不变之治法。穷变通久见于《大易》，损益可知著于《论语》。盖不易者三纲五常，而可变者令甲令乙”，公开赋予变法以合法性。上谕指出，变法的直接动因是“近数十年积弊相仍，因循粉饰以致酿成大衅。现正议和，一切政事尤需切实整顿，以期渐致富强”。为挽救统治危机，慈禧太后下定变革的决心：“举凡朝章国故，吏治民生，学校科举，军政财政，当因当革，当省当并，或取诸人，或求诸己，如何而国势始兴，如何而人才始出，如何而度支始裕，如何而武备始修，各举所知，各抒所见。”[①]限两个月内奏复。光绪二十七年三月，清廷对改革的原则又做了明确规定，指出必须遵循两条准则：对于不完善的旧典章，由于奉行时间过久，弊端丛生，应当先回复最初的制度，认真整理；对于中国法制所没有的内容，应该参考借鉴西方，来渐渐达到富强。显然，清政府的目标是以西方近代文明为参照体系，大张旗鼓地进行适应世界发展潮流的改革。形势演变到这种地步，社会各阶层，尤其是统治集团思想观念发生了彻底转变，最终在20世纪的头一年提出了清末最后10年的现代化方案。

① 中国第一历史档案馆：《光绪宣统两朝上谕档》第26册，第461页。

“江楚会奏变法三折”

在光绪二十六年十二月初十日（1901年1月29日）清政府颁布全面变法谕旨前，湖广总督张之洞就在长江流域积极实施“东南互保”，他在给刘坤一、盛宣怀、袁世凯的电文中，已就改革内政提出了自己的见解。他认为只有化除新旧之见，才能从根本上消除中国的积弊。虽然此时张之洞还没有明确提出全面改革的主张，但从电文的字里行间已经流露出这种愿望。十二月十日（1月29日）全面变法的谕旨颁布后，清廷内部的顽固派依然拒绝改革，针对这种现象，张之洞在与直隶总督鹿传霖的函电往来中明确指出，变法谕旨颁布后，海内各界人士欢欣鼓舞，都说中国从此有了不会被灭亡的希望。改革上谕与之前相比，存在着根本的不同，所表达出的改革目标不再是整顿旧日故套的空文，第一次确定了向西方学习，进行全面变革的目标，这是令社会各界人士欢欣鼓舞的根本原因。张之洞认为，此时不必先谈新政，只须谈化除新旧两派的成见，首先从皮毛学起，将一切迂谈陈话一扫而空，循序渐进，稳步推进改革。

此时，张之洞和刘坤一都不主张对清政府的政治制度改革操之过急。张之洞、刘坤一两人认为，是否培养出适合社会发展需要的各级人才是改革能否获得成功的必备要素，科举制阻碍了人才的成长和社会风气的开化，必须废除。要切实改变八股取士的传统，真正建立近代教育体系，培养社会需要的人才，开通封闭保守的社会风气，就必须确定废除科举考试的目标。袁世凯主张短期内将科举名额骤减至五成，张之洞认为操之过急。他主张采用缓变的方式，以10年为期，逐年减少科举取士的名额，逐渐使社会具备相应的心理承受能力，以最大限度地减少改革所面对的阻力，与八股取士有着直接利害关系的广大士子才能安心肄业。

同样，张之洞对政治制度的改革也抱同样渐变的看法。光绪二十六年十二月，张之洞在与刘坤一的通信中说，变法有一件非常紧要的事情，实际上是各种政治制度的根本，说出来会骇人听闻。西方法制最完美的地方，是上下议院互相支持的办法。中国此时民智未开，不仅对外国的大势茫然不解，而且对中国国内的全局以及本省的大势也茫然不解，因此下议院在这时断不能骤然设立。如果设立上议院，可以预先仿照实行，督抚可以由各地司、道、府、县公开推举，但不能指定。京官除军机处、上书房这类中枢机构不能轻易议论外，其他各部院堂官可以由小九卿、翰林、科道部属公开推举，科道可以由翰林部属公开推举，司员掌印可以由本部候补公开推举。每一官职推举二三位官员，听候钦定。这样的政制改革，难道不比现在政府中少数几个人的心思要更胜一筹吗？推广到各局总办，也可以由司员、工匠公开推举，但武将不应包括在内。总而言之，这种办法利多害少，贿赂情面、平庸顽劣、尸位素餐等弊端一定可以杜绝。张之洞的主张得到了盛宣怀、刘坤一的赞成。

光绪二十七年二月（1901年3月），张之洞在给各地督抚的函电中完整地阐述了他对此次变法的整体构思和设计。他认为，联衔上奏必须首先以西法为主，抱定这一宗旨，采用西方制度补充中国制度，将中西方的见解合而为一。目标确定后，再根据改革面临的形势，分轻重缓急，次第举办。他认为当下应该先后举办的事情共有九件：一、亲贵游历；二、游学各国；三、科举改章；四、多设学校；五、西法练兵；六、专官久任；七、仿设巡捕；八、推广邮政；九、专用银圆。这九件事情十分紧要，而且并不难办，如果能够先后办好，完全可以让天下士人精神为之振奋。

这样，光绪二十七年四月，作为对清王朝改革上谕的回应，湖广总督张之洞、两江总督刘坤一联衔向清政府提出全面改革的方案——《江楚会奏变法三折》（以下简称《三折》），由《变通政治人才为先遵旨筹议折》《遵旨筹议变法拟整顿中法十二条折》《遵旨筹议变法拟采用西法十一条折》及《请筹巨款举行要政片》等三折一片组成。全文3万多字，由张之洞主稿、刘坤一领衔，东南士绅领袖张謇与改革派的舆论先锋梁启超等人参与拟稿润色而成，在很大程度上代表了清末朝野改革派对政治改革的基本框架和思路的规划，成为指导清末新政的纲领性文件。

《三折》中，第一折提出参考古今，会通文武、育才兴学（设立文武学堂、酌改文科、停罢武试、奖励游学）；强调培养人才，建立新式学校，改革科举制度。第二折提出必须变通整顿的12项中国已有的制度（崇节俭、破常格、停捐纳、课官重禄、去书吏、考差役、恤刑狱、改选法、筹八旗生计、裁屯卫、裁绿营、简文法），提议停止捐纳实官，裁撤屯卫、绿营等。第三折提出必须兼采并用的11项西方制度（广派游历、练外国操、广军实、修农政、劝工艺、定矿律路律商律及交涉刑律、用银圆、行印花税、推行邮政、官收洋药、多译东西各国书籍），主张官员出国考察，编练新军，制定有关矿业、商业、铁路的法律和货币制度，翻译外国书籍等。

《三折》的主要内容如下：

刘坤一、张之洞首先就兴学育才提出了独到的见解，表明了他们对教育改革的重视。《三折》提出设文武学堂、酌改文科、停罢武科、奖励留学四条教育改革的措施。具体办法是：

一、设文武学堂，建立适应时代需要的近代教育体系。《三折》将近代教育体系分为初等、中等、高等三级，对应的学堂也同样分为小学、中学、大学三种形式，学生小学堂毕业后，升入中学堂，毕业后再升入高等学堂和大学堂。各级学堂的教学内容必须进行改革，增加满足时代需求的新科目。为鼓励学生进入新式学堂，《三折》提出了相应的奖励办法，如中学毕业的学生若成绩合格，可授予廪生称号；高等学堂毕业后，经过考试，可授予举人；大学堂毕业后，成绩合格，可授予进士出身。在各级学堂学习同样可以获得功名，开辟了科举考试之外的另一条致仕通道。《三折》希望通过这条途径的设置，将更多的年轻学子吸引到学堂中来，以刺激近代教育的发展。

二、酌改文科以变通科举。《三折》认为，鉴于科举考试在人们思想中根深蒂固的现状，要使近代教育真正得到发展，就必须对其进行变通，科举考试才能真正退出历史舞台。科举改革的内容主要包括两方面：一是确定逐步废除科举制的方针，逐年减少科举取士名额，扩大学堂出身的名额，最终使科举与学堂合流。具体而言，是以十年为期限，十年以后最终废除科举制。二是对科举考试的内容进行改革。《三折》提出，将科举考试分为三场：第一场考试中国政治史事；第二场考试各国政治、地理、武备、农工、算法之类；第三场考试《四书》《五经》经义。这样，不仅将科举考试的内容扩展到史政、地理、军事、农工、算法之类的近代西学科目，而且将四书五经等儒家经典的考试退后到最后一场。考试的形式虽然没有改变，但考试的内容已处在巨变之中。

三、废黜武科考试制度，培养近代军事人才。《三折》认为，传统的武科考试已与近代军队的需要不相适应，武科考试只能为中世纪的军队服务，弊端丛生，进入近代，必须对军事人才的知识结构进行更新，设立近代军事学堂，传授近代军事知识和技术，才能与近代化军队的发展趋势相适应。因此，所有武科小考、乡试、会试必须一律取消，以后军事人才的选拔录用，必须从军事学堂毕业的人员中挑选。

四、奖励游学。《三折》认为，为满足改革对人才的大量需求，必须鼓励留学，加速人才的培养。到日本留学是当时的最佳选择。留学生学成归国后，经过考试，如果成绩与其所得文凭相符，就可以给予进士出身。

《三折》以“非育才不能图存，非兴学不能育才，非变通文武两科不能兴学，非游学不能助兴学之所不足”为总的原则，所提出的四条措施之间存在着相互贯通、互相补益的关系。在张之洞、刘坤一看来，教育改革是清末新政的基础与前提，只有确定以建立近代教育体系为目的的教育改革总体目标，才能解决改革过程中面临的人才短缺问题，才能促使社会风气的不断开化和价值观念的转变，从而革新整个社会面貌。这就提出了近代化必须解决的关键性问题，人的近代化，这是一个社会实现近代化的前提条件。假如一个社会的价值标准、思维方式没有实现相应的转变，那么整个社会的改革就不可能取得成功。

《三折》以经济的发展作为改革成功的基石。《三折》指出，要获得经济的发展，必须纠正思想观念方面存在的偏差，由重商转向重工，以工业的发展带动商业的繁荣，并以农业的改良作为工商业发展的基础。《三折》提出了农业、工业改革的基本构思。

关于农业的改革。《三折》指出，农业是工商业强大的根本，中国以农立国，今天要图谋富裕的本源，首要在于重视农业。当然，这必须立足于历史发展的趋势，用近代科学技术对传统农业进行改良。

改良的具体做法是：

一、设司农专官，专门负责农业生产的有关问题。

二、培养农业专门人才。愿意到日本农务学堂学习，学成领有凭照的学生，根据学业的程度级别，分别奖给官职。到欧洲、美洲农务学堂学习的学生，路远日久，给予较为优厚的奖金，自费前往学习的学生特别给予优待，让他们担任各省农务局办事人员。

三、推广农业生产技术，鼓励官绅率先试办，以开化社会风气。各省首先将农学书籍广泛译刻，分发通省州县，由省城农务局将农务书所记载的各种方法及本省所适合的各种农产品，选择重要的内容作为参考，令州县地方的官员考察本地情形，劝说绅董按照书上的方法试种。年终时按照饬令办理的门目，填注一册，内容是按照土地风俗，哪一种适合，哪一种方法能够仿照实行，哪一项收成最好，向上司禀报，张贴布告，让百姓全都知道了解，对工作卓有成效的官员给予奖励，捏报情况的官员加以罢免。每县设立一处劝农局，集合各乡绅董来劝农局征求意见，凡属于谷果、桑棉、林木、畜牧等内容，选择与本地相适宜的种植、饲养，向来无法掌握方法要领的，改换其他方法，没有能力的贫民，帮助他们获得资本。几年以后，如果行之有效，对有贡献的绅董给予奖励，中等者奖给督抚题写的匾额，上等者奖给官衔封号。地方官中有效得奖的，给以升级奖励，准许他们随带，公罪可从宽免，最优等者奖给切实的升级，不愿举办农政的地方官，按照溺职例由御史参劾革职。在鼓励推广良种及新农作物的同时，也鼓励引进新的农业生产技术，如各种肥料、生产工具、祛除虫害、轮种法等。

四、进行垦荒，发展近代大农场。凡是种植、畜牧以及垦荒土地，十年内免征田赋。①

在强调以近代科学技术发展农业的同时，《三折》同样强调以科学技术为手段发展工商实业，尤其是近代工业，并主张制定相应的经济法规，为经济的发展创造一个有利的外部环境。《三折》指出，一个社会商业之所以发达，是由于工业的兴盛。工业的繁荣则在于人口的众多和技术水平的提高，

① 吴春梅：《一次失控的近代化改革：关于清末新政的理性思考》，第49～51页。

实现中国富强的对策，不在于追求商业的发展，而在于工业的繁荣发达，否则只能是本末倒置。

基于这种认识，《三折》主张从培养实业人才和学习外国新技术入手，设工艺学堂，培养技术人才。为调动技术人员的积极性，主张给优秀的技术人员以官职上的奖励。设立博览会，改良工艺，推动产品的升级改造。为防止新产品被人仿造抄袭，《三折》还主张给新产品以专利权，并在3年内予以免税。发展工商实业，必须制定相应的法律，以使经济生活有法可依，有章可循，特别是在外国侵略势力已侵入中国的情况下，必须主动与西方接轨，而制定民众普遍遵守的经济法规，如路律、矿律、商律、交涉律，对于建立稳定的经济秩序尤为重要，这不仅可以避免经济生活中的混乱，使经济的发展走上良性轨道，也可以在对外交涉时有法可依，杜绝列强的乘虚而入[①]。

如果说各种法规的制定旨在以文明的方式抵制列强对中国的经济侵略，那么它更含有以理性的方式与列强竞争的意味。工业革命以来，工业化已成为世界潮流，闭关自守已不可能，在国门被轰开、外国产品大量涌入中国的情况下，只有发展本国工商实业，才能达到抵制侵略的目的。

在《三折》中，刘坤一、张之洞将《遵旨筹议变法谨拟整顿中法十二条折》放在教育和经济改革中间上奏清廷，明确指出："立国之道，大要有三：一曰治，一曰富，一曰强。国既治，则贫弱者可以力求富强；国不治，则富强者亦必转为贫弱。整顿中法者，所以为治之具也，采用西法者，所以为富强之谋也。"[②]

在"治""富""强"三者中，《三折》认为"治"是基础，是前提，只有做到了"治"，"富"和"强"才有保证，否则不仅达不到富强的目的，

① 《遵旨筹议变法谨拟整顿中法十二条折》，转引自吴春梅：《一次失控的近代化改革：关于清末新政的理性思考》，第51～52页。

② 吴春梅：《一次失控的近代化改革：关于清末新政的理性思考》，第53页。

而且富强亦可转为贫弱。显然这里的“治”已不再局限于传统意义上的吏治民生，而是带有更多西方资本主义色彩的政治体制，其提出的整顿中法12条，实质上即是大胆地以西方近代文明为参照物，对清朝的传统政治体制进行改革，使之适应清末新政建立并发展近代教育、经济的需要。因此，提出的整顿范围主要包括统治思路的调整、消除腐败、法律制度的改革以及重新审视满汉关系等方面①。

在统治思路的调整方面，提出破格用人，大胆启用具有开拓精神的人才。《三折》指出，时代、环境不同，用人的标准亦应随之变通，承平时期统治者大多依靠资格用人，所以压抑急躁冒进的人才，局势衰微的时期，统治者用人必须提拔英气俊朗、意气风发的人才，来度过艰难的时刻。只要是有真才实学、愿意扶危济困的人才，清政府都应不按常规，破格用人，使国家有栋梁之材可以依赖。

吏治的清明与否不仅关系到社会风气的好坏，也对统治机器能否正常运转，并进而对改革能否胜利进行产生重要影响。鉴于捐纳、书吏、差役对吏治长久以来的侵蚀，《三折》主张停捐纳、去书吏、去差役，同时设官重禄，以消除腐败。《三折》指出，捐纳钱财才可以做官，做官以后便大肆贪污索贿，捐纳制度确实是导致吏治腐败的一个重要根源。此外，鉴于书吏、差役上下其手，作弊索贿，书吏害政、差役索贿已成为吏治的一大弊端，《三折》主张对中央各部及外省书吏积弊进行大力整饬，一律淘汰，改用委员。并主张以五年为期，将所有差役依次裁撤，给以3年的收入，让他们自谋生计。

鉴于京官俸银俸米为数不足，加上银贵物贱的经济形势，确实不足以自

① 吴春梅：《一次失控的近代化改革：关于清末新政的理性思考》，第54页。

给，《三折》也主张高薪养廉，以保证吏治的清明，杜绝官员的贪污腐败[1]。

此外，《三折》认为，在新形势下，清政府原有的行政操作程序效率低下，程序烦琐，已不能适应时代的需要，必须进行以提高行政效率为目标的改革。为此，提出简文法、省虚文、废题本等措施[2]。

在法制改革方面，《三折》主张将法律制度加以改革，规定了两条方针：首先，建立近代的诉讼制度和辩护制度，改变“案以供定”的传统，并为以后的司法独立奠定基础。《三折》对比了中西方法律制度的不同后，认为西方建立了近代的诉讼制度，案件的审判讲求证据，所以既避免了严刑逼供，也使冤案很少发生。中外审判方式的不同是造成中外法律精神差异的主要原因。西方法律尊重人格，中国却恰恰相反，这也正是列强索取领事裁判权的主要借口。要改变这种状况，就必须与西方的法律体制和精神接轨，构建中国的法律体系，以人道主义为原则，弘扬人性，并以惩罚为手段，改造为目的。根据这一方针，《三折》提出禁讼累、省文法、省刑责、重众证、修监羁、教工艺、恤相验、改罚缓、派专官等改革措施。

改革是在一定的社会环境下进行的，要保证改革顺利进行，取得成效，保持社会秩序的稳定至关紧要。因此，满汉关系的改革十分必要。《三折》提出了取消八旗驻防制度、旗人自谋生计、参加科举考试，以及允许满汉通婚等主张，力图融合满汉关系，消弭民族矛盾。

《三折》上奏后，刘坤一、张之洞又上了一道附片，再次陈述改革的势在必行，强调指出：大体上富强之道，不管是民事还是兵事，都须要平日未雨绸缪，多年积累，近者四五年，远者一二十年。即使像提倡农工商业，本来是为实现富强，但在它们创设新方法、开设新商埠之初，也必须先由官府

① 吴春梅：《一次失控的近代化改革：关于清末新政的理性思考》，第54页。

② 吴春梅：《一次失控的近代化改革：关于清末新政的理性思考》，第55页。

设立学堂教导，官府创立机器工厂作为榜样，官府援助资本作为扶持，然后农工商业才可以渐渐展开。所以，他们主张，既需要筹措战争赔款，特别应该筹措办事自强的款项。赔偿之款，用来纾解目前的祸难；自强之款，用来挽救他日的沦胥。应请朝廷饬令政务处大臣、户部及各省督抚，在战争赔款之外，务必专门筹措巨款，以作为即将举行各项重要政策的准备，让欧美各国刮目相待，那么中国的生机就不至于突然灭绝了[①]。

《变法三折》及其附片上交后，清廷很快做出反应，慈禧太后特地颁发懿旨，强调指出："尔中外臣工，须知国势至此，断非苟且补苴，所能挽回厄运，惟有变法自强，为国家安危之命脉，即中国民生之转机。予与皇帝为宗庙计，为臣民计，舍此更无他策。"[②]《三折》提出的改革方案很快得到了批准，在事实上成为清末新政改革的指导思想。

① 沈桐生辑：《光绪政要》第27卷，55页。

② 朱寿鹏：《光绪朝东华录》（四），第4771页。

六部存废：官制改革

设立督办政务处

光绪二十六年的改革上谕发布后，清政府在三月初三日（1901年4月21日）成立了督办政务处，作为新政的筹划机构，派奕劻、李鸿章、荣禄、昆冈、王文韶、鹿传霖等一干大员为督办政务大臣，刘坤一、张之洞在地方上也参与实施。

清政府对政务处的操作程序做了详细规定：

一、政务处人员组成：督办大臣以下，设提调二员，章京八至十名，候选范围，朝官自京堂以下，外官自监司以下，迄于布衣，首以心术，兼具才望，不拘成格。

二、政务处职责：兴利除弊，有利则兴，有弊则除。对阻挠者以溺职论。

三、作用：做改革表率，"破除陋习，当自政务处始"。

政务处的作用是负责审查奏折、格拟法案、推行新政以及考核成效，其目的是为了督促、推动新政的实行。督办政务处成立后，各种改革条议、方案，都需经过政务处审查才能上达天听，清廷开始有了统筹办理新政的机构，推动了中央机构的调整。

总理衙门改设外务部

光绪二十七年六月初九日（7月24日），按照《辛丑条约》的规定，清政府批准将总理各国事务衙门扩充为外务部，班列六部之前，派庆亲王奕劻总理外务部事务，主持对外交涉。

总理衙门原本没有定员，多数大臣属于兼任，扩充为外务部后，设有总理大臣、会办大臣各一人，设尚书兼会办大臣一人，左、右侍郎各一人，显示地位的尊崇。

总理大臣掌管交涉，昭布信德，保护侨人佣客，以慎邦交；部丞掌管机密文件，综领众务；参议掌管审查发令[①]。

外务部的职责是：首先，保护外国侨民，以重邦交；其次，处理对外交涉的日常事务；第三，负责各种外交法令的制定。

设立商部

鸦片战争后，随着国门洞开，中国面临着西方商业的冲击，重商主义思想在中国发展起来。在与西方商人竞争的过程中，建立工商业发展的机构，协调、联络、集中华商的力量与之抗衡，成为很多有识之士的共同心愿。光绪元年（1875）郑观应在《盛世危言》中便已提出了这种主张。光绪十七年（1891）汤寿潜不仅提出了建立商部的主张，而且对商部的组织和职能也进

① 《清季外交史料》第4卷。

行了设计。

庚子之变后，清政府力图振作，清廷内部的高层已经充分认识到了建立商部对除旧布新的重要意义。为推动经济的发展，强化国家政权在经济事务中的作用，光绪二十七年（1901）、光绪二十八年（1902），醇亲王载沣和庆亲王之子贝勒载振先后提出了建立商部的建议。第二年（1903），慈禧和奕劻也先后表示支持这一建议。

三月二十五日（4月22日），清廷谕令载振、袁世凯、伍廷芳着手制定商律，等商律编成后，就立即简派大臣开办商部，改变以往官府对商人任意压抑的局面，加强官商之间的联系，以推动经济的发展。六月，清廷加快了步伐，决定先设立商部，再制定商律。于是，七月十六日（9月7日），中国近代第一个为推动经济发展而成立的专门机构——商部宣告成立。

商部下设保惠司、平均司、通艺司、会计司4个司。各司的职能为：

保惠司，专门管理商部局所、学堂、招商及一切保奏嘉奖事宜，赏给专利文凭；译书译报；聘请洋工程师及本部司员开调保奖。

平均司，专门管理开垦农务、蚕桑、山林、水利、树艺和畜牧一切生殖方面的事务。

通艺司，专门管理工艺局所制造、铁路、轮船、行轮、设电、开采矿务、聘请矿师及招工等各项事务。

会计司，专门管理税务、银行、货币等各金融行业；赛会、禁会、会审、词讼；考取律师；校正度量衡以及本部报馆经费。

此外，商部还设有司务厅1所，专门管理收发文件，翻译电报事务。商部还设立学馆1所，事先广泛购买海外出版的各种商律书籍，以及路矿律、招工律、保险律、报律，还有与各国签订条约，派出若干通晓中外文字的人员，专门翻译所购买的书籍。

清政府还规定，商部附设商报，将商部所办理的招商事务、集股款目，以及各省各埠土特产赢绌，物产贵贱，工艺良楛，都随时登报，在国内各省、国内外各商埠销售，用来鼓舞商情，开通风气。同时，商部将各省各属土产、制造商品的资本共若干类，各关卡、各商埠出口土货若干类，学堂及沿海沿江省份所设机器修造、丝纱布、煤油、火柴各厂的调查结果，供各商家参考[①]。

商部在中央各部中排名第二，仅次于外务部，地位十分重要。商部成立后，着手建立联络官商的机构，用来沟通商情，从而推动商业的发展。商部从商人入手，使他们认识到设立商会符合商人本身的利益。并且颁布了《劝办商会谕帖》，指出：商会设立后，由商人各举总董按期举行会议；在一个行业中，哪种商品容易销售，哪种商品滞销，集合同业的工人，随时进行考察，互相陈述利弊，互相探究得失，联络一气。这对商务发展确实有不少益处[②]。

商部从制度层面入手，奏请清廷批准各地成立商会组织。商部认为，商会的作用是保护商情、通商利，保持商人联络，杜绝商人倾轧，保持商人信义，杜绝商人诈虞。世界各国中能孜孜以求的国家，他们的商务兴盛，就能在激烈的国力竞争中获胜。所以当务之急，就是设立商会[③]。

商部的奏请很快得到了批准。光绪二十九年（1903）年底，清廷谕令各省城设立商会，各州县设立分会。商部奏定《简明商会章程》作为组织商会的准则。《章程》列有专门条款保护华商的利益。第16条规定："华洋商人遇有交涉龃龉，商会应令两造各举公正人一人，秉公处理，即酌行判断。如未能允洽，再由两造公正人合举众望夙著者一人，从中裁判。其有两造情事，商会未及周详，业经具控，该地方官或该管领事者，即听两造自便。

① 沈桐生：《光绪政要》卷29，载沈云龙《近代中国史料丛刊》第三十五辑。

② 《东方杂志》第1卷第2期。

③ 朱寿鹏：《光绪朝东华录》（五），第5122页。

设该地方官、领事等判断未尽公允，仍准被屈人告知商会，代为伸理，案情较重者，由总理禀承本部，当会同外务部办理。”洋商由于有不平等条约做后盾，遇到华洋商人出现争执的情况，各国领事大多会从中干预，严重侵害了华商的利益。因此，这种规定意在保护华商的权益。《章程》还规定，凡是能够独出心裁、制造新式机器，或者编辑的确有实用价值的新书，或者把国内外原有货品加以改良、并制作成精品的商人，都允许上报商会，考核以后，由商会总理具禀商部，酌量给予专利执照年限，来杜绝造假仿照，对发明创造予以鼓励[①]。

商部成立后，就推动通过立法来保障工商业者的法律地位，保护投资者的利益，真正为农工商业的发展提供法律保障。

光绪三十年（1904），清政府颁布了《公司律》，作为设立公司的法律准则。《公司律》的基本精神是承认商办企业与官办企业处于同等的地位，鼓励民间自由经商，禁止以官压商，从法律上确定了工商业者的地位，促使社会舆论不再将商人看作低贱的职业，反而应该受到全社会的尊重。《公司律》规定：公司分合资、合资有限、股份、股份有限四种形式，凡现在已经设立与今后设立的公司、局厂、行号、店铺等企业，都可以向商部注册，享有一体保护的利益，这实际上就是承认了商办企业的法律地位。《公司律》还规定：参股的股东不论官职大小，或者签自己的名字，或者签官阶名称，与没有官职的附股人都被看作股东，一律对待，应该获得的利润、议决的权利以及享有的各项利益，与其他股东一样，不会有其他的不同。显然，这样规定的目的在于禁止以官压商，提高商人的地位。

商部还颁布了《破产律》，来保护投资者的利益。《破产律》对投资者的财产处理，按照不同方式做了详细规定：凡有限公司破产，以公司现有

① 商务印书馆编译：《大清新法典》，第103~112页。

的财产抵押，不能另向投资人追补；凡无限公司或内在股东担负无限责任的企业，将公司产业变卖赔偿，还有不足的部分，由董事会同总司理人算明每股应该摊还的债额，登报后布告各股东知悉。如果股东将所认购的股份应分配的债务数字还清，董事应该立刻开具债务收回的证明并上报，由商会转到地方官府立案，就与该股东没有任何法律关系[①]。《破产律》还规定对破产者的财产处理，不得牵连其兄弟叔侄以及妻子，从而免去了投资者的后顾之忧，进一步保护了商人的利益。

同年，清廷还颁布并施行了《商标注册章程》，重点在于防止冒用他人商标的侵权行为，并对各种侵权行为的赔偿和惩罚做了详细规定：如果意图使用同类商品而仿造他人注册商标，或者把这种商标贩卖的人，处以一年内的监禁以及三百两以下罚款[②]，以保护专利持有者的合法权益。

通过上述一系列商业法规的制定，商部代表清政府肯定了广大工商业者的地位，规范并保护了他们的权利，有利于调动社会各界从事商业活动的积极性。

同时，清政府还颁布了一系列奖励商业活动的法律法规，颁布了《奖励公司章程》《奖励商勋章程》《华商办理实业爵赏章程》以及《奖励华商公司章程》，通过多种方式对投资工商业者进行奖赏。《奖励公司章程》规定：投资5000万元、雇工2000人为最高奖，奖给农工商部头等顾问官加头品顶戴，并世袭三代。投资80万元、雇工500人为末等奖，赏三品卿衔和花翎。《奖励华商公司章程》又进一步加大了奖励力度，将奖励的最高等级从光绪二十九年（1903）的5000万元降为2000万元。

光绪三十二年九月二十日（1906年11月6日），清政府将商部、工部等机

① 商务印书馆编译：《大清新法典》，第33页。

② 《简明商会章程》，《东方杂志》第2卷第2期。

构合并，改称农工商部。三十三年六月（1907年7月），颁布了《华商办理实业爵赏章程》，奖励爵赏的目的在于开通风气，推动经济的发展。章程指出，朝廷对于大小官吏，也将对此进行考核，进行劝勉惩戒。如果官员胆敢怠玩因循，保护不力，一定进行严厉惩处，不会宽恕[①]。《奖励商勋章程》则着重于对发明创造，即对技术人员的奖励。它将奖励的等级分为五等，从第一等的一等商勋加二品顶戴，直至最末一等的五等商勋加六品顶戴，主要根据发明创造的等级决定。其中能制造火车、轮船、汽车，且与外国新款车船品质相当者，建造长桥在几十丈以上者，能提出新方法制造电机者为一等奖，仿造外国物品畅销内地者为五等奖。

除了奖励工商业活动，商部还从技术和资金等方面对工商业的发展加以引导并提供资助。农工商部先后设立了劝工陈列所、工业试验所、化分矿质局、工艺局等工业服务和示范推广机构，倡导民间兴办实业。到宣统三年（1911），全国共设立工艺局厂389处、工艺学堂29处、艺徒学堂82处。农工商部还鼓励各地设立各种博览会，以加强各地物产的交流。

光绪三十四年（1908），两江总督端方倡导开办南洋劝业会，农工商部发动各省都来参加这次博览会，成为中外农工商业产品的一次大展。农工商部还以利率为杠杆，对很多企业发放6%的低息贷款，支持企业引进先进技术、改良工艺，缓解资金困难，同时农工商部还筹办官款，以“公股”的形式提供资金赞助企业，对获得赞助的企业没有加以太多干涉，完全听任企业自主经营。

在农工商部的努力下，各地商会组织如雨后春笋般涌现。据不完全统计，截至民国元年（1912），除西藏一地没有设立商会外，各地先后在省城成立了57个商务总会，871个分会，参加商会的商号达196 636家，商会会员

① 朱寿鹏：《光绪朝东华录》（五），第5708页。

人数据最保守估计，也至少在20万人以上，商人日益成为社会生活中的一支新兴力量，在政治上的重要性也不断增加。

设立巡警部

巡警部是随着清末军事改革的进行而设立的。清末新政期间的军事改革，主要是清政府仿照近代西方国家的兵制，将军制分为常备军、续备军和保安三种形式，将维护治安的军队独立出来，专门负责地方治安。为此，于光绪三十一年（1905）九月设立了巡警部。巡警部的建立，是为了维护清政府摇摇欲坠的反动统治，统一控制和领导全国的警察机构，强化清朝维护封建君主专制的统治。

巡警部设尚书1人，首任由徐世昌担任，左、右侍郎各1人，由皇帝特简，毓朗任巡警部左侍郎，赵秉钧任巡警部右侍郎；设左、右丞各1人，统率各司，辅佐尚书、侍郎统率全国警政，筹议警察制度。左、右参议各1人，分判各司事务，稽核司员以下功过，与左、右丞协同核审全国警章。此外，还设有郎中、员外郎、小京官以及考核各省警务的采访官等。

巡警部包括5司16科。主要职责是掌管警卫、保安、风俗、交通及一切行政警察的事务；掌管审定司法警察办事章程，核办各项司法警察的事宜；宣布应行告诫、禁止的一切命令；审定各省巡警学堂章程，考核警官学业成绩及给凭、注册等事务。

巡警部地方性的下属机构有京师内城和外城巡警总厅、司艺所、预审厅、稽察处、教养局、消防队、消防总局、探访队、协巡营等。京城内外工巡及巡视5城事务也都由巡警部管理。

光绪三十二年六月底，出洋五大臣结束宪政考察后返回北京，七月初六日（8月25日），戴鸿慈等呈上《奏请改定全国官制以为立宪基础折》，提出将巡警部与内务部合并，改为内务部，有关于人口、工程建设等事务，由内务部管理。九月二十日（1906年11月6日），经奕劻等上奏中央各部官制方案，清廷重新厘定了全国官制，改巡警部为民政部。

光绪三十四年（1908）四月，各省先后设置了巡警道，从而使巡警道成为省级公安管理机关，由此，各省训练巡警，设立警察机构及警务学堂，缉盗、审理案件、管理交通、消防、卫生等各种公共事务也都交由民政部督饬办理。

设立学部

早在戊戌维新期间，清政府在光绪二十四年（1898）即设京师大学堂管理学务大臣，管理京师大学堂并统一管理全国教育事宜。首任管学大臣为孙家鼐，戊戌政变后，慈禧太后中止新政，京师大学堂等新学机构也名存实亡。二十五年秋，礼部侍郎许景澄继任管学大臣。庚子事变的惨痛教训，令朝野上下都意识到教育改革的重要性与必要性。

清末新政开始后，随着教育改革的展开，二十七年十二月初一日（1902年1月10日），清廷重新设立了管学大臣，张百熙成为第三任管学大臣。张百熙举荐吴汝纶出任京师大学堂总教习，主持制定了一系列新学制度的规章。

光绪二十八年七月十二日（1902年8月15日），清政府批准了由张百熙主持拟定的《钦定学堂章程》，包括《钦定京师大学堂章程》《钦定考选入学章程》《钦定高等学堂章程》《钦定中学堂章程》《钦定小学堂章程》《钦定蒙学堂章程》。

成立了译书局与编书处，附设在京师大学堂下，分别负责编译有关西学和国学的教材资料，聘请严复担任译书局总办，林纾任副总办，李希圣为编书处总纂。

光绪二十九年正月十一日（1903年2月8日），管学大臣增添为两人，刑部尚书荣庆成为张百熙的副手。闰五月初三日（6月27日），荣庆、张百熙联名奏请将管学大臣改为学务大臣。十一月二十七日（1904年1月14日），清政府决定改管学大臣为学务大臣，下设专门、普通、实业、审订、游学以及会计六处，统称“总理学务处”，成为学部的雏形。

科举制度废除后，学校教育在全国占主导地位，为适应这种变化，光绪三十一年十一月初十日（1905年12月6日），清廷终于颁布上谕，批准成立学部，将国子监并入，各省学政事宜，归学务大臣考核。

裁撤闲散机构

在增设新机构的同时，清廷还对不合时宜的衙门机构进行了裁撤。

光绪二十八年（1902），清政府首先裁撤詹事府。

同年三月，清廷整顿户部，将三库存在的损公肥私、中饱私囊等弊端进行切实整顿，裁撤三库郎中等职位，库书、库丁全部革除。户部的一切钱粮收支事务全部收归户部堂官亲自经手管理，以专责成。

在地方，清政府裁撤了河东河道总督，由河南巡抚兼办其原有事务。

光绪三十年五月（1904年6月），又裁撤了粤海关、淮安关两位监督职，并撤销江宁织造，以杜绝人浮于事、浪费不止的流弊。

六月，清廷下令：各部院堂官及各省将军、督抚认真厘清剔除京城以外应该裁撤淘汰归并的各项差缺，节省财政支出。根据这个指令，光绪三十五年十一月，清政府决定撤销云南、湖北两省巡抚，由云贵总督、湖广总督兼管两省的事务。

三十一年三月，又裁撤了奉天府尹，其事务由奉天巡抚兼管，同时将奉天府丞改为东三省学政。

在清政府宣布“预备立宪”前，中央机构中，新设、裁撤了一些机构，在某种程度上为实施宪政、进行政治制度的改革做了主动尝试。

三

教育法制　二重变奏

SHUDU QINGSHI
QINGCHAO FUWANG

数读清史清朝覆亡

三段七级的『癸卯学制』

清末新政的重要内容是教育改革，通过建立近代化的教育制度，使国家能够培养适应社会变革需求的人才，是清末教育改革追求的目标。《江楚会奏三折》中对教育改革的程序进行了规划，张之洞成为官学大臣后，也努力推行教育改革，这使得清末的教育改革主要发生在三个方面：第一，创办近代各级各类学堂，建立近代化的教育体系；第二，鼓励出洋留学，加速人才培养；第三，改革并最终废除科举考试制度，使科举、学堂合二为一。

颁布学制

在管学大臣张百熙的主持下，光绪二十八年（1902），清政府正式颁布《钦定学堂章程》。因光绪二十八年为壬寅年，故称“壬寅学制”。“壬寅学制”中的许多内容是新旧势力相互妥协的结果，不完全适应新式教育的推广，也遭到张之洞的诟病。在学务大臣张之洞、张百熙的商讨下，光绪三十年（1904），学部正式颁布了《奏定学堂章程》（又称“癸卯学制”），对近代教育体制进行了整体规划和通盘筹划。“癸卯学制”对各级学堂的开办章程和管理办法都做了详细规定，并以法律的形式要求在全国推行，初步建立起了较为系统的近代教育体制。

“癸卯学制”以日本学制为参照体系，将近代教育体系分为小学、中学、大学三个等级。总的修业期限是21年，其中小学9年，中学5年，大学7年。蒙养学堂划归幼稚园，大学预科和大学均采用分科制。

学制颁布后，为使各地、各级考试划一办理，以利于对人才的鉴别，光绪三十二年（1906），清政府颁布了《学堂考试章程》。章程规定：学堂考试分五种：一、临时考试，二、学期考试，三、学年考试，四、毕业考试，五、升学考试。前三项考试由所在学堂自主进行。毕业考试引学生毕业，授给文凭以表明其为何等程度之学生，使将来别就职业时有所考证，其事较重。

高等小学堂毕业、中学堂毕业的学生，全部由学堂呈请所在地方官长，会同学务官暨本学堂人员亲自到现场组织。在京师的高等学堂毕业生呈请学部组织考试，在各省的毕业生呈请提学使司转详督抚，同议长、议绅暨教育总会会长、副会长组织考试。在京师的大学堂毕业生，由本学堂呈由学部奏请钦派大臣会同组织考试。在各省的毕业生，由本学堂呈请提学使司转发给督抚，将毕业学生咨送学部，奏请钦派大臣会同组织考试。各级升学考试，全部由所升入的学堂自行组织考试，分别决定录取与否，以达到整齐划一的入学程度。

千年科举废止

科举制

科举制度是隋以后各封建王朝设科考试选拔官吏的制度，由于分科取士的办法而得名。汉代已有考试取士的方法，但都属于临时措施，并没有形成固定的制度。隋文帝时，为废除被世族垄断的九品中正制，在开皇七年（587年）设志行修谨、清平干济两科，举行考试，选拔人才。隋炀帝时才开始设置进士科。唐代除了设置进士科外，又设置了秀才、明法、明书、明算等科，还有一史、三史、开元礼、童子、道举等科。武则天曾亲自主持殿试，并增设武举。科举制的各科考试中，由皇帝特诏举行的称为制科。各科之中，只有进士科是常设科目，因此地位最为重要。宋代以后各朝科举制仅保留进士科。

唐宋时期，进士科主要考试内容是诗词歌赋。宋神宗熙宁时，王安石将考试内容改为儒家经义。明清两朝的儒家经义以《四书》《五经》的文句作为题目，规定文章格式为八股文，解释必须按照朱熹《四书集注》等理学经典，不能超出这个范围。

18世纪，世界格局发生了很大变化，而中国科举考试的内容却越来越僵化，不利于人才选拔。历朝历代对科举制的非议层出不穷，只不过仅限于舆论，并未对制度本身构成真正的威胁。

科举改革

道光三十年（1840）鸦片战争后，清朝面临着“三千年未有之变局”，八股取士的科考制度，已无力应对船坚炮利所代表的近代西学的冲击，因而面临着越来越大的生存危机。光绪六年（1880）以后，随着西学的进一步传播和洋务运动的深入开展，科举制度在朝野有识之士的推动下发生了一些改变。光绪十四年（1888），清政府批准设置算学科，首次将自然科学纳入了科举考试的内容。

光绪二十年（1894）甲午战争后，面对日益严峻的瓜分危机，救亡图存成为知识分子最为关心的问题。变法维新、改革科举成为康有为、梁启超、严复等维新思想先锋们十分关注的内容。严复认为科举制有“锢智慧”“坏心术”“滋游手三大危害，将保留还是废除八股取士制度上升到影响国家存亡的高度。光绪二十四年（1898）百日维新期间，光绪皇帝曾下诏，除常规八股取士外，加设经济特科，荐举经时济变的人才。同时，应康有为、梁启超等人的建议，决定废除八股，改考策论，用时务对策来作为命题的标准、范围，严禁凭借书法优劣决定考生的高低名次。戊戌变法失败后，慈禧下令废除大部分新政措施，全面恢复旧有制度。

庚子国变，清政府创巨痛深，痛定思痛后，光绪二十六年（1900），清廷宣布实行“新政”，在这种情况下，废科举、兴学堂成为清政府推行新政的重要举措。各地封疆大吏纷纷上奏，重新提议改革科举制度，恢复经济特科。光绪二十九年（1903），学务大臣张百熙、荣庆、张之洞奏请按照年限依次递减科举名额，同时重点发展各类学堂。

科举废止

光绪三十年（1904），清政府颁布了《奏定学堂章程》（即“癸卯学制”），随着新学制的确立并逐步推行，学堂办学与科举取士之间的矛盾越来越尖锐，因为科举关系到士子们的利禄，人们趋之若鹜，新式学校难以发展。此时，科举考试已将八股改为策论，但还没有完全废除。不彻底废除科举，学堂就难以成为人才选拔培养的最重要的途径。光绪三十一年八月初四日（1905年9月2日），袁世凯、张之洞、赵尔巽等各省督抚联名奏请立停科举，以便推广学堂，咸趋实学，将育人、取才合并在学校这个唯一的途径里。清廷诏准自光绪三十二年（1906）开始，所有乡会试一律停止，各省岁科考试也立即停止，命令学务大臣迅速颁发各种教科书，责成各省督抚切实通盘筹划，严饬各府厅州县赶紧在乡城各处遍设蒙小学堂。至此，在中国历史上延续了1300多年的科举制度最终被废除，科举取士与学校教育实现了彻底分离。

二 游学东、西洋

同光间留学欧美

派遣人才出国留学，早在洋务运动时期便已开始。同治十二年（1873），清政府实施了派遣幼童赴美留学计划，在容闳的建议下，曾国藩、李鸿章联衔上奏，派遣天资聪颖的幼童到美国去留学，努力钻研现代科技知识，实现富国强兵的梦想。在奏折中，曾国藩、李鸿章认为：西洋军事实力的背后，有地理、数学、天文、制造等多种知识；他们重视引入外国的先进技术，把学有所成的游学者请到学校，教授各门科学；他们把陆军和海军的建设看作“身心性命”，今天我们中国要仿效他们的成功之道，最紧迫的，就是选派人员出国留学。

曾国藩、李鸿章拟订的计划：访选各省聪颖的幼童，每年30名，4年共120名，分批搭船赴洋，在外国留学，15年后，按年分批回国。决定由陈兰彬担任留学事务局正委员，容闳为副委员。在美国留学10年后，由于容闳与陈兰彬（1876年任驻美专使）、吴子登（时任留学生监督）之间的矛盾（即所谓留美学生“背叛”祖训问题）不可调和，再加上朝中保守势力的推波助澜，最终清政府做出了撤回这批留美学生的决定。同一时期，福建船政学堂也相继向英、法、德等国派出了留学人员，学习海军。严复就是公派到英国学习海军军事的代表。

甲午后留日热潮

虽然公派留学的计划中途夭折，但受光绪二十一年（1895）甲午战争战败的刺激，开明的地方督抚自行选派人员到日本留学。张之洞在湖广总督任上，在两湖地区推动教育改革，兴办新式学堂，他还首倡派遣留学生。他认为出洋一年，胜于读西书五年，入外国学堂一年，胜于中国学堂三年。他认为应该多派学生到日本留学，不仅因为日本距中国较近，路近费省，也因为日本在文化、习俗等方面与中国比较接近。光绪二十二年（1896），他将戢翼翚作为第一名官费生派到日本留学，以后又陆续派去大批学生到日本学习各种专业。江苏也开始向海外派遣留学生。与此同时，受甲午战败的刺激，许多有为青年为探求日本短时间内崛起的奥妙，也开始自费到日本留学，形成了晚清第二次留学热潮。

光绪二十七年（1901）清政府“变法”上谕颁布后，以教育改革为首的各项改革措施逐渐推出。当年年底，清政府规定，各省督抚一律仿照江苏、湖北、四川的做法，选择那些心术端正、文理明达的人士，派往海外学习，将一切专门学问认真学习肄业，竭力讲求。对于自费前往日本学习的留学生，政府将承认他们获得的学历。

“癸卯学制”颁布后，随着清末教育改革的推进，各地兴学热潮的兴起，合格的师资及改革人才的短缺使得各项改革措施难以迅速落实到位，清政府为在短期内克服这一困难，采取了兴办学堂和派遣留学生双管齐下的办法。

随着留日热潮的出现，留日学生人数大为增加，据统计，在光绪三十一年（1905）到三十二年（1906）间，前往日本留学的人数达到8000人左右。留日学生人数迅速增长的同时，这一群体的革命化倾向也在增长。他们中的许多人与孙中山、黄兴等革命党人接触频繁，接受了革命的主张，开始成为清政府的掘墓人。

为加强对留日学生的管理控制，光绪三十二年（1906），清政府颁布了《管理游学日本章程》，决定在驻日大使馆内设立留学生监督处，设总监督1人，由驻日大使兼任，专门负责留学生的管理事宜。对留学生所入学校、经费、品行等都做了详细规定。在学校选择上，规定无论官费自费，如果所进入的学校不是日本文部省或出使日本大臣所选择、认定的学校，留学生监督处一律不送学，将来毕业也不发给证明书。凡游学日本学生在入学、退学、转学、改学科及请假等方面，都必须得到留学生监督处的认可。如果未经认可擅自行动，将来即使毕业，也一概不给证明书。在品行方面，章程规定，留学生如果不修品行，学业不长进，经监督处查明，立即勒令退学并遣送回国。

在鼓励到日本留学的同时，清政府也逐渐调整了留学生的去向。光绪三十一年（1905），清政府规定，各省督抚、学政必须多派学生游学欧美，对留学欧美给予种种方便。欧美各国，特别是美国，对于中国留学生多方招引。光绪三十四年（1908），美国国会通过了退还中国部分庚子赔款的决议案，将这些款项用于向美国派遣留学生，兴起了留美的热潮。三十一年（1905），留美中国学生仅有二三十名，到宣统二年（1910），迅速增加到600多人。同一时期，留欧学生也有所增加。在欧美的中国留学生以学习理工科为主，对庚款留美学生曾有具体规定，十分之八学习农、工、商、矿等科目，十分之二学习法政、理财、师范各学科。另外，新疆因为与俄国接壤，清政府除派遣满、蒙学生留学俄国外，还派遣了少量学童，专门学习俄罗斯的语言文字。

第一部近代刑法典——《大清新刑律》

自古以来，中国法律体系有着自己的特点。鸦片战争后，列强取得在华领事裁判权。由于中外法律体系各不相同，立法原则也相互抵触，在中外交往中，往往成为列强动用领事裁判权的借口。

庚子国变后，清政府实行新政，修订中国原有的法律，使之与西方法律相适应，也是非常重要的内容。

晚清修律

光绪二十六年（1900）以后，英、日、美、葡诸国在与中国续订商约时曾表示，如果中国律例与东西各国统一，就会放弃在华享有的领事裁判权。为此，清政府责成袁世凯、刘坤一、张之洞保举熟悉中西律例的人才修改《大清律例》。沈家本凭借自己渊博的法律知识、丰硕的研究成果、深厚的法律经验及劳怨敢任的个人品格，与伍廷芳一起被保举修订法律。

沈家本（1840—1913），字子惇，别号寄簃，汉族，吴兴（今浙江湖州）人。父亲叫沈丙莹，进士，曾担任刑部郎中、贵州安顺府知府。同治元年（1862）举人，任直隶（今北京市）、陕西司主稿，受到刑部尚书潘文勤的赏识。

沈家本一经任命，立即怀着满腔热忱，着手筹划修律。主持修订法律伊始，沈家本就积极为将来法律的施行做准备。光绪三十年四月初一日（1904年5月15日），经过他与同僚近两年紧锣密鼓的筹备，修订法律馆终于开馆。开馆后的主要工作是翻译和研究东西各国的法律，同时整理中国旧有的法律典籍。经修订法律馆翻译介绍的东西各国法律和法学论著，涉及之广、数量之大，前所未有。在修律过程中，沈家本等人能够从容比较各国的法律体例，去芜存菁，进而将它们应用于改造中国旧律和创立新法的实践中。翻译各国法律和法学论著过程中的调查考核、辨明文义和甄定名词，对于创建中国法学学科更有重要意义。

沈家本深知清朝统治者历来认为法律无足轻重，绝大部分官吏对法律一无所知，因此他奏请设立法律学堂以造就新型法律人才。光绪三十二年（1906），经过1年时间的筹备，中国第一所中央官办法律专门学校——京师法律学堂正式开学。沈家本被任命为管理京师法律学堂的事务大臣。他以“会通中外”为指导方针，聘请了冈田朝太郎博士等外国法学家为学员授课，并支持冈田博士出版《法学通论讲义》作为学堂的基础教材。京师法律学堂的开办堪称中国法律史上的一大创举，不仅是配合新法创制和施行的必要措施，更成为中国近代法学研究和教育的良好开端。

在修律过程中，沈家本的主导思想是“调和中西”“会通中外”。他认为，法律应该伴随形势的不同进行增减，不能简单袭用往日的旧法。他把中国置于世界范围内进行考察，借以说明海禁大开以后的中国，固守祖宗的现成法律不变是难上加难。以中国一国与寰球各国抗衡，优劣的形势，不言自明。为了贯彻能在中外通行的修律方针，他参考古今中外的大量法律成文，认为欧美资本主义国家的法律，比中国封建旧律更加文明、进步，中国必须取长补短，西方法律完善的地方应当拿来为我所用，如果不去借鉴，是非常愚蠢的行为。

沈家本在引进西方法律的时候，也反对完全抛弃中国传统的法律，他说：中国的礼教风俗与欧美各国不同，如果突然间颁布与他们完全相同的法律，将会增加修律的阻力，这又怎么能会合两种法律体系的长处，推行到社会上去呢？为了实现“会通中外”的修律方针，他积极组织力量，翻译资本主义国家的法律，作为修律的蓝本。同时，奏请设立法律学堂，培养专门的司法人才，聘请外国法学家充当法律顾问，并派员赴外国考察。

沈家本认为各种法律中，刑法最为重要，应该把制定新刑律作为整个修律工作的起点。鉴于比较中外刑法，中国的刑罚重，西方的刑罚轻，因此应把“改重为轻”作为制定刑律的首要步骤。为此，他奏请废除凌迟、枭首、戮尸、缘坐、刺字等原有酷刑；死刑一般用绞刑，只有谋反、大逆以及谋杀祖父母、父母等重罪，才用斩刑；还把戏杀、误杀、擅杀三项虚拟死罪改为流徙。

沈家本在“法律面前，人人平等”的资产阶级法制思想的影响下，提出旗汉等各族人民触犯刑律而判遣军、流徙等，应该一视同仁，不应在量刑上存在轻重悬殊的情况。只有化除满汉之间的民族不平等，才能建立起公平的法律秩序。与此相联系，他主张男女平等，反对夫为妻纲的封建名教，提出夫妻间侵犯罪的处刑也应该平等对待。沈家本还在资产阶级人权思想的影响下，奏请永远禁止被清朝旧律中所允许的买卖人口和蓄养奴婢的行为。他谴责公开买卖人口是不重视人命，奴婢也是人，不能任意残害他们的生命。生命本来就应该得到尊重，人格尤其应该被尊重，现在不能再沿袭旧有的风习，把人等同于牲畜、财产。如果不革除这些弊端，显然与颁行宪法的宗旨相违背。

沈家本赞赏西晋刘颂根据律法断罪的思想，反对律外苛求。他奏请废除清朝实行已久的比附断案，揭露比附断案使民众无所适从，只方便官吏肆意处断民众的罪行。在他主持制定的《刑事民事诉讼法》中，确认了资产阶级罪刑法定的原则和内容。在司法体制上，沈家本仿效西方法制中的资产阶级三权分立原则，主张司法独立，把这看作实施宪政的始基。为了保证司法独立，他考证古今司法独立的沿革，考订中外法律的异同，制定了《法院编制法》，明确规定行政长官及检察官不得干涉法官的审判活动。

沈家本的一些具有资产阶级民主主义性质的法律思想，遭到了朝中守旧派的诋毁和非难。他遵循最新之学说，改革中国封建时代诸法合体的立法体系，在制定新刑律的同时，着手编纂独立的诉讼法。在他主持下，光绪三十二年（1906）编成《刑事、民事诉讼法》，其中规定“罪刑法定”“审判公开”“陪审制度”和“律师制度”，但遭到以张之洞为首的各省督抚的驳议而作废。光绪三十三年（1907），张之洞又攻击沈家本所编新刑律草案蔑弃礼教。宣统元年（1909），附有《暂行章程》五条的《修正刑律草案》又遭到提学使、宪政编查馆参议劳乃宣的反对，责难新刑律违背亲亲、尊尊、长长、男女有别的礼教基本原则。对此沈家本著文反驳，形成了礼治派与法治派的激烈辩论，这场辩论直到辛亥革命爆发才宣告结束。

沈家本受命为修律大臣期间，最主要的活动是修订旧律、创制新律的立法实践。修订旧律就是对《大清律例》进行全面改造，体现尊重人权的趋势。最终，改造的成果就是《大清现行刑律》的颁布。该法典删除了凌迟、枭首、戮尸、缘坐和刺字等残酷的刑罚，禁止刑讯和买卖人口，废弃了允许蓄养奴婢的律例，统一了满汉刑律。虽然从大的方面来看，这仍是一部旧式的刑法，但这部带有过渡时期色彩的刑法典的制定，意味着传统法制创新的开始。

此外，沈家本还主持制定了《大清民律》《大清商律草案》《刑事诉讼律草案》《民事诉讼律草案》等一系列法典。虽然这些新法典远不曾得到完善，且大部分未曾施行，但其制定的本身就已经是中国法律史上亘古未有的革命。至于贯注于法典编订中的立法者的思想，以及由法典编纂而引起的争执和议论，则无疑具有更加深远的影响。

《大清新刑律》

在沈家本主持制定的一系列新的专门法典中，《大清新刑律》是最为重要的一部。该律摒弃了传统诸法合体的旧制度，是一部单纯的刑法典，也是中国历史上第一部近代刑法典。这部法典在沈家本的主持下，由日本法学家冈田朝太郎等人协助起草，全文共2编，53章，411条，附有《暂行章程》5条。《大清新刑律》在光绪三十四年（1908）完成，但由于守旧派的反对，直到宣统二年十二月二十六日（1911年1月25日）才颁布施行。它采用资产阶级的刑法体例、刑罚制度和刑法原则。在刑法体例方面，分总则、分则两编。在刑罚制度方面分主刑、从刑两种。主刑方面，改旧律的笞杖徒流死五刑为死刑、无期徒刑、有期徒刑、拘役、罚金；从刑包括褫夺公权和没收；削减了旧律繁杂的死罪条目；确定了死刑唯一的原则；废除了旧律的援引比附制度；重视惩治教育。在刑法原则方面，采用了资产阶级的“罪刑法定主义”。此外，《大清新刑律》还根据鸦片战争后中国社会的新情况，规定了有关妨碍国交，妨碍选举，妨碍通信、交通以及妨害卫生等方面的犯罪。

《大清新刑律》的正文在形式上反映了比较浓厚的资本主义色彩，但附录的5条暂行章程却反映了浓厚的封建性。由于沈家本修律的指导思想就是“参考古今，博稽中外，融会贯通，不存偏见”，他虽然竭尽全力融通中西法律，推动中国法律的更新，但仍然不被顽固的官僚士大夫所容。为维护修律成果，沈家本代表法理派与礼教派围绕删除旧律中以纲常名教量刑的内容进行了4次大的论争，最激烈的一次爆发于沈家本上奏新刑律草案之后。一时之间，下有部院督抚大臣的排挤指斥，上有修改新刑律不能变革与伦常礼教相关内容的上谕。沈家本甘愿冒着被斥责为悖逆纲常、离经叛道的风险，奋起论辩。最终《大清新刑律》度过了难产的大关，附加《暂行章程》五条得以最终颁布。沈家本被迫辞去修订法律大臣和资政院副总裁两项职务，回任法部左侍郎，从而结束了他将近10年的修订法律的生涯。

四级三审司法审判制

光绪三十二年（1906）九月二十日，清政府颁布《裁定奕劻等核拟中央各衙门官制谕》，改定内阁官制，将刑部改为法部，专门管理司法事务；大理寺改为大理院，专门掌管审判事务。此后还任命戴鸿慈为法部尚书，沈家本为大理院正卿。官制改革方案从政治体制上将审判权从行政权中分离出来，从此，中国从传统司法体制向近代司法独立的体制转变迈出了历史性的步伐。

同年十月二十七日（12月12日），沈家本主持的修订法律馆呈奏了《审判权限厘定办法折》和《大理院审判编制法》，顺利得到清政府的批准和实施。这两个文件标志着中国近代的诉讼法律制度就此开始诞生。《大理院审判编制法》仿照日本立法体系，采纳了大陆法系的检察制度（第十二条）和刑事预审制度（第二十五条），抛弃了英美法系陪审团制度，表明清末司法制度的改革已经确立以大陆法系司法制度为改革的方向，随后清政府颁布了《各级审判厅试办章程》和《法院编制法》，大陆法系的各项诉讼制度从法理原则走向现实实践。由于清末的诉讼程序并没有一部完整的系统立法，各项诉讼制度分散于《大理院审判编制法》《各级审判厅试办章程》和《法院编制法》等法院组织法律当中。

从《审判权限厘定办法折》来看，借鉴了日本各级审判厅设置的经验，介绍了国外的四级三审制度。各国审判的级别，大都区分为三级，第一审、第二审、第三审。第二审是用来针对不服第一审判决的案件，第三审是用来针对不服第二审判决的案件。裁判所的等级大都分为四级，英、美、德、法各国都采取四级裁判所的原则，日本裁判制度仿效德、法两国，也分为四等，即区裁判所、地方裁判所、控诉院、大审院。关于各级审判厅之间的权责关系，德国与日本的刑法均分为违反警罪、轻罪、重罪3项，犯违警罪的罪犯，警察厅可以惩治。犯轻罪的罪犯，可以到区裁判所起诉，不能越级到地方裁判所控诉。犯重罪的罪犯在地方裁判所起诉，区裁判所不得受理诉讼。控诉院负责审理不服地方裁判所审判的罪犯，没有最初审理的案件。大审院负责审理不服控诉院审判的罪犯，自行审理的诉讼主要涉及皇室案件、官员案件以及政治犯。所以大审院不必侵犯控诉院的权限，地方裁判所不能代替办理区裁判之案件，各级审判机构分开则各自独立，合起来就层级递进，相互承续，这就是所说的分权定限，责有攸归。

《审判权限厘定办法折》建议借鉴采纳日本的立法模式，实行四级三审制度：建立大理院、高等审判厅、地方审判厅、乡谳局（后改为城谳局）四级审判机构。《审判权限厘定办法折》对目前审判的过渡性事宜做出安排，每级审判机构各自有自己的界限，必须参考中国的原有制度详细分析，使日后办理审判事宜各有依据。臣下会同商议，大理院既然是全国最高的裁判机构，凡是宗室官犯以及抗拒官府，特别交代的案件，应该归其专门管理，高等审判厅以下机构不得审理与此有关的案件；由地方审判厅初审，又不服高等审判厅判决的案件，也准许上控到大理院进行终审，就由大理院审结；至于京城外各地一切大辟重案，都分别上报法部及大理院，由大理院先审判定罪，再交到法部复核，这是大理院的权限。

《审判权限厘定办法折》对于京师各级审判厅的设置也做出说明：权限既然已经确定，那么高等审判厅以下，必须次第建设，才有专门司法机构，除各省直属审判衙门应等待官制厘定后，由法部咨商各督抚次第筹设外，京师地区的诉讼案件当然以地方审判厅为首要，乡谳局为次要。打算在内外城设立地方审判厅，凡属于刑事徒流以上，民事讼案银债值200两以上的案件，都以该厅为初审机构，那么重罪案件就有了归属。京师乡谳局打算改名为城谳局，按照巡警分厅的旧规定，在内外城分设9所，凡属于刑事、无关人命之流放罪以下，民事讼案银债值200两以下的案件，都以该局为初审机构，那么轻罪案件就有了归属。至于高等审判厅，外国都与大理院相附丽，应等臣下大理院选择确定部属后，再商讨确定。

光绪三十三年（1907）八月，修订法律大臣沈家本为适应全国各地推行四级三审审判制度的需要，在原暂行于京师地区的《大理院审判编制法》的基础上，拟订了《法院编制法草案》，宪政编查馆历经两年的考核，到宣统元年十二月二十八日（1910 年 2 月 7 日），清政府终于正式颁布《法院编制法》，同时颁行的还有《法官考试任用暂行章程》《司法区域划分暂行章程》《初级暨地方审判厅管辖案件暂行章程》。《法院编制法》分为16章，共计164条。各章节内容是：第一章，审判衙门通则；第二章，初级审判厅；第三章，地方审判厅；第四章，高等审判厅；第五章，大理院；第六章，司法年度及分配事务；第七章，法庭之开闭及秩序；第八章，审判衙门之术语；第九章，判断之评语及决议；第十章，庭丁；第十一章，检察厅；第十二章，推事及检察官之任用；第十三章，书记官及翻译官；第十四章，承发吏；第十五章，法律上之辅助；第十六章，司法行政之职务及监督权。

这样，四级三审的诉讼制度在清末初步建立，法制近代化程度大大加强。

数读清史清朝覆亡

四

日俄之战　君宪两分

SHUDU QINGSHI QINGCHAO FUWANG

两种政体之战——日俄战争

光绪三十年（1904），日本和沙皇俄国爆发了争夺中国东北的战争。这场战争是沙皇俄国主导的三国干涉“还辽”后，沙皇俄国把夺取中国东北看作是侵略、控制东北亚的中国、朝鲜的重要步骤。

《马关条约》刚刚签订，沙俄就迫使清政府用海关收入作为担保，向它进行借款，从而达到控制清政府财政的目的。沙俄在中国成立了“华尔道胜银行”，对中国进行资本输出，在东北地区开矿、设厂，进行经济掠夺。

同时，沙俄还在中国东北地区进行铁路勘测，攫取在东北修筑铁路的权利。光绪二十二年（1896），这条“中国东省铁路”（简称“中东路”）从满洲里经过齐齐哈尔、哈尔滨、牡丹江到达绥芬河，将西伯利亚和海参崴连接起来。两年以后（1898），沙俄又攫取了从哈尔滨，经过长春、沈阳直到旅顺、大连的中东铁路支线，形成了纵横东三省的铁路动脉。光绪二十九年（1903）全线通车，这条铁路成为沙俄进占中国东北的重要工具。

沙俄还利用三国干涉“还辽”的有利时机，直接强占了中国东北的旅顺口和大连。从而将其势力范围从东北北部延伸到南端。

为了完全占领东三省，沙俄在光绪二十六年（1900）八国联军进攻北京时，抓住了这个千载难逢的机会，以“保护”铁路为名，出动军队，从满洲里、黑河、伯力、珲春、旅大分五路侵占东北全境。

沙俄在东北的急剧扩张和称霸亚洲、太平洋计划的实施，与日本、美国、英国在远东地区的战略利益产生了矛盾，特别是与日本政府的矛盾十分尖锐、不可调和。

日本刚刚在甲午战争中得到的辽东半岛，被沙俄明火执仗地夺走，十分恼火。于是日本以沙俄为假想敌，制订了一个十年扩军计划，下定决心要对俄国进行武力打击。依附于天皇的军部要求政府无条件地服从陆军的扩军备战计划，并提供所需的一切费用。苛刻到连不满一石的家用酱油也要征税的增税政策实施后，日本的国家税收急剧增加。经过扩军备战，日本的军事力量与十年前相比，获得了长足的发展。

为此，日本加强与列强的联合，与英国结成了同盟。光绪二十八年（1902），英国和日本签订了“日英同盟”条约，保证给予日本军事援助，一旦日本与第三国发生战争，英国要保持中立。

沙俄侵占东北，阻碍了美国政府“门户开放”政策的推行，因此，美国对日本进行多方支持，唆使日本对沙俄开战。

德国在沙俄和日本中间不断挑拨，企图获得双重利益。一面在财政上支持沙俄，一面也向日本提供军火和军事技术。

沙俄在欧洲的盟友是法国，但法国这时由于德雷福斯案件引发了政坛动荡，国内政局处于混乱当中，所以无力对沙俄进行实质上的支持。

大战当前，双方在疯狂地进行军备竞赛，在国内外广泛制造舆论，一时间，战争乌云笼罩在东北亚地区上空，一场帝国主义间的厮杀即将上演。

光绪二十九年十二月二十三日（1904年2月8日），日本海军对沙俄驻扎在旅顺口的太平洋舰队实施了突然袭击。第二天（2月9日），沙俄向日本宣战。次日（10日），日本向沙俄宣战，日俄战争正式开始。

在偷袭沙俄海军后，日本为了控制黄海海域的制海权，从2月到5月，其舰队先后对沙俄舰队实施了8次攻击，在旅顺港外设置了四道封锁线。

俄国远东总督阿列克塞耶夫面对日本海军的进攻，一味消极避战，等待波罗的海舰队的到来。他的想法是等增援的俄国海军到来后，就能夺回日本海军的制海权，取得海上优势，因而下令禁止舰队出港作战，导致海军惨败。

陆路方面，日本陆军在十二月二十三日的当天，在朝鲜仁川登陆。随后，日军在鸭绿江边大量集结，准备渡过鸭绿江，进攻俄军。光绪三十年三月十三日，日军强行渡过鸭绿江，3天后，双方在九连城展开了激战。俄军战败，向辽阳方面撤退。日军登陆后，进展十分顺利，很快就顺利地占领了普兰店和金州，切断了旅顺和辽阳之间的联系。四月十七日，日军没费吹灰之力，就顺利地占领了大连。

到五月初，日军主力集结在辽阳附近，五月十日（23日），日军建立了"满洲军总司令部"，由参谋总长大山岩担任总司令，儿玉源太郎任参谋长，厉兵秣马，积极准备在辽阳与沙俄展开大决战。

两个月后，日军集结了3个军，共8个师，总兵力大约13.5万人，俄军集结了7个军，13个师，总兵力大约22.5万人，双方的兵力对比相差较大。俄军事先还在辽阳构筑了大量的坚固工事，设置了三道防线，以逸待劳，企图用优势兵力迎击日军，进行战略决战。

战役开始后，沙俄军队腐败的弊病越来越多地暴露出来，日军迅速在战场上突破了俄军的外围防线，完成了对辽阳的包围。

七月十八日，日军对辽阳发起了总攻。经过激烈的争夺，在付出参战兵力五分之一伤亡（达到2.4万人）的代价后，日军占领了沈阳。俄军在八月二十五日展开了反扑。经过激烈的战斗，俄军伤亡4万多人，日军也付出极大的代价，双方都暂时无力组织大规模进攻，于是在辽河隔河对峙，积蓄力量，等待时机，准备再次进行厮杀。

在同一时期，南线的旅顺口争夺战也在激烈进行当中。日军将领乃木希典集结了3个师，5万多人的兵力，完成了对旅顺的包围。六月三十日，沙俄舰队司令维特格甫梯率领20多艘军舰开出旅顺港，强行突围。

日本海军截获了情报，与沙俄海军在黄海展开了激烈的炮战。4天后（14日），海参崴的沙俄海军在朝鲜蔚山外海遭到日军的沉重打击，丧失了战斗能力。沙俄太平洋舰队这时已经几乎全军覆灭。

七月初九日，乃木希典下令，日军对旅顺发起了总攻。经过6天的激战，5万多日军死伤三分之一，第一次攻击失利。八月初十日，日军发起了第二次总攻。俄军拼死抵抗，经过4天的激战，日军死伤5000多人，仍然没有攻下旅顺。九月十八日，日军又进行了第三次总攻击，死伤3000多人，推进到了沙俄的前沿阵地。

十月二十日（11月26日），日军发起了第四次攻击，攻占了203高地，到十一月十四日（12月30日），日军先后攻占了旅顺城外的松树山、二龙山和东鸡冠山各堡垒。俄军士气低落，迅速瓦解。光绪三十年十一月二十六日（1905年1月1日），旅顺要塞司令施特赛尔开城向日军投降。

旅顺战役进行了5个月，日军先后参战兵力13万人，死伤近二分之一。俄军战死3万多人，2.2万多人被俘虏，引起了国内政治形势的迅速分化。沙皇为了摆脱困境，制订了“坚决进攻计划”，集结了32万大军，组成3个兵团，日军也集结了5个军，25万人，在2月下旬展开了大决战。由于俄军采取的是消极防御的方针，日军占领了辽阳、铁岭。沙俄全线败退。

经过这次大战，双方都已经没有力量组织大规模的进攻，陆上战斗基本上接近尾声。

沙俄再次惨败后，寄希望于海军，希望即将到达远东的第二太平洋舰队能够扭转战局。光绪三十一年四月二十四日（5月27日），日本海军在对马海峡与沙俄第二太平洋舰队展开了激战，经过不到两天的战斗，沙俄舰队被击沉19艘，被俘7艘，俄军伤亡5000多人，被俘6000多人，日军损失3艘水雷艇，死伤700多人。日本在对马海战中大获全胜，沙俄在军事上已全面战败，不得不谋求和谈。

在美国总统罗斯福的劝说下，日俄两国在美国的朴次茅斯举行了和谈。八月初七日，双方签订了《朴次茅斯条约》，共同瓜分了中国东北。东北南部变成了日本的势力范围，北部变成了沙俄的势力范围。

腐败的清政府对于日俄两国在中国东北进行的这场战争，无力阻止，只好口头上表示严守“局外中立”，眼睁睁地看着两大帝国主义在自己的国土上烧杀抢掠，无恶不作。对《朴次茅斯条约》中涉及中国的内容，清政府在十一月十四日签订的《中日满洲协议》及《附约》中加以承认，并且还额外损失了不少主权。

日俄战争的结果，使中国举国上下对实行立宪政体的日本刮目相看，有些报刊甚至大声疾呼：“大哉日俄之战，岂非天意示其趋向而启中国宪成之萌芽乎？彼俄之衅于日也，乃专制国之败于立宪国也。”[①]从此呼吁立宪的热潮开始在各阶层中兴起。而这种热潮的出现，直接导致清政府出台了派出官员到外国考察立宪政体的决策。

① 《论立宪为万事之本》，《东方杂志》第二年第10期，“内务”。

五大臣出洋

在日俄战争结束后的，光绪三十一年（1905），清政府颁布了派遣亲贵大臣分赴东西各国考察宪政的谕旨，派出了以载泽为首的五位大臣赴海外考察宪政。

八月二十六日（9月24日），镇国公载泽、户部侍郎戴鸿慈、兵部侍郎徐世昌、湖南巡抚端方、商部右丞绍英在北京正阳门车站上车，准备乘火车分赴东西各国考察政治。清政府为了对外表明其求强图治的决心，邀请了各国驻华使节，商界、学界、政界人士和各部大员，冠盖云集，观者如潮，锣鼓喧天，盛况空前。然而，正当五大臣准备上车之际，革命党人吴樾事先怀揣炸药，自杀式地冲向五大臣，使载泽、绍英等人受伤，现场一片混乱。这一刺杀行为极大地震撼了清政府，促使慈禧太后下决心牢牢抓住立宪的招牌，当作自己的护身符，以搪塞海内外舆论的压力。

当年12月，考察宪政大臣再次出发时，不再大张旗鼓，他们兵分两路：载泽、尚其亨（山东布政使）、李盛铎（顺天府丞）为一路，戴鸿慈、端方为另一路，分期从北京出发，一路上由袁世凯严加保护，到上海后，分赴东西各国。戴鸿慈、端方先期从上海乘舰艇到美洲考察，再分别前往德、俄、意、奥等国。载泽、尚其亨、李盛铎很快从上海抵达日本，再赶往英、荷、比、奥等国。

从光绪三十一年（1905）底出洋，到三十二年六月（1906年7月）回国，在半年多的时间里，考察政治大臣一共考察了日本、美国、英国、法国、德国等14个国家。考察范围主要包括四个方面：一、实地参观，获得感性认识。上至议院、行政机关、警察、监狱，下至工厂、农场、银行、商会、邮局、博物馆，甚至戏院、浴池、动物园等各种公共设施都是他们参观的对象，称得上是无所不包。二、聘请各国政治家、法学家讲解宪法原理，从理论上加强对宪政制度的了解。三、调查各项制度，力图从总体上洞悉西方的政治组织。四、搜集和翻译有关图书资料，以供参考。载泽在日本考察期间，不但对上下议院、公司大小学校、兵营、机械厂、警察、裁判处、邮局等机关进行了详细考察，还对行政机关的管理监督方法进行求证，并且与内阁各大臣伊藤博文、大限重信等明治维新的元老，以及专门研究政治学的博学人士从容讨论，来求证立宪原理及其严格损益。通过深入了解，从实践到理论获得对西方宪政制度的完整了解，以达到比较中西政体优劣，作为清廷选择政体依据的目的。

回国之际，五大臣以梁启超和杨度等人在东京事先写好的有关实行宪政的文章为蓝本，草拟了一份《考察宪政报告》，向清朝政府复命，正式提出了实行君主立宪的主张，并且还指出立宪的后果是利于君，利于民，不利于官。载泽考察团编译了从日本带回来的67部与宪政有关的书籍。戴鸿慈、端方等人还根据从欧美各国带回的关于宪政的资料，编写出《欧美政治要义》一书，将欧美各国的政体或者相关的政治制度进行了简略的介绍，不仅对于改革政治和其他制度具有重要参考价值，而且也使慈禧和当权亲贵对于世界大势有所了解，宪政知识有所增长，有利于基本国策的确定。端方、戴鸿慈等人广泛搜罗欧美各国书籍，编成《列国政要》（4函32册）、《列国政要续编》（4函32册），内容主要是欧美国家各个层面的规章制度，侧重具体措施、条文等原始资料的介绍，具有文献汇编的性质，配有多幅彩色地图。

在派遣五大臣出洋考察宪政的同时，清廷又谕令政务处大臣设立考察政治馆，延揽通才，悉心研究，选择与中国体制相适宜的各国政治法律，斟酌损益，汇编成书，作为清廷裁夺的依据。

九年预备立宪

在五大臣出洋考察结束后，光绪三十二年七月十三日（1906年9月1日），清政府颁布了宣布预备立宪的上谕。上谕指出："现在各国交通、政治法度，皆有彼此相应之势，而我国政令积久相仍，日出阽险，忧患迫切，非广求智识，更订法制，上无以承祖宗缔造之心，下无以慰臣庶治平之望……时处今日，惟有及时详晰甄核，仿行宪政，大权统于朝廷，庶政公诸舆论，以立国家万年有道之基。但目前规制未备，民智未开，若操切从事，涂饰空文，何以对国民而昭大信。"[1]

清政府宣布立宪的上谕颁布后，社会各界反应不一。

清廷立宪模仿的是英国、日本。两国舆论界也发表了相应的评论，认为预备立宪符合中国的实际。英国舆论界从其宪政的成功经验出发，指出法律条文乃至宪法的颁布都不能表明宪政的建立，宪政的本质在于人民政治素养的培植，这才是宪政成功与否的基石。如果不能做到这一点，所拥有的只

① 故宫博物院明清档案部：《清末筹备立宪档案史料》上，第43、44页。

有宪政之名，而无宪政之实。日本的《外交时报》和《每日评论》与英国舆论界持有的看法基本相同。《外交时报》认为在立宪条件、基础不成熟的情况下操切从事，不仅会妨碍目前的改革，而且也会对宪政前途产生不良的影响。《每日评论》则认为，中国的立宪不是社会本身逻辑发展的结果，而是求强图治的手段，人民民智未开，根底薄弱，必须逐渐仿行。

在清廷讨论立宪问题的御前会议上，除了确定立宪的目标以外，同时也制定了政治改革的四条方针：一、宪政改革大体效法日本，侧重巩固君权。二、缩减督抚的权限，使其与日本的府县知事相当。三、由督抚所掌握的财权和君权，悉数收归中央。四、中央政府的组织，略与日本现制相等。

为贯彻这四条方针，最终实现宪政，清政府于七月十四日（9月2日），颁布了官制改革的上谕，派载泽、世续、那桐、荣庆、载振、奎俊、铁良、张百熙、戴鸿慈、葛宝华、徐世昌、陆润庠、寿耆、袁世凯组成编制大臣，开始了官制改革的第二步。经过集体讨论，最终决定设立编制馆，作为官制改革的总机关。

编制馆由起草课、评议课、考定课和审定课组成。起草课撰拟草案，评议课进行评议，考定课加以考核，审定课审核后，由编制大臣一律署诺，再送往总司核定处删改具奏。编制大臣按照行政、司法分离的原则，制订了官制改革的具体方案：一、宜仿责任内阁之制，以求中央行政之统一。二、宜定中央与地方之权限，使一国机关运动灵通。三、内外各重要衙门，皆宜设辅佐官，而中央各部主任官之事权尤当统一。四、中央各官宜酌量增置、裁撤、归并。

根据这个方案，奕劻等编制大臣起草了一份中央官制改革草案。以三权分立为原则，将分权作为改革的主要步骤，立法、行政、司法三者中，除立法属于议院，今天还难以实行，拟暂设资政院作为预备机构外，行政事务专属于内阁各部大臣。内阁设立总理大臣，各部尚书，也都是内阁政务大臣。

司法权专属于法部，以大理院行使审判权，而法部行使监督权，都和行政部门各官员相独立、相制约。此外，资政院主持公论，都察院行使纠察弹劾权，审计院审查滥用经费，也都独立于内阁，不被其所节制。这是三权分立的梗概。

在行政方面，编制大臣们对中央各部的组成进行了排序：第一是外务部，第二是民政部，由巡警部改设而来，并将步军统领衙门所掌管的事务和户部、礼部、工部三部所掌管的有关民政的各项事务并入；第三是度支部，从户部、财政处改设而来；第四是陆军部，从兵部、练兵处和太仆寺裁并改设而来；第五是海军部，暂归陆军部办理；第六是法部，从刑部改设而来，并且将户部现审处所掌事务一并归法部复核；第七是学部，管辖事务范围没有太大改变；第八是农工商部，将商部、工部归并设立；第九是邮传部；第十是理藩部、礼部。

这份方案上报后，最高统治者慈禧太后将成立责任内阁的核心内容剔除，内阁、军机处一切规制照旧存在。她还对奕劻等人提出的各部改革计划，也进行了相应的调整：外务部、吏部、学部照旧；巡警部改为民政部；户部改为度支部，将财政处并入；吏部将太常寺、光禄寺、鸿胪寺三寺并入；兵部改为陆军部，将练兵处、太仆寺并入，暂时兼管陆军部军谘府事宜；刑部改为法部，专管司法；大理寺改为大理院，专掌审判事宜；工部并入商部，改为农工商部；增设邮传部，专管轮船、铁路、电线、邮政；理藩院改为理藩部。各部不分满汉，均设尚书一员，侍郎两员。还规定，资政院、审计院将陆续成立。

中央官制改革结束后，清廷又着手进行地方官制改革。地方官制改革的宗旨是明确地方官的权限，消除朝堂之上与民间的隔阂，开通朝野之间的情谊，让官吏的责任更加专一，以合乎立宪国家行政机关的各项制度。

按照这一思路，地方官制改革分省级和省级以下两个层面进行。每一级都按照三权分立的形式进行改革，以实现中央对地方的垂直控制。对省级以下官制进行改革，编制大臣规定分为府、州、县三级，每一级都按照三权分立的形式建立行政体制：每府、州、县各设六品至九品官，分别掌管财赋、巡警、教育、监狱、农工商以及庶务，共同集中在一个衙署办公。另外设立地方审判厅，受理诉讼。民众如果对初级审判厅审理的结果不服，准许他们上诉到地方审判厅。每府、州、县各设议事会，由民众选举议员，公议本府、州、县应办之事。还设立地方董事会，由人民选举会员，辅佐地方官办理议事会所议决的事项，等到府、州、县议事会及董事会成立以后，再推广设立城、镇、乡各议事会、董事会以及城、镇、乡等自治机关。所有机构都受当地地方官的监督。

《钦定宪法大纲》

在官制改革告一段落后，光绪三十四年（1908），清政府颁布了中国历史上第一部资产阶级性质的宪法性文件《钦定宪法大纲》。宪政编查馆参照光绪十五年（1889）由日本明治天皇颁布的《日本帝国宪法》，删去了日本宪法中限制君权的有关条款，共计23条，由“君上大权”和“臣民权利义务”两部分构成，充分体现了“大权统于朝廷”的立法旨意，宪法大纲以光绪帝的名义颁布。主要内容是：

一、大清皇帝统治大清帝国，万世一系，永永尊戴。

二、君上神圣尊严，不可侵犯。

三、钦定颁行法律及发交议案之权。凡法律虽经议院议决，而未奉诏命批准颁布者，不能见诸施行。

四、召集、开闭、停展及解散议院之权。解散之时，即令国民重行选举新议员，其被解散之旧员， 即齐民无异，倘有抗违，量其情节以相当之法律处治。

五、设官制禄及黜陟百司之权。用人之权，操之君上，而大臣辅弼之，议院不得干预。

六、统率陆海军及编定军制之权。君上调遣全国军队，制定常备兵额，得以全权执行。凡一切军事，皆非议院所得干预。

七、宣战、讲和、订立条约及派遣使臣与认受使臣之权。国交之事，由君上亲裁，不付议院议决。

八、宣告戒严之权。当紧急时，得以诏令限制臣民之自由。

九、爵赏及恩赦之权。恩出自君上，非臣下所得擅专。

十、总揽司法权。委任审判衙门，遵钦定法律行之，不以诏令随时更改。司法之权，操诸君上，审判官本由君上委任，代行司法，不以诏令随时更改者，案件关系至重，故必以已经钦定为准，免涉分歧。

十一、发命令及使发命令之权。惟已定之法律，非交议院协赞奏经钦定时，不以命令更改废止。法律为君上实行司法权之用，命令为君上实行行政权之用，两权分立，故不以命令改废法律。

十二、在议院闭会时，遇有紧急之事，得发代法律之诏令，并得以诏令筹措必需之财用。惟至次年会期，须交议院协议。

十三、皇室经费，应由君上制定常额，自国库提支，议院不得置议。

十四、皇室大典，应由君上督率皇族及特派大臣议定，议院不得干预。

同时，清政府还宣布了预备立宪以9年为限，“预备立宪”的具体进程设计如下：

第一年（光绪三十四年，1908）：筹办谘议局（各省督抚办），颁布城镇地方自治章程，编辑国民必读课本。

第二年（宣统元年），举行谘议局选举，各省一律开办谘议局（各省督抚办），颁布资政院章程，筹备城镇地方自治，颁布国民必读课本。

第三年，召集资政院议员，举行开院以及推广厅、州、县简易识字学塾。

第四年，创设乡镇简易识字学塾。

第五年，推广乡镇简易识字学塾。

第六年，城镇乡地方自治一律成立。

第七年，民众识字义者须达到百分之一。

第八年，民众识字义者须达到五十分之一。

第九年，宣布宪法，颁布议院法，颁布上下议院议员选举法，举行上下议院议员选举，民众识字义者须达到二十分之一。

预备立宪谕旨颁布后，立宪运动由宣传推动阶段进入了实质性的实施阶段。在各地立宪派联合请愿召开国会的运动中，清政府不得已将预备立宪期限从9年改5年，定于宣统五年（1913）召开国会，宣统三年（1911）先成立内阁。而皇族内阁的出台，宣告清政府“预备立宪”骗局的破产，不久，武昌起义爆发，清王朝很快覆灭。

皇族内阁与『十九信条』

光绪三十四年八月初一日（1908年8月27日），在各地立宪派的一致要求下，慈禧太后同意制定立宪期限表，3个月之后，慈禧太后去世，宣告晚清最后一个“强人”时代的结束。25岁的载沣因“子贵父荣”（其子溥仪继位），一跃而成为最高权力的执行者——摄政王，他力图沿袭满洲贵族在庚子国变以后的集权策略，加紧在朝中打压拥有实权的实权派汉族大臣。

集权亲贵

宣统元年（1909）初，载沣以袁世凯患有足病为借口，下谕解除其军机大臣与总理衙门的一切职务，袁世凯的亲信们也陆续遭到清洗——调东三省总督徐世昌任邮传部尚书，解除协办北京城警务的赵秉钧内务部侍郎职务。载沣还不断强化其拥有的军事统率权。六月初九日（7月15日），载沣以摄政王的身份摄行海陆军大元帅，并且委派其弟载洵为筹办海军大臣。第二天，载沣又派另一个弟弟载涛管理军谘处，形成摄政王三兄弟把持军政的局面。

宣统二年七月十三日（1910年8月18日），贝勒毓朗递补为军机大臣；十月初四日（11月5日），载泽、溥伦奉派为纂拟宪法大臣。一系列集权的行为必然导致满洲皇族权力的膨胀，到宣统三年（1911）皇族内阁的出台使其集权局面达到顶峰。载沣在摄政初期虽然曾试图处理好满汉关系与立宪问题，但在损害到清初以来官员任用形成的“满汉并重”的传统后，无论是中央，还是地方，汉族大臣已与皇权貌合神离。

对于在野的立宪派而言，资政院的设立曾一度让他们看到了在中国确立立宪政体的希望，但他们无法接受清政府颁布的九年预备期，此时各地督抚也开始附议立宪派的呼声，要求清政府迅速成立内阁国会，缓解中央集权对地方的压力。因此从宣统二年（1909）到宣统三年（1910），全国爆发了3次大规模的国会请愿活动，甚至部分满汉督抚也开始联名电奏，要求速开国会，组建“责任内阁”。面对汹涌的民意，载沣表现得十分优柔寡断。他先是答应各界代表提前召开国会，并在国会召开之前组织内阁，但他却根本无法妥善处理军机处与资政院之间的矛盾，生怕资政院的议员们在获得实权后，会一反往日的温顺与服从，公开挑战军机大臣的权威，立宪派之声势，已远非载沣所能应对，只能步步退缩。甚至报纸上公开讨论剪辫易服等涉及满汉民族关系的敏感问题，全国一度还兴起了大规模的剪辫运动，清政府的权威正在不断流失。

宣统二年九月，各省请愿代表在资政院会议上提出要求颁布宪法、组织内阁、开设议院等要求，奉天的代表更要求明年就召开国会，并认为军机大臣责任不明确，要求设立责任内阁。

宣统三年四月初十日（1911年5月8日）清政府在立宪派倡导的请开国会运动的压力下，颁布了《新订内阁官制》，实行责任内阁制。清政府下令裁撤内阁及军机处，成立由13名国务大臣组成的新内阁，以庆亲王奕劻为总理大臣，那桐、徐世昌为协理大臣，下设外务部、学部、民政部、度支部、陆军部、海军部、法部、农工商部、邮传部、理藩部等10个部，以梁敦彦、唐景崇、善耆、载泽、荫昌、载洵、绍昌、溥伦、盛宣怀、寿耆分别担任各部大臣。13人中，满洲贵族9人，汉族官僚只有4人，而满洲贵族中皇族又占7人。这是一个以皇族为中心的内阁，人们称之为“皇族内阁”或“亲贵内阁”。它的成立表明清政府根本无意实行君主立宪，只是借“立宪”之名集权皇族，抵制革命。

朝野立宪派普遍对此感到失望，汉族地方督抚大员对新内阁也同样十分反感。“皇族内阁”剥夺了地方督抚直接向皇帝上奏入对的权力，改为将各行省交由内阁统一管理，而这是势力早已坐大的地方督抚们完全不能接受的。辛亥革命爆发后，以往曾经维护皇室、反对革命的立宪人士和地方官僚大都幸灾乐祸、乐观其成。

梁启超在第三次请愿之前，就曾预言，现行的政治组织不改变，不到三年，国家必定出现大的混乱，最终会走向灭亡，所以，宣统八年（1916）召集国会必定不会在历史上出现。对于“皇族内阁”的出台，梁启超更是极度愤懑，明确指出，将来在世界各国的词典上绝对不再有宣统五年（1913）四字连在一起组成的名词，民众如果能够合理地推翻这个邪恶的政府，建立一个好的政府，一切问题都可以迎刃而解。

立宪派马上意识到，这份内阁成员名单的颁布，意味着原本可以缓冲皇室与立宪派之间矛盾的责任内阁，已经成为满洲亲贵加强君主集权的延伸。各省谘议局联合会向都察院提交了一份抗议书，表示皇族内阁与君主立宪政体有不能相容的性质，要求清政府迅速改正，尽快在皇族之外选派大臣重组责任内阁。这份名单的出台，甚至在皇族内部也有过争议，内阁总理大臣庆亲王奕劻率领协理大臣徐世昌、那桐两次向摄政王载沣请求辞职，但都没得到批准。

宣统三年四月十六日（1911年5月14日），山东巡抚孙宝琦上奏，强调宗室不宜参与内阁。到了6月下旬和7月初，直隶、奉天、吉林、黑龙江等近20

个省的谘议局议长及议员40多人一再向清政府请愿，重申君主不担负责任，皇族不组织内阁是君主立宪的唯一原则，请求尽快取消这个皇族内阁，在皇族以外选派大臣，另外组建新的责任内阁。对于社会各界的要求，载沣严厉训斥了孙宝琦的建议，认为十分荒唐，紧接着发布上谕，对《钦定宪法大纲》重新进行了解释，认为即便实行了君主立宪，处置各级机构的权力仍然归属于君主，议员不允许进行干预，这才符合君主立宪的根本宗旨。

载沣等满洲亲贵们的一意孤行，使清政府丧失了内部汉族地方实力派大臣与立宪派们的支持，成为压倒清王朝的最后一根稻草。

“十九信条”

“十九信条”，全称《宪法重大信条十九条》，又称《宪法信条》，是清王朝在武昌起义后为挽救危局而颁布的修改宪法的谕令。宣统三年（1911）武昌起义后，清新军第20镇统制张绍曾会同协统蓝天蔚，联合对清廷发出“兵谏”，提出12条政纲，要求在年内召开国会（议会），改定宪法，削除皇族特权。清廷迫于形势，接受了他们的要求，授意资政院草拟修改宪法的“十九信条”，于九月十三日（11月3日）批准颁发。表示要“宣誓太庙，以资信守”。主要内容如下：

第一条 大清帝国皇统万世不易。

第二条 皇帝神圣不可侵犯。

第三条 皇帝之权，以宪法所规定者为限。

第四条 皇帝继承顺序，于宪法规定之。

第五条 宪法由资政院起草议决，由皇帝颁布之。

第六条 宪法改正提案权属于国会（议会）。

第七条 上院议员，由国民于有法定特别资格者公选之。

第八条 总理大臣由国会（议会）公举，皇帝任命；其他国务大臣由总理大臣推举，皇帝任命，皇族不得为总理大臣及其他国务大臣并各省行政长官。

第九条 总理大臣受国会（议会）弹劾时，非国会（议会）解散，即内阁辞职，但一次内阁不得为两次国会（议会）之解散。

第十条 陆海军直接皇帝统率，但对内使用时，应依国会（议会）议决之特别条件，此外不得调遣。

第十一条 不得以命令代法律，除紧急命令，应特定条件外，以执行法律及法律所委任者为限。

第十二条 国际条约，非经国会（议会）议决，不得缔结。但媾和宣战，不在国会（议会）开会期中者，由国会（议会）追认。

第十三条 官制官规，以法律定之。

第十四条 本年度预算，未经国会（议会）议决者，不得照前年度预算开支。又预算案内，不得有既定之岁出，预算案外，不得为非常财政之处分。

第十五条 皇室经费之制定及增减，由国会（议会）议决。

第十六条 皇室大典不得与宪法相抵触。

第十七条 国务裁判机关，由两院组织之。

第十八条 国会（议会）议决事项，由皇帝颁布之。

第十九条 第八条至第十六各条，国会（议会）未开以前，资政院适用之。

其中，虽然削减了部分皇权，但仍规定皇位世袭，皇帝的权威神圣不可侵犯，皇帝有权任命总理大臣和国务大臣，并统率海陆军。“十九信条”没有涉及民众权利的内容，无法满足新兴资产阶级限制君权、建立三权分立的近代政治制度的根本要求。因此在颁布后，外界一致将其视为清政府为应付统治危局而采取的暂时性的手段，更加怒不可遏，无法从根本上挽救清王朝覆亡的命运。

五

三民主义 革命党魂

SHUDU QINGSHI
QINGCHAO FUWANG

第一个资产阶级政党

光绪三十年（1904）日俄战争爆发后，日本因君主立宪政体的确立，在日俄战争中打败俄军，使中国的有识之士对立宪政体产生了极大热情。以光复会、华兴会、科学补习社为代表的国内革命团体成立后，积极发动革命运动，相继遭到清政府的通缉，组织被破坏，革命者纷纷流亡日本。在日本，由于清政府的积贫积弱，青年学生受到革命思潮的宣传、鼓舞，对孙中山、黄兴、章炳麟等赋有传奇色彩的革命者持同情、支持的态度，革命的浪潮开始出现。

华兴会的组建发展

在革命浪潮中涌现出来的这批革命团体中，出现较早、影响也最大的，是成立于湖南的华兴会。

光绪二十九年（1903），湖南士绅龙璋、龙绂瑞出资创办了明德学堂，由胡元倓担任监督，由于受到守旧绅士的攻击，龙湛霖亲自出任学堂总理。

倡办沅丰总公司的另一个湖南著名绅士、候选道黄忠浩，也出资赞助明德学堂的开办，并担任明德学堂的校董。明德学堂聘请了黄兴、张继等一批留日学生担任各科教习，黄兴到明德学堂后，不仅主持明德学堂的师范班，而且兼授中学的历史、体操和小学的地理、博物等课程，张继教授历史，周震鳞教授地理，苏玄瑛（曼殊）教授国文。华兴会最初就是以明德和经正学堂为基地建立起来的。黄兴年轻时在两湖书院求学，受张之洞派遣，到日本留学。在日本，他的思想发生了深刻转变，更加认同用武力的手段推翻清王朝的统治，他参加了军国民教育会组织的暗杀团，回国后，在两湖书院与顽固派进行了激烈的辩论，遭张之洞驱逐。回到湖南后，他任教于明德学堂，在教学中，经常宣传革命思想。他还大量翻印《革命军》《警世钟》《猛回头》等书籍，散发给军界学界中人，扩大革命宣传，一批有志于此的革命者会集在他周围，成立革命团体的时机已经成熟。

光绪二十九年九月十六日（1903年11月4日），是黄兴的30岁生日。黄兴、周震鳞、陈天华、张继、宋教仁、刘揆一、胡瑛、章行严、秦毓鎏、翁巩等20多人①，借祝寿为名，秘密会商，决定成立华兴会，从事反清革命活动。当时，湖南正在大力兴办矿产开发，为避免清政府的注意，华兴会对外采用办矿的名义，取名华兴公司，提出“同心扑满，当面算清”的口号。光绪二十九年十二月三十日，华兴会在明德学堂校董龙璋的西园寓所里正式召开成立大会。到会者有100多人，推举黄兴为会长，宋教仁、刘揆一为副会长。

华兴会的成员，大体上都是留日学生和国内新式学堂出身的资产阶级、小资产阶级知识分子。基本都与明德、经正学堂有密切联系。有黄兴、周震鳞、张继、苏玄瑛、秦毓鎏、陆鸿逵、易宗夔等教职员，有柳继忠、陈嘉佑、箫翼鲲、张平子、胡瑛等明德和经正的学生，也有仇亮等明德教员仇道

① 一说为12人，除秦毓鎏、翁巩外都是湖南人，见章士钊《与黄克强相交始末》。

南的亲属。华兴会准备起义用的炸弹，也是在明德学堂理化实验室里秘密制造的。

华兴会联络运动的对象，除学界外，主要是会党和新军。在华兴会成立后，黄兴又成立了同仇会和黄汉会两个小团体。同仇会是为联络哥老会，策动会党起义而设立的机构。黄汉会是为组织军队参加起义而设立的机构，陈天华、姚宏业、陈方度、黄牧、李燮和等曾都做过这方面的工作。

华兴会运动会党的工作，主要是联络当时醴陵、湘潭、浏阳一带的哥老会首领马福益。双方约定十月初十日（11月16日），也就是慈禧太后七十生辰，湖南全省官吏在皇殿行礼时，预先埋下炸药，乘机起事。长沙省城由武备各校学生去联络，以新旧各军为主。城外分五路响应，以会党为主力。马福益也准备派谢寿祺、郭义庭率领浏阳、醴陵起义队伍；申兰生、黄人哲率领衡州起义队伍，游得胜、胡友堂率领常德起义队伍，萧桂生，王玉堂率领岳州起义队伍，邓彰楚、谭菊生率领宝庆起义队伍，由华兴会负责统一指挥，推举黄兴为主帅，刘揆一与马福益为正、副总指挥。

计划确定后，华兴会、哥老会分头联络，购买武器枪械，准备起事。但到十月下旬，起义的消息走漏，湖南巡抚陆元鼎派兵搜捕黄兴等人，九月十八日（10月26日），黄兴逃往上海，刘揆一、张继等人也先后抵达上海。马福益改名陈右衡，隐居在湘西洪江。

华兴会第一次起义的计划失败。十月初一日，黄兴在上海又邀集杨毓麟、章行严、陈天华、张继、仇亮、黄炎培、陈去病、刘季平、徐佛苏、杨度、徐敬吾、柳弃疾、何靡施、金天翮、彭渊恂、仇鳌、苏玄瑛、陈家鼎等革命派成员在英租界新闻路余庆里集会，准备组织长江下游的学界军队再次举行武装起义。他们在上海另立爱国协会，推杨毓麟为会长，章行严为副会长，准备从事暴动和暗杀工作。

但就在这时，上海发生了万福华谋刺王之春的案件，黄兴等11人被巡捕房逮捕，因证据不足，黄兴等人逃往日本，起义计划被迫中止。

光绪三十一年（1905）初，马福益派谢寿祺到上海，准备在萍浏醴地区发动起义。三月间，黄兴、刘揆一运送枪械支持起义时发生意外，被迫逃离隐蔽。马福益在从广西回湖南时，在湘乡被捕，惨遭杀害。此次起义计划再次失败，黄兴等人不得不重返日本。

光复会的组建发展

光复会的成立，主要力量是留日的浙江籍学生。光绪二十九年（1903），在东京的留学浙江籍学生、浙学会会员密谋成立革命团体。王嘉祎、蒋尊簋、许寿裳、陶成章、龚宝铨、魏兰等人商议后，决定派陶成章、魏兰回国联络会党。第二年（1904）初，陶成章、魏兰回上海后与蔡元培商议，当时，章太炎因苏报案入狱服刑，蔡元培在知识分子中的声望最高，同年11月，以龚宝铨组织的军国民教育会暗杀团为基础，成立了浙江籍革命志士为主的光复会。光复会的政治纲领，也就是入会誓词，是“光复汉族，还我山河，以身许国，功成身退”20个字。光复会主张除文字宣传外，要以暗杀和暴动为主要的革命手段。光复会积极联络会党、策动新军，主要活动范围在上海、浙江、江苏、安徽等地。光复会成立后，在东京成立了分会，由王嘉祎负责，蒋尊簋、孙翼中、黄鸿炜、许寿裳和周树人等相继入会。上海和东京相互呼应，声势更为壮大。

光绪三十年十二月（1905年1月），徐锡麟（伯荪）到上海与蔡元培会面后，也加入了光复会。徐锡麟入会后不久，逐渐代替蔡元培成为光复会实际上的领袖。以绍兴作为本部活动中心，与陶成章、秋瑾成立绍兴大通学堂，发展会党，人数增加到六七百人，大多数是知识分子、商人、工匠，也有少数绅士加入，章太炎、张恭、徐顺达、赵声、柳亚子、陈去病、熊成基等人是骨干成员。这时，原爱国学社社员敖嘉熊在《苏报》案后，也回到浙江，游历温州、台州、宁波等地，与当地会党相结交。他回到嘉兴后，倡导建立温台处会馆，联络江、浙、皖三省交界处的会党，准备发动起义。

兴中会的组建发展

此外，中国近代最早的资产阶级革命团体是兴中会，它由孙中山和赞同孙中山主张的进步华侨创立。光绪二十年（1894）夏，孙中山北上天津，上书李鸿章，要求改革。遭到拒绝后，前往早年求学的檀香山。这时甲午战争爆发已经3个多月，中国的海陆军连遭败绩，日军已侵入中国东北，得知这些消息后，怀抱改革远大志向却痛感报国无门的孙中山更加忧愤，就在华侨中开始揭露清王朝的腐朽残暴，倡议有识之士集结成团体，共谋救国大计。十月十八日（11月24日），20多位赞同孙中山主张的进步华侨在檀香山聚会，决定成立兴中会，通过了孙中山草拟的《兴中会章程》。《兴中会章程》斥责清王朝昏庸误国，招致严重的民族危机，申述该会以“振兴中华，挽救中局”为宗旨。兴中会已完全不同于反清的旧式会党，而是一个以在中国开展资产阶级革命为职志的政治集团。兴中会的宗旨是“驱除鞑虏，恢复中华，创立合众政府”。刘祥、何宽是第一任正、副主席。年底，孙中山返回国内，在香港邀请志趣相投的老朋友陈少白、陆皓东、郑士良等人会商，决定在香港、广州筹建兴中会机构。光绪二十一年正月十八日，孙中山与杨衢云、谢缵泰达成联合协议，成立兴中会总会，定于九月十二日在广州举行起义。但起义前夕，消息泄露，陆皓东等人惨遭杀害。孙中山在第二天和陈少白、郑士良东渡日本，创立兴中会横滨分会。从此，孙中山、陈少白、杨衢云奔赴世界各地创立分会组织，光绪二十二年，杨衢云创立了南非分会，光绪二十三年（1897），陈少白创立台湾分会。孙中山游历世界各地，宣传革命主张，希望各国政府能够同情支持兴中会。光绪二十六年（1900），杨衢云辞去兴中会会长职务，孙中山被推举为总会长。到同盟会成立之前，兴中会发动了多次起义，但都以失败告终。

显然，各地革命派团体的相继建立，虽然都将推翻清王朝作为奋斗目标，但力量涣散、各自为政的状态，使他们的努力化作泡影。

华兴会的黄兴、刘揆一、宋教仁、陈天华等人到了日本，但由于缺乏明确而完备的革命纲领，华兴会成员时常以“湖南团体”自称，不能成为团结留日学生中全部革命力量的核心。在留日学生中，倾向革命的人非常多，但谁也没有办法整合他们的力量，建立一个统一的革命组织。

同盟会的组建发展

由于客观形势的迅速进展、广大群众日益倾向革命，许多分散的革命小团体陆续出现。于是把各地分散的革命力量联合起来，建立一个全国性的统一的革命组织，使大家的目标和行动进一步一致起来，更有力地推动革命运动向前发展成为摆在革命志士面前的一个突出问题。联合，已成为革命形势发展到这个阶段的必然趋势。在这种情况下，孙中山由于首倡资产阶级的民族民主革命，在国内外革命青年中享有极高的威望，自然地成为众望所归的共同领袖，成为足以团结各方面革命力量的中心人物。光绪二十六年兴中会发动惠州起义失败后，孙中山就有另组一个大型革命团体的计划。

光绪三十一年，在黑龙会领袖内田良平的牵线下，孙中山再次回到日本，整个革命形势正发展到一个关键的时刻。六月十七日（7月19日），孙中山到达日本后，首先吸收了黎勇锡、马君武、何香凝、胡毅生等人入盟。接着，他广泛地同留日学生中的各种活跃分子接触。孙中山首先与在留日学生中深孚众望的湖南籍学生杨度会谈，杨度不愿入盟，但介绍了黄兴和孙中山相见。第二天，孙中山与黄兴等华兴会领袖见面，劝说他们同意共同组织统一的革命团体。

六月二十六日，孙中山又邀约华兴会的重要分子宋教仁、陈天华等人进行会谈。会谈中，孙中山始终着重地强调建立一个统一革命组织对革命发展的重要意义，得到了他们的认可。在经过充分酝酿后，成立统一革命团体的各种条件已经成熟。七月二十日（8月20日）下午，他们在东京赤坂区头山满提供的民宅中正式召开成立大会。

在大会上，通过了孙中山起草的《同盟会宣言》《同盟会对外宣言》以及由黄兴等起草的会章。会章共30条（以后经过修改，成为24条）。当天，还选举了总部的主要干部。孙中山被一致推选为同盟会总理。黄兴被推为负责执行部的庶务。同盟会的本部设在日本东京。

总理是最高领导人。会章规定:“总理对于会外，有代表本会之权，对于会内，有执行事务之权，节制执行部各员，得提议于议会，并批驳议案。”

同盟会本部的机构在总理之下，模仿行政、立法、司法“三权分立”的制度，分为执行部、评议部、司法部。执行部是权力最重的机关，负责组织革命活动。庶务是该部负责人，总理不在时，可代行总理职权。执行部下设庶务科、书记科、会计科、内务科、外务科、调查科，以及暗杀部等。暗杀部由黄兴亲自负责，女会员方君瑛担任暗杀部部长。同盟会还设有评议部和司法部，评议部议长是汪精卫。司法部判事长是邓家彦、检事长是宋教仁。评议、司法两部一直形同虚设，实际上没有起到什么作用。

在讨论同盟会会旗及将来的中华民国国旗时，与会者发生了激烈的争论。孙中山极力主张用青天白日旗，遭到了其他成员的反对。有人提议十八星旗，有人提议金瓜钺斧旗，廖仲恺提倡用井字旗，还有人主张用五色旗。黄兴认为青天白日旗形式不美观，孙中山于是在上面增加了红色的大地，成为青天白日满地红旗，但仍然没有通过。经过刘揆一的调停，各种方案作为悬案保留。虽然国旗没有确定，但后来革命军都采用青天白日满地红旗作为标志，黄兴多次顾全大局，对此没有任何反对的表示。

同盟会以孙中山提出的“驱除鞑虏，恢复中华，创立民国，平均地权”16字为纲领，代表着对美国总统林肯“民有”“民治”“民享”的资产阶级理念的延续。会上，黄兴提议设立誓约，获得一致同意。每人自写一纸，举右手宣誓。誓词为：“联盟人省府县人某某，当天发誓，驱除鞑虏，恢复中华，创立民国，平均地权。矢信矢忠，有始有卒，有渝此盟，任众处罚。天运年月日，中国同盟会会员某某。”宣誓以后，参会人又推举黄兴、陈天华、马君武等八人起草同盟会会章，准备提交成立大会讨论。

同盟会成立后，孙中山在《民报》发刊词中，将同盟会纲领阐发为“民族、民权、民生”的三民主义。

民族主义包括“驱除鞑虏，恢复中华”两项内容，中心思想是用革命手段推翻清朝统治，建立汉族人当权的统一民族国家，实行民族革命。铲除以满族贵族为代表的“恶劣政治”，解除国内的民族压迫，是民族主义的中心。

民权主义就是“建立民国”，也就是推翻封建专制制度，建立资产阶级共和国。民权主义在三民主义体系中占核心地位。孙中山认为，如果“民族革命”不能推翻专制制度，就必须进行“政治革命”。政治革命的结果，是按照自由、平等、博爱精神，建立民主立宪政体，给国民以民权。他首创了立法、司法、行政、考试、监察五权分立的宪法主张，以防止在选举、委任中的不法行为及议会滥用监督、弹劾权的现象，从理论上解决了资产阶级民主革命夺取政权与建立政权这个中心问题。

民生主义，就是“平均地权”，在实行民族革命、政治革命的时候，必须同时想办法改良社会经济组织，防止资本主义制度下的贫富分化与对立，达到社会革命的目的，解决国计民生问题。

光绪三十二年四月十四日（1906年5月6日），中国同盟会订立了同盟会总章，要求会员共同遵守。内容如下：

一、本会定名为“中国同盟会”，设本部于东京，设支部于各地。

二、本会以驱除鞑虏，恢复中华，创立民国，平均地权为宗旨。

三、凡愿入会者，须遵守本会定章，立盟书，缴入会捐一元，发给会员凭据。

四、凡各地会员盟书，均须交至本会收存。

五、凡国人所立各会党，其宗旨与本会相同，愿联为一体者，概认为同盟会会员，各缴入会捐一元，一律发给会员凭据。

六、凡会员皆有实行本会宗旨，扩充势力，介绍同志之责任。

七、凡会员皆得选举、被选举为总理及议员及各地分会长；被指任为执行部职员及支部部长。

八、本会设总理一人，由全体会员投票公举，四年更选一次；但得连举连任。

九、总理对于会外有代表本会之权，对于会内有执行事务之权，节制执行部各员，得提议于议会，并批驳议案。

十、执行部设庶务、内务、外务、书记、会计、调查六科。庶务、内务、会计，每科职员各一人；书记科职员无定数；调查科设科长一人，科员无定数。各科职员均由总理指任，并分配其权限；但调查员，由总理与该科长指任。

十一、议事部议员由全体会员投票公举，以三十人为限，每年公举一次。

十二、议事部有议本会规则之权。

十三、凡选举总理及议员，以本部当地为选举区。

十四、凡在本部当地之会员，有担任本部经费之责。

十五、本部当地之会员得按省设立分会，公举会长；但须受本部之统辖。

十六、本会支部于国内分五部，国外分四部，皆直接受本部之统辖，其区划如下。

国内之部：

西部—重庆—四川—贵州、甘肃、新疆、西藏；东部—上海—江苏、浙江、安徽；中部—汉口—湖北、湖南、江西、河南；南部—香港—广东、广西、福建、云南；北部—烟台—山东、山西、直隶、陕西、蒙古、东三省。

国外之部：

南洋—新加坡—英、荷属地及缅甸、安南、暹罗；欧洲—比利时京城—欧洲各国；美洲—金山大埠—南北美洲；檀岛—檀山大埠—檀香山群岛。

十七、各支部皆须遵守本部总章，其自定规则须经本部议事部决议、总理批准，方得施行。

十八、各支部皆设部长一人，由总理指任。

十九、各支部当地会员有担任该支部经费之责。

二十、各支部每月须报告一次本部。

二十一、各支部及其所属分会会员盟书及入会捐一元，皆由支部长缴交本部，换给会员凭据，转交本人收执。

二十二、各地分会皆直接受其支部之统辖。

二十三、各分会会长由该分会会员选举。

二十四、总章改良须有会员五十人以上，或议员十人以上，或执行部提议于议事部经议事部决议后，由总理开职员会修改之。

同盟会的成立，突破了革命团体成员的地域限制，据统计，参加同盟会成立筹备会的会员，能够确定地域的共有70人，他们至少来自10个省区，湖南20人，湖北19人，广东16人，广西7人，安徽、江西各2人，直隶、陕西、浙江、福建各1人。年底前加入同盟会的早期会员，共452人。本部18省中，除甘肃外都有人参加。以湖南、广东、湖北3省最多（湖南87人、广东77人、湖北67人、山东49人、四川44人、安徽21人、广西30人、其他在30人以下）。显然，同盟会的成员遍及国内各地，它已成为一个全国性的革命政党。同盟会成立时，大多由留日学生组成，三分之二以上是20多岁的青年人。他们正值血气方刚的年纪，朝气蓬勃，对中国的未来充满信心，从而为同盟会带来了生气勃勃、奋发进取的新气象。这些留学生，普遍具有强烈的爱国心，具备较多的近代科学知识，富于政治敏感，无论在革命宣传工作还是组织工作中，都能起到华侨、会党所不能起的作用。

十次革命起义

同盟会成立后，便以发动武装起义为主要手段，致力于推翻清王朝的统治，先后组织了10次大规模的武装起义。下面分别介绍。

丙午萍浏醴之役

同盟会成立后，革命党人还没有组织策划，声势浩大的萍浏醴起义突然在光绪三十二年（1906年，干支纪年为丙午年）爆发。

萍浏醴地区地处湘、赣边境，相互毗连，这里蕴藏着丰富的煤铁矿藏。湖广总督张之洞创设汉阳铁厂，在萍乡大规模开采煤矿，招募大量矿工，他们许多人加入哥老会等会党组织，获取庇护。随着煤矿的大量开采，张之洞、盛宣怀向清政府奏准修筑萍潭铁路，从安源煤矿到醴陵的45公里已于光绪二十九年修筑完成，光绪三十一年十二月，醴陵到株洲的一段也已竣工，萍乡的煤炭可以经株洲再转水路直达汉阳。萍乡、醴陵之间成为湘、赣、鄂交通的咽喉要道。这些因素的形成，使秘密会党在这一地区极为活跃，拥有庞大的潜在势力，哥老会首领马福益的势力最大。光绪三十年（1904），马福益参加华兴会起义，第二年（1905）回湖南时遇害。

马福益死后，萍浏醴一带会党的力量并没有遭受多大损伤，形成了以浏阳会党首领龚春台、姜守旦、冯乃古为中心的三股势力，他们各自拥有会众数千人。萍乡安源煤矿会党首领是萧克昌，醴陵会党首领是李香阁，他们同龚春台之间有着比较密切的联系。

光绪三十二年春，湖南留日学生刘道一（刘揆一的弟弟）、蔡绍南回到了湖南。刘道一是同盟会会员，留在长沙活动。蔡绍南那时还不是同盟会会员，他回到了萍乡。

蔡绍南到萍乡后，结识了明德学堂学生魏宗铨，经过魏宗铨的介绍，蔡绍南同龚春台和当地教师沈益古、廖叔保等相识。不久，魏宗铨就在欧阳满家约集龚春台、萧克昌、沈益古、廖叔保、邓廷保等会党首领，成立六龙山，号“洪江会”，推龚春台为大哥。以忠孝仁义堂为最高机关，将魏宗铨在上栗县开设的全胜纸笔店作为招待会友和筹划经济的场所，另在萍、浏、醴三县交界处的麻石设立活动机关。洪江会成立后，发展很快，几个月内就发展到萍乡、宜春、分宜、万载、浏阳、醴陵等县。七月，蔡绍南、魏宗铨分别前往上海、日本，希望同中国同盟会取得联系。八月十五日（10月2日），李金其遭清军追捕被害，蔡绍南、魏宗铨与萧克昌、冯乃古等商议在年底同时起义。九月初四日（10月21日），李金其的副手张折卿在醴陵被捕，随后被杀。官府抓紧部署军队缉拿会党，情况十分危急。十月十九日（12月4日），起义正式爆发。起义军由龚春台任都督，蔡绍南、魏宗铨任左右统领。其基础是会党群众，安源煤矿的矿工、贫苦农民和部分防营兵勇也先后纷纷加入。不到10天时间，起义队伍便扩充到3万多人，形成了浩大的声势。起义军定名为“中华国民军南军革命先锋队”，并发布《中华国民军起义檄文》，宣布其宗旨不仅要推翻清王朝，而且必须破除数千年专制政体，不让君主一人独享特权，必须建立共和民国，让四万万同胞享有平等的利益，获得自由的幸福；而社会问题，必须研究新的方法，让民众平均地权，不至于富有的人更加富裕，成为不平等的社会。显然，起义虽然是由会党首领指挥发动的，但尊奉的是同盟会的纲领，这与传统的会党起义存在根本区别。

萍浏醴起义

起义开始后，清政府大为震惊，从湖北、湖南、江西、江苏四省调集大批军队进行围剿。十月二十二日（12月7日），起义军进攻浏阳，队伍扩充到2万多人。十月二十七日（12月12日），浏阳清军进攻起义军，在牛石岭展开了激战。经过血战，起义军主力全部瓦解，龚春台、蔡绍南等化装潜逃，蔡绍南不幸遇难，龚春台隐居在长沙。随后，醴陵、安源的起义军很快就在清军紧逼后溃散。轰轰烈烈的萍浏醴大起义，经过前后半个月的活动，最终还是失败了。

萍浏醴起义爆发时，孙中山、黄兴都在东京。他们得知消息后，派出同盟会员赶回国内运动，希望扩大起义的成果。但当他们回到国内，萍浏醴大起义已经失败。这时，长江一带已经处在清军的严密戒备状态中。不仅这些新归国的同盟会会员难以开展活动，连同盟会在长江中下游原有的活动基础也接连遭受了严重摧残。

在湖南，谭人凤对此无计可施，只好重新返回东京。宁调元回到醴陵，想找寻龚春台等人，但没有成功，他从株洲搭民船到岳州，准备改乘小轮，被清军水师营缉获，押送到长沙监禁，早已被囚禁的禹之谟被清政府杀害。

但刘谦、李隆建联系了黎尚雯、刘劲、刘钺、曾广瑊、李振锷、彭一湖、李剑农等人在长沙成立了同盟会湖南支部，后来回国的曾杰、焦达峰、文斐、龙毓峻等人相继加入。这为辛亥革命武昌首义后，湖南成为最先响应的地区奠定了基础。

在湖北，胡瑛和朱子龙、梁钟汉奉同盟会命令由日本回国后，就同日知会联络，策划响应萍浏醴起义，遭到了张之洞的镇压，刘静庵、季雨霖、李亚东、张难先、吴贡三、殷子衡等人先后被捕。日知会在刘静庵被捕后于无形中解散，武汉地区的革命运动转入低潮。直到光绪三十四年（1908），原来潜伏在军队中和新投入军队中的同盟会会员，才又开始进行组织工作。

在南京，杨卓林、孙毓筠、段书云等同盟会会员被捕。

杨卓林（杨恢），湖南醴陵人。萍浏醴起义爆发时，他正在上海日夜筹划运送军械。起义将要失败时，他又秘密联络扬州会党首领，打算刺杀两江总督端方，他携带炸弹和朋友两人同到南京，遭到叛徒告密被捕。

孙毓筠，字少侯，安徽寿县人，是大学士孙家鼐的族侄。在东京时，曾任同盟会庶务干事，是本部的重要人物。他被捕后不仅供出了暗杀团体的内部情况，还向端方献出诱降新军中同盟会会员之策。

湖南、湖北、江苏三省革命活动遭到破坏，对同盟会在长江中下游的工作无疑是一个相当沉重的打击。

光绪三十三年（1907）初，光复会重要骨干、同盟会会员秋瑾回到绍兴，她以大通学堂作为掩护，积极训练会党，并与光复会负责人徐锡麟约定在六月初十日（7月19日）在浙江、安徽两省同时起义。五月间，清朝当局稍有察觉，开始搜捕革命党人。徐锡麟担心起义的消息泄露，提前行动。五月二十六日，他趁安徽巡抚恩铭参加巡警学堂学生毕业典礼的机会将其刺杀，并率领学生占领军械局，发动起义。但随即遭到清军包围，虽然殊死奋战，终因寡不敌众失败。徐锡麟被捕，惨遭杀害。

安徽起义失败，秋瑾在浙江的活动也暴露。浙江巡抚张曾敭派兵包围了大通学堂。秋瑾临危不惧，从容指挥学生掩埋枪支，销毁名册，及时避开，自己却坚持不走。六月初五日，秋瑾被捕。次日在绍兴轩亭口英勇就义，时年31岁。

受光复会起义的影响，光绪三十四年（1908），革命志士安庆新军队官熊成基，又率领马炮两营新军起义，进攻安庆城。起义军与清军激战一昼夜，没能得手。鉴于敌我力量悬殊，熊成基主动遣散部队，分头逃避。他本人前往日本，加入同盟会。后辗转于长春、哈尔滨等地策划起义，不幸被捕，英勇牺牲。

丁未潮州黄冈起义

同盟会成立后，将广东、广西及其接壤的中越边境地区确立为发动起义的重点。为此，孙中山和黄兴两位同盟会领袖先后在香港、越南、新加坡等地成立同盟会分会，作为发动武装起义的基地。光绪三十一年八月十日（9月8日），也就是同盟会本部成立后19天，孙中山就派冯自由、李自重两人前往香港组织同盟会支部。香港本来是兴中会存留下来的主要据点。但自从光绪二十六年（1900）惠州起义失败后，兴中会元气大伤，党务处于完全停顿的状态，只有陈少白任社长的《中国日报》还能发挥作用，在李纪堂、容星桥的资助下，郑贯一、卢信、廖平子等编辑继续揭露清政府的腐败无能。

冯自由、李自重到香港后，就同陈少白商议改组兴中会为同盟会，原兴中会会员填写誓书后，加入同盟会。十一月，同盟会香港分会成立，推举陈少白为会长，郑贯一为庶务，冯自由为书记，黄世仲为交际。先后加盟的有李纪堂、容星桥、卢信、廖平子、陈树人等人，会所就设在《中国日报》社长室。这是同盟会盟本部成立后，在东京以外建立的第一个分会，它在以后同盟会领导两广边界武装起义中发挥了重要作用。

九月初九日（10月7日），孙中山从日本前往越南从事革命活动。他在抵达西贡后，与当地华侨代表会谈，成立了同盟会越南支部，举侨商刘易初为会长、李卓峰为副会长，并将刘所设立的昌记商行作为通信机关。

光绪三十二年正月二十日（1906年2月13日），孙中山离开西贡去新加坡。这时，新加坡当局对他的5年不准入境的禁令期满。孙中山抵达新加坡不久，就在晚晴园成立了同盟会新加坡分会，选举陈楚楠、张永福为正、副会长。

孙中山离日本后大约1个月，十月十九日（11月）前后，留日主持同盟会本部工作的黄兴，也把庶务的职务交给朱炳麟代理，离开日本，经香港潜入广西桂林郭人漳军营中，策划起事。

郭人漳，湖南人，时任两广巡防营统领，受命镇压钦、廉农民抗税斗争，黄兴、赵声早就与郭人漳相识。黄兴到桂林后，首先劝郭人漳举义，并想调停他与蔡锷之间的关系，但没有什么进展。不久，在刘揆一的劝说下，黄兴离开桂林，到梧州寻访刘思复。随后，又到龙州访钮永建、秦毓鎏，秘密商议秋天在桂林发动武装起义，并相约前往越南联络华侨，募集起义经费。五六月间，黄兴抵达越南河内，再到香港，住在中国日报社。这时，孙中山已经再次离开日本前往新加坡。于是，黄兴也前往新加坡，与孙中山会商起义的计划，协助孙中山到吉隆坡等地建立同盟会分会。黄兴在南洋活动两个月后，返回香港。接着，他又到上海活动。七月二十三日（9月11日），他返回东京。八月二十二日（10月9日），孙中山也经西贡回到日本。这时距中国同盟会本部成立已经1年多了。

同盟会本部这时还在横滨设立了制造弹药的机关，聘请俄国虚无党人教授制造方法。参加练习的有喻培伦、熊越山、黄树中、柳大任、陶铸、尹佣、旷若谷、李刚等，还有秋瑾、方君瑛、陈撷芬、林宗素、唐群英、蔡蕙、吴木兰等女同志一起为武装起义做准备。

同盟会两位主要领导人孙、黄，在本部成立后这么长时间内，都将自己的主要精力直接投入两广地区的武装起义准备中，连《民报》与《新民丛报》论战这类重大事件都分不出多少精力去顾及，可见在他们的心目中，是把准备武装起义放在头等重要的位置上。

潮州黄冈起义的发动，与许雪秋的努力密切相关。许雪秋于光绪三十二年（1906）在新加坡经张永福介绍加入同盟会，并与孙中山结识。孙中山了解许雪秋的出身、经历后，对许十分赞赏，委任他为中华民国东军（一作“江”）都督兼掌粤东一带同盟会事务，领导汕头、潮州、汕尾一带的革命活动。许雪秋立即前往潮汕，召集何子渊、谢逸桥等同志会商进行办法。他还联络先前已有合作且倾向革命的陈涌波、余既成、余永兴等人，一同前往香港接受同盟会指示。在香港，由陈少白主持，郑士良在座，陈涌波等一同加入同盟会。

许雪秋认为起义时机已经成熟，但缺少人才，托陈少白发电报给同盟会总部，请求迅速派遣同志回国相助。孙中山派人配合许雪秋，加紧了起义的筹备工作。

萍浏醴起义失败后，清政府要求日本政府驱逐孙中山出境。光绪三十三年正月二十日（1907年3月4日），孙中山被迫离开日本赴安南（今越南），到河内后，他立即在甘必达街61号设立了领导西南武装起义的总机关，准备就近组织领导广东、广西和云南三省的起义。孙中山决定先在广东西部的钦州（今属广西）、廉州（今属广西）与东部的潮州、惠州四府同时起义，许雪秋仍然肩负潮州方面起义的责任。许雪秋通过会党首领余既成、陈涌波、何子渊、萧惠长等人充分发动组织工作。他们联络海阳、饶平、澄海等地“三合会”会员数百人，购置500多公斤火药和一批枪械，制成一面大红色的门旗，上书“大元帅孙”4个大字，以及十几面青天白日旗和写有“驱逐满虏”字样的旗帜。但由于走漏风声，引起潮州总兵黄金福、黄冈都司隆熙的警觉。四月初十日（5月21日），黄金福派数十名兵勇进驻黄冈镇，并借故捕去会众2人。十一日晚9时，起义军800多人集中在黄冈北面1.5公里处连厝坟埔举行誓师大会，由余永兴主盟宣誓，讲明武装起义的革命意义，并严明军纪，宣布有扰民者斩等军法10条。会后分兵4路进攻黄冈镇内清军驻守的据点。起义军英勇无比，纪律严明，经过一夜血战，十二日清晨时，镇内清军各据点都被攻克，起义军占领了全镇，并在原都司署成立军政府，推举陈涌波为司令，余既成、张跃为副司令，余永兴为总指挥，以“广东国民军大都督孙（指孙中山）”或“大明都督府孙”名义布告安民。起义军决定一面派人通知许雪秋，一面乘胜攻取潮州、汕头。由于起义军纪律严明，秋毫无犯，深受群众拥护，附近的贫民纷纷参加义军，队伍很快发展到五六千人。清政府潮州总兵黄金福（朝阳关埠下底村人）得到消息，率领数百名清军从潮州出发，经澄海东里渡海，在十四日抵达起义军必经之路汫洲阻击起义军。当时，起义军气势如虹，人数也多于清兵，尽管黄金福披甲上阵，亲自督战，但清兵仍被起义军包围。但清军占据有利地形，用密集的排枪扫射，激战到中午，起义军已经难以支持，开始溃退。余既成奋力鼓舞士气，起义军逐渐扭转战局。正当起义军将要攻陷清兵之际，清军潮阳营在营官游击赵月修的带领下，从汕头海路增援而来，两军处于胶着的对垒状态。进攻潮汕的起义军得知潮州失利，就改变计划，转而援助余既成部起义军，两路会合攻击黄金福的清军，敌势危急。恰于此时，清广东水师提督李准所派援军到来，双方夹攻义军。十六日，在敌我力量悬殊的情况下，陈、余决定解散队伍。十七日，黄金福率清军复占黄冈镇，余既成等人撤退时又没有将党人册籍带走，清军得以按图索骥，惨杀会党200多人。许雪秋、乔义生、谢良牧、方瑞麟、萱野长知等这时才抵达汕头，正在商议在邻县策动响应，得到方汉成的报告，得知黄冈起义会党已经溃散，只得退回香港。余既成、陈涌波、余通和党众200余人不久也陆续搭帆船退到香港。起义宣告失败。

丁未惠州七女湖起义

黄冈起义的消息传到惠州，受孙中山派遣到惠州的同盟会会员邓子瑜，在惠州七女湖发动起义，响应黄冈起义。

孙中山派许雪秋前往潮汕发动起义时，原定惠、潮两府同时并举，分散清军，他先后派遣黄耀庭、余绍卿、邓子瑜3人从新加坡返回香港，办理惠州及阳江、阳春等处军事。这3个人都同惠州一带的会党有密切关系。真正做出成绩的是邓子瑜。惠州起义时，他负责联络惠阳、博罗、新安、河源等处会党。不久起义失败，他也停止动作，亡命新加坡，开设旅馆，但仍与内地会党常通声息。四五月间，孙中山派他返回香港，帮助黄耀庭策划军事活动。黄耀庭不辞而别后，许雪秋遂代他承担全部责任。黄冈起义发生后，邓子瑜原计划在归善、博罗等3处分路举事。因其他两处会党没有集合起来，邓子瑜就集中在归善的七女湖发难。

七女湖离惠州府城10公里，是归善县的著名墟场。当地会党首领陈纯、林旺、孙稳等率会众100多人在四月二十二日（6月2日）起事，一举夺取清军防营的枪械。四月二十七日（6月7日），起义军推进到柏塘。各乡会党纷纷前来，人数增加到300多人，壮大了声势，振奋了民心。两广总督周馥紧急命令驻扎在惠州的洪兆麟等各部清军会剿，还调动驻扎在新会的钟子才部清军前往支援。四月二十二日，洪兆麟部在八子爷遭到起义军的伏击，中枪坠马，清军死伤惨重。周馥又派原本进攻黄冈的清军从汕头前往支援。

邓子瑜本人这时还在香港购置弹药，准备亲自押运军械，从小路进入惠州接济起义军。但这时，黄冈起义失败的消息传来，他派人让林旺等人寻找恰当时机解散起义队伍，保存实力。林旺于是带领队伍，到梁化墟附近的村落将枪械掩埋，然后宣布解散。这次起义也宣告失败。

丁未广西防城起义

潮、惠两路起义失败后，孙中山并没有放弃发动起义的想法。他认为这两支队伍都不是主力部队，他对在钦州、廉州一带发动起义仍然抱有很大的希望，想组织一支武装力量进入这个地区，取得郭人漳等部的响应，直取广西南宁，谋求进一步的发展。

黄冈三那（那丽、那彭、那思）抗捐斗争中，刘思裕阵亡，孙中山派去联络的同盟会员邝敬川和会党首领梁少廷等10余人退到青塘墟。梁少廷准备前往清军张锦芳部打探虚实，宣传革命。邝敬川等人表示赞同。梁少廷在老部下四处活动，拉起了一支武装力量。孙中山得知后，十分高兴，立即派人携带1000多元经费前去联络，并派黄兴、王和顺随同胡毅生前往钦州、廉州。他们先到北海。黄兴进入钦州郭人漳驻防的地区。王和顺在赵声军中住了10多天，改名张德兴，由赵声发给军事委任状，前往山中与梁少廷、梁瑞阳见面。他把带来的款项分发给两人，并出示了孙中山的委任状，自称中华国民军南军都督，任命梁少廷、梁瑞阳为副都督。

七月二十四日（9月1日），王和顺率领梁少廷、梁瑞阳部六七百人起义。二十六日（3日）午前，进军到距离防城10多里的地方。防城虽是县城，却没有城墙，只是在县署头门两旁设有两座炮楼。驻守防城的清军是广西提督丁槐部的两哨衡军：左哨官刘辉廷早已和革命党人有过联络，右哨官李耀堂也受到刘的鼓动，思想转变。起义军一到防城，刘、李两人就起义响应。防城知县宋渐元命令衡军开枪迎敌，衡军士兵却嬉笑打闹，没有一点斗志。宋渐元知道军情有变，于是退回县署，他仍然指挥兵勇冲杀，各兵勇放出一通乱枪，并不抵抗起义军的进攻。县署很快就被占领。宋渐元被杀。各衙署、监狱也被焚烧。

在起义军占领防城的同一天，王和顺以中华国民军南军都督的名义，发布了《告粤省同胞文》。他一面重申自己的洪门初志，号召同他原有联系的各路会党奋起响应，另一面又着重强调了他已经接受孙中山三民主义的主张，号召起义军要建立民主宪政政体，实行土地国有制度，建立新的国家。

起义军大队人马向钦州进军，到达钦州时，已是黎明，不便行动，他们退回到距离钦州20公里处的涌口扎营。这时，黄兴已经在钦州郭人漳军内。郭人漳与黄兴前来商谈，七月二十九日（9月6日）凌晨4点，起义军逼近钦州城。郭人漳派人告知清钦廉道员王瑚以及驻钦州的宋安枢部已经察觉，四处戒备，起义已不可能，不要前来。

这时，王和顺率领的起义军人数不多，钦州城内的清军有几千人，如果开战，寡不敌众，不得不改道进攻灵山。哪知道郭人漳见计谋得逞，立刻秘密电告灵山守将宋安枢，他还亲自率领清军进攻防城，准备向清政府表功。黄兴暗地得知郭人漳的行为，立刻由东兴进入安南芒街。郭人漳事后找借口将之前陪同他前往涌口接头的霍时安杀害。

八月一日（9月8日），王和顺指挥起义军进攻灵山。奋战两天，几次攻城，少数起义军已经搭云梯爬入城内，但因为清军已有准备，都没有得手，被迫向廉州所属地区退却，希望得到清军赵声的响应。这时，赵声驻在距离廉州40公里的五利，力量较小，见郭人漳部没有发动，不敢单独起义。他又接到宋安枢部请求援助的公文，不得不派兵前往。为了避免与王和顺部起义军相遇发生冲突，只得改道而行。王和顺得不到赵部响应，就率部经狮子山再退到罗蒙小洞。这时，军中枪械已经短缺。王就以向孙中山请示办法为名义，离开起义队伍，前往越南。起义队伍退回到三那后宣告解散。梁瑞阳带领数百人退入两广交界的十万大山。九月（10月）间，刘辉廷等数人去越南时被扣，李耀堂仍率所部在边界洞中屯聚。这两支队伍在第二年（1908）又成为黄兴发动钦廉上思战役的重要依靠。赵声在这次事件后受到两广总督张人骏的疑忌，被解除兵柄，改任闲职。他愤而辞职，到香港直接从事同盟会的秘密革命工作。

这一次起义就全盘失败了。

丁未镇南关之役

光绪三十三年（1907）初，孙中山和黄兴先后抵达河内，策划镇南关（今友谊关）武装起义。活动在镇南关至那模一带的游击首领黄明堂的几百名游勇接受孙中山指挥，成为凭祥地区一支反清武装力量。孙中山派同盟会会员王和顺、游击首领黄明堂、滇南会党首领关仁甫等人在镇南关、隘口、凭祥一带活动，与早已和革命党保持联系的凭祥土司李佑卿商议进攻镇南关的计划。清左江镇总兵兼荣字营统领陆荣廷在凭祥设立统领部，协统陈炳焜驻在镇南关附近的隘口。为争取陆荣廷倒戈，同盟会派人联系陈炳焜和驻守镇南关大本营的帮统黄福廷，又派梁兰泉、梁亚珠、李佑卿3人到镇南关右辅镇南、镇中、镇北炮台，与陈炳焜部的两哨官兵取得联系。孙中山委派黄明堂担任镇南关都督，负责镇南关起义的军事，冯祥担任中华民国军镇南军司令，任命李佑卿为副手，何伍为支队长。孙中山用华侨捐助的军费购买驳壳枪，分配给黄明堂、何伍等部使用，他还建立了一支手枪兵小队，由黄明堂指挥。起义前几个月，孙中山曾派邓睿臣、何凯荣等到凭祥发动群众，多名青年参加推翻清朝统治的起义，起义的时机开始成熟。

光绪三十三年十月二十六日（1907年12月1日，农历丁未年）深夜，黄明堂、关仁甫、何伍、李佑卿等人奉命率领革命军100多人，携带快枪42杆，身佩短枪、马刀及鞭炮、大绳等装备，连夜抄小路从越南同登、那模赶到镇南关附近的弄怀、弄尧，在镇南关附近的山冲里埋伏起来，偷袭镇南关。黄明堂与守卫炮台的清军取得联系，约定第二天从山背间绑上绳索，直接夺取第三炮台。二十七日黎明，起义军沿着山背小道偷偷袭击右辅山顶炮台，守兵100多人稍做抵抗后，就相继投降。右辅山二炮台海拔590米，四面都是陡峭的绝壁，居高临下，形势十分雄伟。起义军首先翻墙攻入镇北炮台，守卫炮台的清军立即响应起义，起义军顺利占领了镇北炮台，接着分兵进攻镇中台和镇南台。守炮台的清军有些响应起义，有些落荒而逃。到下午2时，3座炮台全部被起义军所占领。

起义军占领炮台的消息传出后，附近的民众和散兵游勇纷纷前来投靠，起义队伍迅速发展到四五百人。孙中山在河内得知起义军成功占领3座炮台的消息后，便带领黄兴、胡汉民、胡毅生、卢仲琳、张翼枢和日本人池亨吉、法国退职炮兵上尉男爵狄氏等人，由河内搭乘火车北上抵达镇南关，当晚点着火把登上右辅山，到达镇南关北炮台，犒赏起义部队，黄明堂率众列队欢迎，全军深受鼓舞。

革命军占领右辅山炮台后，由何伍驻守镇南炮台，李佑卿驻守镇中炮台，黄明堂驻守镇北炮台，孙中山、黄兴等人在镇北炮台直接指挥。第二天（3日），清军反扑，发起攻击，孙中山亲自开炮轰击敌人，为伤员包扎伤口，使起义军深受鼓舞。当天下午，陆荣廷派一位砍柴的农妇带着信函登上炮台，表示愿意率领部下600多人投入孙中山麾下，并告诉孙中山大队清军即将前来增援，军情十分危急，还请自己保重云云。

孙中山、黄兴召集黄明堂等人讨论应对办法，发现镇南关3台大炮虽然威力大，但缺少快枪等枪械，只能固守，不能进取，遂决定由黄明堂等坚守5日，他与黄兴等人返回河内筹款购枪，待枪械运到，便进攻龙州，要陆荣廷作为内应。

镇南关右辅山区炮台被起义军占领，清政府极为惊恐，电令广西巡抚张鸣岐、边防督办龙济光、统领陆荣廷等人，限期1个星期内夺回右辅山炮台，否则就要革职押送到京城治罪。孙中山等人离去后，龙济光、陆荣廷即督率大批清兵，在龙州、宁明、凭祥等地堵截起义军，并加紧围攻右辅山炮台。十月二十九日（12月4日），各地清军开向镇南关。陆荣廷、陈炳焜、黄瑞兴、曾广义等清将率各军包围了右辅山炮台。激战中，清军占领四方岭、大小尖山3处山头，架起大炮，同时向右辅山3座炮台轰击。黄瑞兴负责打前阵，陈炳焜负责断后。据守炮台的革命军奋力还击，黄瑞兴连攻数日，未能攻克右辅山炮台，反而身负重伤，其部下也伤亡不少。曾广义负责包抄炮台后路，抢占了革命军据守的弄尧屯。

十一月初二、三日（12月6、7日），龙济光、陆荣廷率清军数千人马进行反扑。龙济光率所部3个营，陆荣廷率荣军3个营，会同陈炳焜、曾广义等部共5000人，兵分四路，从青山炮台、南关闸、摩沙、南关左弼山和四方岭及尖山等处包围炮台。当天晚上，陆荣廷率部猛扑镇北炮台，黄明堂率留守炮台的100多名起义军击退了清军的多次进攻。经过七昼夜的激烈血战，终因众寡悬殊，弹尽粮绝，被迫撤退。他们从镇南关炮台抄小路退到越南境内的燕子大山。这次战斗历时9天，打死清军200多人，打伤的清军无法计算。孙中山从越南运送的枪弹在海南文登被法国扣留。镇南关起义宣告失败。

光绪三十四年正月（1908年2月），黄明堂、李福南等人到河内向孙中山报告起义经过，孙中山勉励他们说：这次起义，靠少数同志占领了3座炮台，显示了革命军人的大无畏精神。这次起义已经极大地震撼了清王朝，中国专制政体不久一定会被革命党推翻。

镇南关起义后，孙中山被迫离开越南。在离开河内之际，他命令黄兴筹备再次进入钦廉地区，集合该地革命党人；命令黄明堂考虑进攻河口，力图夺取云南，作为同盟会的根据地。

戊申钦州马笃山之役

光绪三十四年二月（1908年3月）底，同盟会在广东钦州上思发动起义。上思直隶厅为1892年设置，下辖一个散厅和一个土司，即上思厅和迁隆土司。该直隶厅设置后，广西四道（桂平梧道、右江道、左江道、太平归顺道）之一的太平归顺道改称太平思顺道。孙中山把两广的军事指挥权托付给黄兴和胡汉民，并命令黄明堂、王和顺、关仁甫3人着手发动云南河口起义，试图开辟革命根据地。黄兴勇敢地承担了这一任务。

钦州、上思起义，对黄兴来说，是他直接指挥的第一次战斗。此前，黄兴策划、参与过多次反清的军事行动，但都没有担当过前敌指挥官。黄兴比较熟悉钦州、上思及十万大山的情况，前两年曾在这一带频繁出入。而且这里有反清的群众基础和地形、地理条件，有会党起义经验可供借鉴——三四年前，这里曾是广西会党起义的热点地区，起义军到处据险结寨，十万大山主峰太平山由会党把守，马笃山也有黄晚率领的会党武装结寨。易守难攻的十万大山，曾让清军望山兴叹，以致当时的两广总督岑春煊将十万大山与陆亚发起义军占据的柳州四十八峒相提并论，认为这两个地方“皆贼之老巢”。

还有一个有利条件，就是同盟会钦廉、防城起义与镇南关起义失败后，起义军余部退入十万大山等处蛰伏。进可攻取南宁，退可上山或出国。黄兴认为，在钦州、上思一带放手一搏的条件已经成熟了。

由于黄明堂、王和顺、关仁甫3人另有任务，黄兴和胡汉民等同盟会负责人，从上年钦廉、防城起义参加者以及安南河内、海防的华侨中，挑选了一些起义骨干。

对广西新军和会党情况较熟悉的同盟会会员黎仲实，奉派担任黄兴的助手。这次起义，他是以同盟会旗下报纸香港《中国日报》从军特派员（即战地记者）的身份参加的。他的文化水平较高，又深得孙中山信任，实际上担任了这次起义的副统帅。

本地人詹岐山、梁建葵、梁少廷、刘梅卿、唐浦珠、黄世钦、陈田等，是起义的重要参与者。这些人大都有坚定的革命信念，多次参加同盟会的起义，出生入死。各自掌握一支游勇武装的梁建葵与梁少廷在革命军内有“大梁”“小梁”之称，两人早就加入了兴中会，三那抗捐事件中，会讲普通话的梁建葵受群众所托，成为去安南向孙中山求救的代表。

外地参加起义的人员以安南河内、海防两地的华侨居多，贡献较大的有马侣、亚尹等人。马侣原籍广东番禺，出身行伍，作战勇敢，随部队驻扎海防期间加入同盟会。此后，同盟会在两广一带发动的起义，他几乎每次都参加。宣统三年广州“三二九”起义，他和刘梅卿等人随黄兴攻打两广总督衙门，壮烈牺牲，是黄花岗七十二烈士之一。亚尹则是越南华侨首领。战前点兵，人人振奋，而起义的后勤工作，也在紧锣密鼓地进行。

二月二十六日（3月28日），黄兴率军越过中安边界向广东钦州进发。二十七日下午，起义军与清军36营交战，击毙清军数十人。次日，途中又击败清军1个营，毙百人。三月初二日（4月2日），起义军击溃清军3营，进占马笃山，人员增至600多。当起义军准备进兵广西之际，郭人漳再次违背承诺，率3000人马尾追并包围义军，黄兴率敢死队夜袭清营，清军不战而逃，起义军乘胜追击，大获全胜。

然而由于起义军孤军深入，又没有建立革命根据地，兵力、装备与清军相差悬殊，先前答应响应革命的郭人漳再次违约，反过来攻打革命军，最后，革命军弹尽援绝，兵力疲惫，难于与清军继续周旋，黄兴迫不得已将军队解散，自己则返回安南。

这次起义虽然失败，黄兴却威名大震。这次起义，起义军以少敌多，所向无前，虽败犹荣。这次起义也被孙中山称作“予第七次失败”。

戊申河口之役

马笃山之战失败后，同盟会很快在河口发动了起义。

河口是云南南部的门户，同越南的保胜隔河相对，中间有铁桥相通，滇越铁路由此进入中国国境，直指蒙自、昆明。清朝政府在这里驻有巡防队四营，并设有河口副督办委员，由知县王镇邦（玉藩）充任。

光绪三十四年四月初一日（1908年4月30日），黄明堂受孙中山委派，率义军200多人从越南边界渡河，向河口方向进攻，清军防营一部起义响应，起义军胜利攻占河口，黄明堂用“中华国民军南军都督”名义布告安民。四月初二日，长期在云南边境活动的同盟会会员关仁甫集合镇南关起义失败后撤入越南河口附近的起义军400人逼近曼耗，打算攻占蒙自，一路上起义军接连攻克巴河、田防、安定、新街、万河等地。为配合黄明堂的行动，王和顺也率领起义军占领南溪。云贵总督锡良得知消息后，一面紧急调动署理蒙自关道增厚、开广镇总兵白金柱率清军南下救援，一面频频发电报，向清政府告急。

在同盟会的原定计划中，河口起义本只是对钦廉上思之役的配合性行动。但起义开始后，进展十分顺利。孙中山见河口起义大多是倒戈的清军，前线又缺少得力的主将指挥，于是派黄兴为云南国民军司令，前往前线督师。四月初十日（5月7日），黄兴奉命前往河口，督促黄明堂沿滇越铁路进攻昆明。黄明堂担心粮食不足，还在犹豫迟疑，黄兴就亲自率领一支军队前往，但士兵大多不听号令，中途队伍就溃散。黄兴没有预计到局面会糟糕到这种地步，深感赤手空拳难有作为，只得返回河内，征集原在钦州的旧部。他经过柳街时暴露身份，遭到驱逐。

越南法国殖民当局封锁了中越边境的关卡，禁止起义人员及粮食枪械进入云南，河口革命军陷入孤立无援的困境。云贵总督锡良得以乘机调清军围攻，四月初十日，清政府调来广西提督龙济光，锡良也率领开化总兵白金柱等部，亲自前往通海督师。二十五日，清军攻陷南溪，二十七日，清军攻下河口，黄明堂率领起义军600多人突围撤入越南，被法国殖民当局勒令缴械，强行押送到新加坡遣散。历时1个月的河口起义就这样失败了。

庚戌广州新军之役

同盟会的领袖在西南边境发动多次起义的时候，主要依靠的力量是会党，河口起义失败后，他们都感到会党组织涣散，难以节制，因此转变了思想，把发动新军作为重点。部分革命党人已经投入各省新军队伍或各军事学堂，着手发动军队起义，在广州最早计划利用防营发动起义的是朱执信。

后来，同盟会会员葛谦等人也深入广州防营中发展革命组织。光绪三十四年十月（1908年11月），朱执信、赵声等人集会，打算乘光绪帝和慈禧太后相继死去的时机，依靠葛谦等人所能掌握的武装力量发动起义，因起义计划泄露而失败（史称保亚票事件）。保亚票事件前不久，同盟会会员倪映典来到广州，加入新军。赵声离开广州去香港后，他成为同盟会在广州新军中开展活动的主要人物。

宣统元年（1909）五六月间，广州同盟会负责人赵声、朱执信、倪映典、张碌村、胡毅生、陈炯明、莫纪彭等开会决定：由倪映典联系新军各营，张碌村联系巡防各营，胡毅生联系农村会党，赵声总负责。八月以后，倪映典因受到清廷注意，请假辞职，专门从事发动新军的秘密工作。经过几个月的努力，同盟会在广州军队、特别是新军中的力量有了长足的进展，在巡防新军7营中，也有革命党的活动。当时广东新军计有步兵第一、二两个标，炮兵第一、二两个营，辎重兵一营，工程兵一营，学兵营一营，除第二标和学兵营驻扎在北校场外，其余都驻扎在广州东北郊的燕塘。

在同盟会会员姚雨平、赵声、倪映典等人的艰苦努力下，到宣统元年年底，广州新军已有3000多人加入了同盟会，约占其总人数的一半。为适应形势的发展，同盟会在香港建立了南方支部，作为指挥南方革命的总机关，胡汉民担任支部长，汪精卫担任书记，林直勉是会计，下设筹饷、军事、民事、宣传各组。孙中山还指定赵声主持广东的军事计划。不久，倪映典从广州到达香港，向胡汉民等人报告发动广州新军的情况。南方支部于是发电报邀请黄兴、谭人凤、赵声来香港主持。宣统元年十二月十九日（1910年1月29日），黄兴抵达香港，主持发动起义的大计。为保证起义的胜利，除了倪映典加紧在新军中开展工作之外，又命令姚雨平、张碌村发动广州附近的巡防营，朱执信、胡毅生联络番禺、南海、顺德的起义军。

为了积极准备起义，广州新军中的工作也在加紧进行。倪映典亲自拟定了《运动军事章程十条》，在新军中的同盟会骨干中传阅。革命组织的发展，原来采取发放票布的办法，用白纸印有“驱逐老鞑，恢复中华，平均地权，创立民国，保我汉民，矢忠矢信”等字，由本人填写姓名、年岁后交回。十月十一日（11月23日），新军一标三营的管带在军营中搜查获得一张空白票布，排长巴泽宪因此逃走。倪映典又把票布改成小红片，中间由入盟的会员填写姓名，背后盖上图章，优等用武字号，次等用勇字号等。但是，自从在新军中发现票布后，清政府也开始加紧防范新军。新军中储存的枪炮子弹本来不少，十二月上旬，新军当局组织进行实弹射击演习，不断消耗士兵的弹药。

十二月二十六日（2月5日），倪映典再次到香港向南方支部报告工作，共同商定在农历元宵节（1910年2月24日）前后发动起义。

但这时一个突发事件改变了起义的计划。旧历除夕（2月9日）中午，二标二营士兵胡英元原先在城隍庙前绣文斋定制图章、名片，委托同营士兵华宸忠代取，因为争论价格，发生口角，老城第一局警察上前干涉，以至动武互殴，后来警察拘押了8名新军士兵。消息传到军营，士兵们怒不可遏，100多人手拿枪械包围了警察署，带回了被拘押的士兵。当天晚上，倪映典知道事态严重，立刻前往香港，向同盟会南方支部报告。

倪映典离广州后，新军处于群龙无首的状态，被拘押的士兵回到军营后大讲警察如何蛮横无理，凌辱新军弟兄等情况。士兵中的同盟会会员听到后非常愤怒，在正月初一携带枪械进城，见到警察就殴打，捣毁了几处警署。两广总督袁树勋得知后，立即命令新军教练处长吴晋、新军协统张培爵镇压。当天，张培爵率领宪兵到二标，集合士兵训话，暗中派宪兵与官长一道，将二标各营的枪机拆卸、子弹收检，从后门运到城内。为防止发生事变，他下令初二不放假，禁止士兵外出。一标及炮营的同盟会会员得知二标枪机、子弹被缴的消息，十分愤怒，初二清晨纷纷夺门而出，前往协统司令部、军械房、讲武堂等处取回枪械子弹，准备立即起义。

倪映典在香港听到消息后十分焦急，立刻与黄兴、赵声、胡汉民、倪映典等反复商议后，决定将起义日期改为正月初六（2月15日），起义后由黄兴、倪映典分别统领新军、巡防营北上江西、湖南，赵声留守广东，胡汉民管理广东的民政、财政。黄兴、赵声、胡汉民3人都在十五日前往广州。倪映典初三日赶回广州，发现士兵已经群情激愤，难以平息，于是当机立断，率领炮兵第一营首先起义，步兵、辎重、工程各营的士兵纷纷起来响应，一共集合了3000人，公推倪映典为总司令。起义军分兵三路向广州城推进。起义军主力推进到牛王庙时，巡防新军统领吴宗禹已经率领三营清军在这里扼守，他们居高临下，架设机枪，并有铁丝网做掩护，阵地条件优越。新军子弹缺乏，难以力取。这时，巡防新军帮带童常标、管带李景濂到阵地前，脱帽摇手，请求会见。童常标还把枪交给哨军，空手迎来。倪映典和童常标是安徽同乡，而李景濂又是同盟会会员，前天晚上还同他秘密联系过。倪映典以为他们会临阵反正，没有怀疑。童、李两人和倪映典敷衍，诱使他一人到清军大营商谈。当倪映典离开清军大营返回阵地时，清军突然背后开枪，把倪映典击伤，随即被害。

起义军失去了领袖，极为混乱，余下的部队仍分三路进攻，顽强抵抗，最终因为所带子弹太少，又没有接济，弹尽粮绝后溃败。这次战役阵亡的起义军有100多人。同盟会会员黄洪昆等人被俘遇害。

这场起义就这样失败了。

辛亥广州之役

在发动多次武装起义都宣告失败后，同盟会内部士气低落。为重振雄风，卷土重来。宣统二年十月初二日（1910年11月13日），孙中山在马来西亚的槟榔屿与同盟会主要干部黄兴、赵声、胡汉民等人召开会议，决定再在广州发动一次大规模的起义。他们商定具体起义计划：以广州新军为主干，另外挑选500（后增至800）名革命党人组成敢死队，首先占领广州，然后由黄兴率领一支军队进入湖南，赵声率领一支军队北上江西，谭人凤、焦达峰在长江流域举兵响应，然后会师南京，举行北伐，直捣北京。

会后，同盟会总结历次起义失败的教训，在起义发动前全力以赴，进行了认真细致的准备。孙中山亲自在华侨中募捐，并派人购买运送枪械。宣统三年十二月十九日（1911年1月19日），同盟会在香港成立统筹部，由黄兴、赵声担任正、副部长，具体领导这次起义。统筹部下设调度处、储备课、交通课、秘书课、编辑课、出纳课、总务课、调查课，陆续在广州设立秘密据点38处，作为办事和储藏军械的地点。

统筹部成立后，各课分别派人进入广州开始活动。三月初十日（4月8日），省城内外及各省革命力量大体联络就绪。黄兴还组织了一支800人的敢死队，作为起义的中坚力量，同时联络了新军与会党。他的构想是占领广州后，即分兵湖南、江西、福建，与长江各省义军会师北伐，推翻清廷。海内外革命志士群情激昂，争相赴义，准备投入战斗。

统筹部决定发难日期定在三月十五日（4月13日），分十路进攻，黄兴为总司令，赵声为副司令。“先锋”之外，加设放火委员，预备临时放火，扰乱清军军心。

但是，就在统筹部开会这一天，发生了同盟会会员温生才刺杀署理广州将军孚琦的事件，广州戒严。三月二十五日（4月23日），黄兴由香港潜入广州，在两广总督衙门附近的小东营五号设立起义指挥部。广州城内已是风声鹤唳，两广总督张鸣岐、水师提督李准等防备十分严密，形势相当危急。同时，革命党人由香港运到广州的炸弹又被清军查获，清朝当局加强了戒备。这时，起义所需的款项和由日本、越南等地购买的部分枪械还没到齐，准备响应起义的新军第二标又得到了四月初五日（5月3日）即将退伍的消息，这就使起义陷于既不能速发，又不能拖延的困难境地。黄兴等人不得不将起义日期推迟到三月二十九日（4月27日），将原定十路进军的计划改为四路合力进攻总督衙门：黄兴率一路攻总督衙门；姚雨平率军攻小北门，占飞来庙，迎接新军和防营入城；陈炯明带队攻巡警教练所；胡毅生带队守南大门。但胡毅生、陈炯明等认为清军已有防范，提议改期。姚雨平反对改期，但要求发枪500支以上。黄兴在喻培伦、林文（时爽）等人的激励下，决定无论如何也要按期发动。

三月二十九日下午4时，黄兴率领敢死队120余人毅然起义。他们臂缠白布，手执枪械炸弹，黄兴连开三枪，揭开了黄花岗起义的序幕。他们吹响海螺，勇敢地向总督衙门发起进攻。敢死队枪弹齐发，击毙卫队管带，冲入了总督衙门。两广总督张鸣岐事先已经逃往水师提督衙门。黄兴等人找不到张鸣岐，便放火焚烧了总督衙门，然后冲杀出来，正碰上水师提督李准的亲兵大队。林文听说李准部下有同盟会会员，便上前策反，当场牺牲。刘元栋、林尹发等5人也相继中弹。黄兴被打断右手中指、食指第一节，但他继续用受伤的手指射击。

随后，黄兴将敢死队分为三路：四川、福建及南洋籍的敢死队队员向前进攻督练公所；徐维扬率领花县籍同盟会会员40人进攻小北门；黄兴亲自率领方声洞、朱执信等人出南大门，接应防营。进攻督练公所的一路与吴公馆的志士会合，途中遇到防勇，就绕路进攻龙王庙。喻培伦胸前挂着满满一筐炸弹，他左手拿着号筒，右手拿着手枪，奋勇当先，投掷炸弹。战斗到半夜，最终由于众寡不敌，黄兴全身多处受伤，带领剩下的同盟会会员撤退到高阳里盟源米店，继续还击。张鸣岐下令放火烧街，他们被迫突围，喻培伦被俘遇害。黄兴战斗到最后一刻，身负重伤，化装出城，四月初二日（4月30日）回到香港。

起义失败后，广州革命志士潘达微收殓牺牲的革命党人遗骸72具，葬于广州郊外的红花岗，并将红花岗改为黄花岗，史称“黄花岗七十二烈士”。这次起义因而也称为黄花岗起义。

两大舆论阵地之较量：《民报》与《新民丛报》

《民报》创刊及发展

光绪三十一年（1905）同盟会成立后，迫切需要一份刊物宣传革命派的主张。《民报》作为同盟会的机关刊物，正是在这种形势下应运而生。

《民报》（原称《二十世纪支那》）最初的编辑人兼发行人是张继（实际的主要编辑人是胡汉民），印刷人是毕永节，主要撰稿人有胡汉民、汪兆铭、朱执信、陈天华、宋教仁、马君武、汪东等同盟会会员。编辑部设在日本东京牛込区新小川町二丁目八番地，这里实际上成为同盟会本部的公开机关。

孙中山为《民报》写了《发刊词》，第一次提出了“三民主义”，把他的全部革命主张概括为“民族”“民权”和“民生”，认为这是欧美各国进化的根本，并且特别强调三大主义都将民众利益作为基本依据。孙中山满怀信心地写道：只要实行了这三大主义，就可以将举政治革命、社会革命在一次斗争中结束它们的功劳，使祖国臻于独立富强的美境。他说，《民报》为什么要出版？目的就在于宣传这种学说和理想，使它日益深入人心，这样就能为革命的实行扫清道路。

《民报》的简章规定了杂志的六条办刊宗旨：一、颠覆现今之恶劣政府，一、建设共和政体，一、维持世界真正之平和，一、土地国有，一、主张中国日本两国之国民的联合，一、要求世界列国赞成中国之革新事业。胡汉民在《民报》第三号发表了《民报之六大主义》一文，逐条对宗旨进行了阐述，这是对孙中山三大主义的具体阐释。

革命与保皇论战

《民报》创刊后，康有为、梁启超等保皇党人极为恐惧，他们生怕同盟会为保皇党带来巨大的冲击，因此，梁启超在他主编的《新民丛报》上连续发表文章，攻击同盟会的革命主张。《民报》被迫应战。正式揭开革命派和立宪派之间大论战的序幕的，是光绪三十二年四月初六日（1906年4月28日），《民报》作为“第三号号外”单独印行的《民报》与《新民丛报》辩驳之纲领，具体内容分为12条：

一、《民报》主共和；《新民丛报》主专制。

二、《民报》望国民以民权立宪；《新民丛报》望政府以开明专制。

三、《民报》以政府恶劣，故望国民之革命；《新民丛报》以国民恶劣，故望政府以专制。

四、《民报》望国民以民权立宪，故鼓吹教育与革命，以求达其目的；《新民丛报》望政府以开明专制，不知如何方副其希望。

五、《民报》主张政治革命，同时主张种族革命；《新民丛报》主张政府开明专制，同时主张政治革命。

六、《民报》以为国民革命自颠覆专制而观则为政治革命，自驱除异族而观则为种族革命；《新民丛报》以为种族革命与政治革命不能相容。

七、《民报》以为政治革命必须实力；《新民丛报》以为政治革命只须要求。

八、《民报》以为革命事业专主实力，不取要求；《新民丛报》以为要求不遂，继以惩替。

九、《新民丛报》以为恶警之法在不纳租税与暗杀；《民报》以为不纳租锐与暗杀不过革命实力之一端，革命须有全副事业。

十、《新民丛报》诋毁革命，而鼓吹虚无党；《民报》以为凡虚无党皆以革命为宗旨，非仅以刺客为事。

十一、《民报》以为革命所以求共和；《新民丛报》以为革命反以得专制。

十二、《民报》鉴于世界前途，知社会问题必须解决，故提倡社会主义；《新民丛报》以为社会主义不过煽动乞丐流民之具。

这个纲领的出台，已经基本确定了《民报》在这场大论战中的基调。

实际上，在此以前，《民报》早已开始对康梁等改良派"立宪"论调的批判。

发表在《民报》第一号上的题目为《民族的国民》的文章已经针对康梁等人的立宪观点进行了批驳。胡汉民也指名道姓，痛斥康有为、梁启超"没有宗旨，惟利是视"，"支离反覆，自生矛盾"，并认为康梁的罪恶"说起来要令人发指眦裂的"[①]。当时《民报》着重的还是从正面论述自己的革命主张，对改良派的立宪论并没有展开系统的批判，这可以看作是那场大论战的序幕。

① 记者：《记戊戌庚子死事诸人纪念会中广东某君之演说》，《民报》第一号。

《新民丛报》

光绪三十二年（1906）初，梁启超在《新民丛报》上先后发表《开明专制论》和《申论种族革命与政治革命之得失》两篇长文，后来还把两篇文章合为一篇，刊行了名为《中国存亡之大问题》的小册子，开始全面反驳《民报》。显然，双方持各不相让的态度，为此已达到剑拔弩张的地步，一场大论战的开展已无法避免。这样，作为革命派和保皇派两大舆论阵地的《民报》和《新民丛报》成为论战的主要场所。

梁启超在文章中认为，“今日中国万不能行共和立宪制。而所以下此断语者，曰：未有共和国民之资格”[①]。中国国民程度太低，没有自治的能力，还不具备共和国民的资格。因此，必须强调秩序的问题，一切只能有秩序地进行。如果发生革命，就会破坏秩序，导致内乱。最后的结局，要是在过去的中国或其他国家，仍会导致专制；而在今天的中国，必然会招致列强的瓜分，而中国就将灭亡。他特别痛恨《民报》提出的土地国有说，认为这必将造成下层群众蜂起，天下大乱而使中国万劫不复。

梁启超还认为，在专制政体的卵翼下，中国国民历来没有自治的习惯，也不懂得团体的公益，只知道各营其私。这样的公民，连立刻实行立宪的资格还不具备，更谈不上做共和国民。

既然国民程度如此低下，不能成为合格的共和国民，梁启超指出过早实行共和制度，带来的后果是：势必无法形成统一的国民意志，出现的将会是一部分人与另一部分人之间的利害的对立，其结果将是族群冲突不止，局面无法收拾。最后只能由篡夺权力者出面，重新施行专制，也就是他所说的

① 饮冰：《答某报第四号对于本报之驳论》，《新民丛报》第七十九号。

“革命决非能得共和，而反以得专制”的观点。梁启超进一步论说中国的历史，他指出，一旦原有秩序被打破，通常出现的就是群雄并立的局面，各不相让，战乱不休。梁启超强调：从中国目前所处的国际环境来看，最有可能的是后者。所以，他的结论是：今日的中国，不容许有三年以上的战乱。如果有，那么国家必定灭亡。

梁启超在对《民报》进行攻击以后，他认为在国民程度这样低的情况下，不但共和立宪谈不上，就连君主立宪一时也没有条件立刻实行，目前只能先实行开明专制，然后由开明专制逐步向立宪转变，故立宪“唯一正当之手段，唯一正当之武器也”①。

梁启超发表的观点，在很大程度上道出了中国的国情，同盟会的宣传家们不得不花大量时间与精力来应对他所提出的责难。

《民报》在发布《〈民报〉与〈新民丛报〉辩驳之纲领》后，又接连发表了《驳〈新民丛报〉最近之非革命论》《再驳〈新民丛报〉之政治革命论》《就论理学驳〈新民丛报〉之论革命》《斥〈新民丛报〉之谬妄》《驳革命可以召瓜分说》《驳革命可以生内乱说》《论社会革命当与政治革命并行》《告非难民生主义者》等一系列政论文章，开始了与《新民丛报》之间的全面论战。

针对梁启超所提出的诘难，《民报》对“中国的国民是否还不具备共和国民的资格”“以请愿立宪来实现改革可否与后果”“目前实行革命，是否会导致中国的内乱和被列强瓜分的后果”以及“在实行政治革命的同时，有没有必要实行社会革命”这四个问题进行了重点回答。

由于梁启超在戊戌时期成为舆论界骄子，流亡海外后，他创办的《新民丛报》也延续了论说清晰、笔端常带感情的风格，在华侨和留学生中具有非

① 饮冰：《申论种族革命与政治革命之得失》，《新民丛报》第七十六号。

常大的影响。梁启超在论说中提出的问题，某种程度上也抓住了当时海外华人对于开展革命运动存在疑虑的焦点。如果不在诸多问题上予以澄清，革命思想难以普及，革命活动也难以开展。《民报》的作者们勇敢地承担了这一重任。

第一个问题：中国的国民是否具备共和国民的资格？《民报》予以明确回答："我国民必能有民权立宪之能力也。"

《民报》作者们以西方资产阶级的天赋人权论为批判武器，大声宣告：自由、平等、博爱三者，具有人类的普通天性。共和立宪制度正是植根于国民固有的这种自由、平等、博爱的天性。国家对人民有权利，有义务，人民对国家也有权利，有义务。国权的发动，并不是专门存在于政府这唯一的机关，而在于人民在公法上、私法上都有独立的人格，这些正与国民所固有的天性相一致。汪精卫指出："夫我国民既有此自由、平等、博爱之精神，而民权立宪则本乎此精神之制度也。故此制度之精神，必适合于我国民，而决无虞其格格不入也。"①

既然中国国民有自由、平等、博爱的天性，那该如何疏通发展天性，使民族主义、国民主义迅速在国民的心里得到普及呢？《民报》作者给出思想教育与政治革命两个解决办法。只有通过思想教育，才能启发民智，实行革命，而革命将对疏通发展国民固有天性起到决定性作用："若在实行时代，去专制之苦，尝自由之乐，夷阶级之制，立平等之域。国民主义、民族主义，昔存于理想，今现于实际。心理之感孚，速于置邮而传命也。"②因而无论在革命之前、革命之时、革命之后，思想教育是每天不能缺少的内容。

当然，要让国民脱离专制、实行民权，中间确实需要有一个过程，绝不可能一蹴而就。孙中山指出："革命之志，在获民权；而革命之际，必重

①② 精卫：《驳〈新民丛报〉最近之非革命论》，《民报》第四号。

兵权，二者常相抵触者也。”在发动革命时削弱兵权，其结果必然使国民的力量弱小，不足以集合起来成就大业；但此时抑制民权，则又会导致军事独裁，为所欲为，等到天下局势已经稳定，要让军政府解除兵权，让民众享有权利，这是不可能的事情。这个矛盾如何解决？孙中山给出的方案是，在革命之际有必要颁布约法，先确定兵权与民权的关系，并根据约法精神，由人民组织地方议会，以监督军政府是否循守约法，等革命大业完成后，有18省的议会作为后盾，军政府即使想专权，也没有充足的理由。在革命运动开始后，国民殚精竭虑地发展地方自治，经过实践和时间的考验，他们的性情经过陶冶，已经具备成为共和国民的资格。有约法保障，宪法和民权立宪的政体就会稳如磐石，不会有风雨飘摇的顾虑。

《民报》对孙中山的这个方案反复进行申述：革命的目的本在实现民族主义和国民主义。“革命军之起，必在于国民主义、民族主义昌明之时，而此主义果既昌明，则约法乃应于国民心理之必要而不能不发生。”[①]颁布的约法，在革命中又会成为革命的纪律，可以明确革命团体和国民的关系，发挥有力的约束作用，使革命的结果不至于与革命的初心相违背抵触，使共和制度的实行获得可靠的法律保障。

因此，他们对这个方案满怀信心，认为只要采取了这些措施，中国人民必定可以享受到共和政体所带来的益处，决不会因为国民智识程度不足而无法建成共和政体。

第二个问题：能不能按照梁启超的设计，以请愿立宪来争取实现改革？《民报》的回答是不能。

原因何在？同盟会列举大量事实，揭露清政府在《辛丑条约》签订后，事实上已成为帝国主义在华的代理人，这个政权极端反动，处处与国民为

① 精卫：《再驳〈新民丛报〉之政治革命论》，《民报》第七号。

敌，已不可能再指望它进行任何有力的改革。他们一针见血地指出："所谓皇帝，以世袭得之。不辨菽麦，不失九五之尊也。所谓大臣，以蝇营狗苟得之。非廉耻丧尽，安得有今日？然则政府诸人，可谓一国之中至不才、至无耻者，何足与言能力？"①因而"今日之政府，岂惟已绝无可望，直国民之仇难而已。故吾惟绝对的期国民之策进其能力，若政府则所欲颠覆之目的物耳。"②同盟会为了彻底驳倒立宪谬论，从传统的"满""汉"民族主义对立观点出发，强调清王朝是由满洲贵族统治的政权，不可能顾及汉人的利益："彼政府者，其对内政策犹是防家贼之手段，其对外政策犹是利用列强之嫉妒心，以其异族专制政府故也。"因此，国民不要因清政府开始新政改革而对其抱有期望，而只能对国民自救抱有期望。国民既然能够推动改革，那么民权立宪当然会有结果。

针对梁启超包括开明专制论在内的种种主张，同盟会也给予辛辣的嘲讽，指出梁启超无非是要人们把希望寄托在清政府身上，这样做无异于与虎谋皮，其结果只会适得其反。欧美各国的历史表明：君主专制政体无论是变为民权立宪政体，还是变为君权立宪政体，都不可能期待君主会自行改革，唯有民权发达，才能促使政体改变。

"即以君主立宪而言，亦由国民革命之结果。泛观各国，未有国民不革命，而政府自能立宪者也。政府怵于民之革命而让步焉，君权民权，相与调剂，乃为君主立宪。若该报专望政府开明专制，而国民舍劝告要求以外无他事，则其结果只能成野蛮专制政体，若望君主立宪，真羝羊生乳之类耳。"③因此，清政府宣布预备立宪，只不过是谎言。

要使政体变革最终成功，只有寄希望于国民自己，取决于国民自身有没

①③ 精卫：《再驳〈新民丛报〉之政治革命论》，《民报》第七号。

② 精卫：《驳〈新民丛报〉最近之非革命论》，《民报》第四号。

有足够的实力。如果国民没有实力，只能一味向清政府苦苦哀求，其结果必然无济于事："彼政府之所以能专擅者，以其权力足以束缚人民也。人民苟不能脱其束缚，则其发言悬于政府之听否，无丝毫自主之权也。不汲汲养成民力，而惟望其要求，各国政治革命之成例恐无此儿戏也。"[①]政府之所以会顺应国民的要求，是国民的自身实力足以制服政府才会出现的结果。而国民制服政府的办法，唯有建立革命军一个途径。国民如果没有这种实力，则一切都是空谈；国民如果具有这种制服反动政府的实力，自然会一举推翻这个政府，从而建立、实行民权立宪的新制度，更不会有哀求政府的可能。

第三个问题：在目前的情况下实行革命，是否会导致内乱和瓜分？《民报》同样给出了否定的答复。

革命会必然导致内乱吗？

《民报》认为，革命事业既然以建设为终极目的，那么暂时的破坏只是手段。革命所要破坏的是不适宜于社会发展的东西，而要建设的恰恰是适合社会发展的内容："今之言革命者，其所欲破坏者，异族钤制之势力也，专制之淫威也，社会经济组织之不完全也，凡是皆不适宜于社会者也，而其所欲建设者，民族的国家也，民主立宪政体也，国家民生主义也，凡是皆适宜于社会者也。""破坏其所不适宜者，而建设其所适宜者，本乎建设之目的，以行破坏之手段，其现象乌得有恶乎？"[②]

同盟会认为，中国历史上的所谓"革命"，用来颠覆专制政府的力量不够强大，耗费的时间也短；颠覆旧政权后用于争夺帝位的精力非常多，耗费了大量时间。所以，历史上革命后出现的种种内乱，实际上是由于争夺帝位所造成的结果。今天的中国，革命的目的是要建立共和国家，而不是争夺帝

① 精卫：《驳〈新民丛报〉最近之非革命论》，《民报》第四号。

② 精卫：《驳革命可以生内乱说》，《民报》第九号。

位，与历史上任何一场“革命”都不相同：在颠覆清政府以后，革命家之间不会相互争夺，自然不会出现常见的内乱。

《民报》对《新民丛报》“革命必生内乱”说进行尖锐的批评，指出这其实是由“贪生恶死”那种卑劣观念支配而产生的谬论。梁启超所持“我列朝之鼎革，其屠戮之数今虽无确实之统计，而一役动逾数百千万，史上之陈迹尚可略考而推算也。是故杀人流血之祸不可以不怵，而革命则不能免此”的观点，被同盟会针锋相对地予以驳斥：“噫！沮革命者，乃以杀人流血相怵耶？”“为国而死，不爱其生，此国民之天职一也。胡乃以流血杀人相怵？”更进一步以言：“革命不免于杀人流血固矣，然不革命则杀人流血之祸可以免乎？革命之时，杀人流血于双方之争斗见之。若夫不革命之杀人流血，则一方鼓刀而屠，一方觳觫而就死耳。为国而死，则吝惜之，为野蛮异族政府所蹂躏而死，则忍受之；何死之不择一也。”他们慷慨激昂地写道：“使吾侪以报国之故，杀身流血，而人继起，得藉（借）手以光复宗国，则含笑以入九原，当亦无怍。”①

平心而论，同盟会的观点持之有据，保皇党无力辩驳。

那么，革命是否导致被列强瓜分呢？

由于民族资产阶级力量的薄弱，革命既不敢正面地提出反帝主张，而且在内心深处确实也对帝国主义干涉革命产生恐惧心理，同盟会给出的答复确实有些软弱无力，集中在两点：第一，同盟会认为，之所以列强掀起瓜分狂潮，原因就在于中国不能自立。因为中国不能自立，世界和平就不能得到保证。因此，只要中国能够自立，就可以保证各国在中国的均势不致被打破，从而使国人免遭瓜分之祸。第二，革命的目的是排满而不是排外。只要在革命进行过程中严格地遵守国际法，从事建立秩序的革命，就丝毫不会夹杂有

---

① 精卫：《驳革命可以生内乱说》，《民报》第九号。

排外的性质，列强也就没有进行干涉的理由。说服力不足。

第四个问题，在实行政治革命的同时，有没有必要实行社会革命？《民报》给出肯定的答案。

为什么一定要实行社会革命？它的内容是什么？方法又是什么？《民报》发表的《论社会革命当与政治革命并行》《民生主义与中国政治革命之前途》两篇文章都进行了系统论述。

冯自由的《民生主义与中国政治革命之前途》原本发表在《中国日报》上，经过改订后，又在《民报》上刊载，代表了孙中山的民生主义的观点。

文章先描绘了一番19世纪下半期以来欧美资本主义国家社会矛盾日趋尖锐，民生主义（他认为也就是社会主义）思潮日益发达，骎骎然以万马奔腾之势，横流于亚东大陆的景象："民生主义之发达何以故？曰：以救正贫富不均而图大多数之幸福故。贫富不均何以故？曰：以物质发舒，生产宏大，而资本家之垄断居奇故。"朱执信把当时在美国蓬勃发展的托拉斯制度称为"商界魔王，工界蟊贼"。认为这会带来严重的后果：一般的劳动阶级被其驱使，终将全部沦为大资本家的奴隶，大资本家也会不断蚕食中等资本家，最终全被消灭。大资本家垄断的后果，最终也会将手伸向国家立法行政机关，操纵法律、为所欲为。广大民众抛头颅、洒热血所换来的共和制度，会沦落到大多数市民受少数大资本家的无形专制，这比君主专制及贵族专制为害更深。因此，从这里自然可以得出"知民生主义之实行，为一刻不容缓者矣"的必然结论。

与之相对的是，梁启超在《新大陆游记》中对美国的托拉斯制度极尽称颂之能事，把其视为中国的希望所在。这反映两者所代表的社会力量不同：保皇派代表的是上层资产阶级的利益，革命派反映的却是中下层资产阶级的利益。

该怎样解决这个棘手的问题？冯自由提出：要实行国家民生主义，也就是国家社会主义政策，其要点是：第一，不能让公权被少数私人所垄断，而应该逐渐干涉。属于公众利益的邮政、土地、电线、铁道、银行、轮船、烟草、糖酒等等的权利，都应归国家所有。第二，更为重要的是平均地权。具体办法是实行土地国有政策，推行单税法：地价以外的一切租税全都免除。他还满怀信心地说，中国若真能实行土地国有制度，则地主所得收益都归国家所有，以中国四千万方里的土地而言，地租总额可以与欧洲全部国家相媲美。政府一旦得到财政收入，那么财政上、社会上的充分改革，只是早晚的事。他进而得出结论：各位主持破坏恶劣政府的目的不是建设的破坏吗？民生主义、土地国有制、单税法，就是建设新政府唯一的行政方针。

朱执信在《论社会革命当与政治革命并行》中也主张实行国家社会主义，但他并不突出地强调土地国有制的单税制。他的议论更加激进。

朱执信认为，社会革命爆发的原因在于社会经济组织的不完全，如果是社会的贫富悬隔所导致，固然不错，若要探本求源，还需要从社会制度中去寻找。他将问题归结于私有财产制这个根本问题上："今日一般社会革命原因中最普通而可以之代表一切者，则放任竞争，绝对承认私有财产权之制度也。今日之社会主义，盖由是制度而兴者也，因其制度之敝而后为之改革之计划者也。"[①]冯自由只看到贫富悬殊的现象，朱执信却触及了私有财产制这一根本社会制度，虽然他并没有提出消灭私有财产制，而只是加以限制，但无疑这种见解要深刻得多。

基于此，朱执信提出社会革命的主体（革命的动力）是劳动阶级，客体（革命的对象）则是资本家。他甚至断言，今后的革命，肯定不能单独依靠会党，因为他们的力量也不会比资本家大，可以预言的是依靠劳动阶级。但在实行的方法上，朱执信的态度非常温和，希望必须用非常讲秩序、非常合

① 只解：《论社会革命当与政治革命并行》，《民报》第五号。

理的方法，使富人停止积聚巨额财富的行为。停止财富集中后，已经集中起来的财富断然不能只有聚集，永不分散，财富一旦分散，就接近平均了。这是社会革命的真谛。因此就最终结局来说，社会革命本来就是要让富人有益无损。

显然，朱执信的观点代表着《民报》作者中小资产阶级激进民主主义者的普遍观点。

通过《民报》和《新民丛报》之间激烈的反复争辩，革命派渐渐占了上风，保皇派阻挠革命的种种谬论被驳得理屈词穷。从此，革命的观念进一步深入人心，资产阶级革命派领导的革命运动也以前所未有的规模更广阔地开展起来了。

而经过《民报》和《新民丛报》之间的这场论战，革命的主张在广大爱国者，特别是留日学生中取得了明显优势。经过这场大论战后，广大爱国者中间，特别是留日学生中间，精神面貌发生了一个巨大的变化。高谈革命，公然昌言革命，几乎成为风气。这种风气接着又逐渐传到内地。

六

一府二部　北洋六镇

效仿德日两国军制

《辛丑条约》签订后，列强对清政府施加了强大的政治压力，要求迅速改变当前的无能状态。经历了八国联军入侵的中国，清政府及其军队已经无力应付战后混乱不堪的政治局势，统治已经摇摇欲坠。实行有效的政治制度改革，维护自身的统治，成为封建王朝最后十年理政的主题，清末“新政”由此开始。军队是清统治者攻城略地、问鼎中原的最重要力量，也是维护其政权的重要支柱。清朝开国以来，管理军政的机关是兵部，雍正年间设立军机处，秉承皇帝旨意，办理军国大事。鸦片战争后，在镇压太平天国农民运动中，清军已经全面腐败，对已有的军事制度进行改革提上了议事日程。甲午中日战争中，清军惨败，北洋海军全军覆灭，清王朝赖以生存且装备洋枪洋炮的两支基本武装力量——湘军和淮军也一败涂地。一部分官僚、士大夫开始从惨败中认识到清军军事体制的腐败、落后，纷纷上书建议练兵，要求采用西方的军事训练方法来创建、训练新式军队。清王朝最高统治者也从战败中认识到日本专门学习西方军事理论，最终取得了胜利，痛感自身军制守旧，决心仿照西法，改革军制，编练一支近代化军队。清末十余年间的新军建设由此发端。庚子国变后的“新政”改革，是清王朝自救的最后一次努力，历史与现实各种因素的合力，使清王朝统治者对军制改革给予极大关注，不惜投入巨大的人力、物力、财力来力挽危局。

清末军制改革

光绪二十年九月（1894年10月），清政府任命广西布政使、办理东征粮道胡燏棻在天津小站招募壮丁5000人，编成10营，一切操练章程均按照德国军事训练方法办理，号称“定武军”。第二年（1895）袁世凯接管小站练兵事务后，把定武军改为新建陆军，并扩大兵员达7000人，他采用日本军事训练方法，对这支军队进行认真训练。同年冬天，两江总督张之洞奏准招募精壮3000人，聘请德国人训练，建成“自强军”。光绪二十七年，袁世凯继李鸿章之后担任直隶总督兼北洋大臣，受命编练“北洋新军”，这是清末大规模编练新军的开端。

在编练新式陆军的同时，清政府还按照近代化军事发展的规律，设置了统一的军政机构。

光绪二十七年清政府颁布谕旨，决意实行新政，许多大臣在其奏议中着重强调了军事变革的重要性和必要性。刘坤一、张之洞在《遵旨筹议变法谨拟采用西法十一条折》中提出，在京城设立机构专管军事。袁世凯在光绪二十九年奏请统一军政，建议设立练兵处，获得批准，十月十六日清政府宣布设立练兵处。

光绪二十九年十月初六日，练兵处上奏《奏订练兵处分设司科职掌章程折》，具体规定是：练兵处专设提调一员，掌管庶务、综理文牍。分设三司：一曰军政司，统辖所属各科，考查官兵、筹备军需，凡司例行公事，径咨各军重要事件，禀请本处核饬；一曰军令司，统辖所属各科，运筹机宜，策划防守，赞佐本处，出纳号令，暨用兵机密事务；一曰军学司，统辖所属各科，训练各军操法、整饬武备学校、订期选员呈请分派各处、校阅队伍、考试学堂等事。各司各设正使一员、副使一员。各司下面又分科，各科主管名监督，各一员①。

从当时的情况分析，清廷设练兵处是必要的。就各省的新军编练状况而言，除了直隶总督袁世凯和湖广总督张之洞外，其他督抚编练的新军水平参差不齐，他们或者大量改编现存的旧军队，或者临时募集新兵，造成编练的新军各自为政，领导机构不统一，训练装备和军事素质等方面没有统一的标准，这与清政府想要改革军制、创建新的军事力量的政策产生了冲突。将练兵处作为考查和督练新军的总汇机关，是统一全国军队编练的客观要求。

新军和防、练军一样，仍将训练分为训和练两大部分。清政府向来认为治军的规律，首先是教导新兵，其次才是操练士兵。通过训导启发他们的智识，巩固他们的心性，通过操练使他们的技术更加精湛，增长他们的才干。

所以在新军训导方面，清政府规定，兵丁入伍时，必须由将领选择忠君爱国的传统道德编辑成歌谣，分别讲授解释，举行定期考试，并且用他们的所见所闻随时教诲勉励士兵，务必让士兵人人都知道当兵的意义，确立报效国家的志向。

在操练方面，新军也显现出了新的特色。

新建陆军和自强军聘请德国教习，学习德式陆操。光绪二十七年（1901）以后，日本陆军操法迅速地被新军接受，日本教习也取代了德国教习。光绪三十一年，北洋督练处编定操典，并被其他各省新军广泛采用。第二年，练兵处颁布《奏定改编各兵种之暂行操法》，统一规定了全国新军的操章。宣统二年（1910），陆军部颁行《新定步兵操法》，使全国新军的操

① 《奏订练兵处分设司科职掌章程折》，《总理练兵处档案全宗》案卷号3，中国第一历史档案馆藏。

练更加规范，水平明显提高。

操练新军的具体内容分为新兵共同操练和兵种专业操练两部分。士兵入伍后先进行3个月的共同操练，学习队列步法以及一般的步枪使用知识。3个月后，按各兵种转入专业技术操练和战术操练。步兵的战术操练以营、队两级为单位，演练各种攻、防战法。其主要的战术操练原则都是从日本陆军那里学来的，强调进攻，重视兵力的梯次配置，与清军原有的旧式战法有很大的区别。

这时，新军开始重视实地演习，组织野外会操。在光绪三十一年（1905）到宣统三年（1911）之间，南北方的新军先后在直隶河间、河南彰德、安徽太湖等地举行了规模更大的对抗演习。每次都有3万名以上的官兵参加，演习的内容包括部队的集结、作战计划的制订、战斗实施等。演练的主要作战样式是对野战军地的进攻和防御，此外还有遭遇战。从规模和实际内容看，这几次演习已超出了一般的战术演练，属于近代战役演习，在相当程度上反映了新军的训练水平。

新军兵役制度经历了一个逐渐完善的过程。

光绪二十八年，直隶总督袁世凯拟定了北洋新军的兵役制度，包含募兵条件、招募办法及服役期限三项主要内容。招募条件规定：新兵的年龄在20至25岁，体力能举百斤以上，身高官尺4尺8寸，速度每小时行20里以上，无嗜好，能安分守纪①。曾经吸食鸦片、性格暴躁、犯过案的人不能入伍。招募办法是先由各府、直隶州、县地方官核查所辖村庄的壮丁数，由村长确认是土著后，造册上报所在州县，由州县派员验收。投募者必须上报三代家口姓名、住址、家产数目，按名单编伍注册，交给地方官分别保存备案，以便查验；服役期限规定：军种分三等，即常备、续备、后备。常备军服役3年，

① 廖一中、罗真容：《袁世凯奏议》（上），第439页。

发给全饷银；3年后转为续备军，减少饷银成数；续备3年后转为后备军，军饷递减，3年后转为平民。

根据这些制度，袁世凯从光绪二十八年（1902）到光绪三十一年编练了北洋新军六镇。

北洋新军兵役制度是光绪三十年清政府普练新军兵役制度的蓝本。这年八月，袁世凯实际主持的中央练兵处和兵部根据北洋新军兵役制度制定了普练新军的兵役制度。这个兵役制度的内容与北洋新军兵役制度基本相同，只是在募兵的个别条件，如南方投募者的身高，后备兵的3年期限延长为4年等方面做了一些改动。

新军兵役制度是中国历史上具有比较完全的近代意义上的兵役制度，借用了八旗、绿营士兵入伍时具结、保荐和造具名册的办法，主要参照了湘军的募兵章程，以及德国征兵时由专门机构层层负责、从严把关的做法。

德国实行义务兵役制，凡德国国民年满20岁，无论出身贵贱，都要进入军营当兵。凡20到25岁的男子都有服兵役的义务，大约到40岁期满。日本在明治维新后也实行了义务兵役制。德国的征兵办法是在中央政府下设置机构，派员负责征兵事宜。

至于西方国家的服役期限，日本规定3年为现役，然后退为后备兵。袁世凯说："伏查各国兵制，不由招募，计丁抽练，入伍当差，是为常备兵。在营三年，遣回作为续备兵。又四年，作为后备兵。又五年，出伍为平民，不予征调。"他参照德国士兵的服役年限，制定了新军的服役期限，"年限既视各国减少，而又予以常铜，庶编之民不生疑畏之心，军伍易广招徕之路"[①]。同时，袁世凯又考虑到中国刚开始推行常备军制，需要有一个逐步适应的过程，光绪二十八年北洋新军兵役制度规定整个3阶段期限为9年。光

① 廖一中、罗真容：《袁世凯奏议》（中），第510页。

绪三十年（1904）普练新军的兵役制度则定为10年，其中后备兵役期限为4年，两者稍有不同。

假如清末新军编练中真正严格以新军兵役制度为样本，那么就有可能保证新军的素质。可是事实上各省编练新军时基本上并不照此实行，大多数只是采取旧军改新军的做法，如江西、安徽、江苏、陕西、湖南等省，只是冠以常备、续备的名义，实际仍然沿袭旧军兵役制度。负责编练新军的中央练兵处与兵部在奏折里也承认这种事实。显然，兵役制度改革不能在旧制度基础上有效实行，只有另起炉灶，重新开始，才有可能推行近代先进的制度，编练成一支高素质的近代化军队。

北洋新军六镇

光绪二十一年（1895）十一月，清政府派胡燏棻督办津芦铁路，两天后，根据督办军务处的奏请，清政府命令浙江温处道袁世凯接替胡燏棻负责督办天津小站的练兵事宜。清政府谕令他，在训练新军时必参照西方军事训练方法，这让袁世凯有了实践平生所学的机会[①]。

袁世凯接办定武军后，向督办军务处呈递了新建陆军的营制饷章和聘请外国军事人员的合同，得到批准。接着，他在定武军建制10营4750人的基础上，又招募了2000名步兵，250名骑兵，组成7000人规模的“新建陆军”。

新建陆军深受欧洲军事理论影响，在军制与营制方面参照德国陆军，近代化特色十分明显。新建陆军确定了指挥机构的基本职能：督练处作为总部，袁世凯自任督练，总揽全局。督练处下辖参谋营务处、执法营务处和督操营务处[②]，这3个营务处的总办受袁世凯的直接指挥，日常则按照各自的职

① 《清德宗实录》卷38，第946页。

② 也有论者认为，督练处下辖参谋营务处、执法营务处和督操营务处、稽查营务处这四营。

责分工，管理新建陆军。督练处还设有粮饷局、军械局、转运局、洋务局、军医局、教习处等机构。新建陆军形成了一整套协调有序，职责明显的完整指挥体系。

新建陆军分为左、右两翼，每翼设统领管辖，统领下设分统，负责各营的训练，营设统带，管辖一营。营下设队，队下设哨，哨下设棚。基本形成了翼、营、队、哨、棚5级建制。

在兵员质量方面，新建陆军也走上正轨，非常重视募兵的质量，袁世凯采取了厚给薪饷的办法来稳定军心。

3年后（1898），袁世凯训练指挥的新建陆军被统编为武卫右军，仍然驻扎在小站。武卫军各军编制为10000人，袁世凯趁机添募3000人，增强了实力。光绪二十五年，袁世凯率武卫右军进入山东清剿义和团，趁机对山东的防勇进行裁并改编，编练“武卫右军先锋队”10000余人，其统辖的军队人数增加了一倍，达20000多人。在随后的八国联军侵华战争中，武卫右军因在山东，得以避开战火，保存了实力。

光绪二十七年（1901），袁世凯被任命为直隶总督兼北洋大臣，由山东返回直隶。此时，清政府正在推行编练新军的新政。身为北洋大臣兼练兵大臣，袁世凯在保定设立督练公所，委任段祺瑞为参谋处总办，冯国璋为教练处总办，以武卫右军为基础，在保定编练起“北洋常备军”。从这时起，袁世凯所统辖的新军就被称作“北洋军”，日后北洋军阀集团的形成，也从这里开始的。

北洋常备军开始设“镇”一级建制，先后编有五镇，其建制顺序由上到下依次为镇、协、标、营、队、排、棚，镇以上为军，共8级。

这样，袁世凯利用会办练兵大臣的身份，不断扩编其统辖新军，在光绪三十一年编成北洋新军六镇。

北洋新军六镇成军的顺序是：（1）光绪二十九年，袁世凯奉命挑选八旗兵3000人编练“京旗常备军”，光绪三十一年（1905），该军改称北洋陆军第一镇；（2）光绪二十八年，袁世凯令王士珍等人在直隶募兵6000人在保定训练，第二年编成“北洋常备军左镇”，光绪三十年改称北洋常备军第一镇，三十一年改编为北洋陆军第二镇；（3）光绪三十年，袁世凯借日俄战争在中国东北爆发而需加强防务之机，派人在山东、河南、安徽等省募兵，编成北洋常备军第三镇，第二年改编为北洋陆军第三镇；（4）光绪二十九年至三十年间，袁世凯以亲军马队为基础，又在直隶、山东、河南、安徽四省募兵，编成北洋常备军右镇，很快改称北洋常备军第二镇，光绪三十一年改编为北洋陆军第四镇；（5）光绪三十一年，袁世凯以山东“武卫右军先锋队”为基础，从第四镇抽调兵力并从山东募兵，编成北洋常备军第五镇，旋改称北洋陆军第五镇；（6）光绪三十一年，袁世凯将驻扎北京的武卫右军以及归属于他的自强军合编，编成北洋常备军第四镇，后改称北洋陆军第六镇。

北洋新军六镇的正式建立，标志着作为军政集团的北洋军阀开始形成。

光绪三十三年，清政府公布了编练新军的目标，下令全国各省以北洋新军为榜样，着手编练陆军三十六镇（师）。从此，清末新军又进入一个全国普练新军的阶段。

根据全国普练新军的要求，在各省省会设立督练公所作为各省编练新军的具体领导机关，新练军队一律改称陆军，按成军先后，在北洋六镇之后依次排列镇数。清政府为了统一和扩充全国新军的编制，按各省的人力、物力以及在军事战略上的地位进行分配，限年编练完成。三十六镇的具体分配方案，除京师四镇、直隶两镇已经编练完成外，奉天（辽宁）、黑龙江、吉林、浙江、福建各一镇，限两年编练完成；山东、山西、陕西、新疆各一镇，限三年编练完成；江苏、湖北各二镇，限三年编练完成；河南、安徽、江西、湖南、热河、江北（指江苏省北境）各一镇，限四年编练完成；广西、广东、云南、贵州、甘肃各二镇，限五年编练完成；四川三镇，限三年编练成二镇，另一镇由度支（财政）、陆军两部统筹协商拨款。所谓扩建新军三十六镇，一律仿照北洋六镇的建制，实际上是北洋六镇的扩大版。至于扩建新军所需的费用，除少数镇由度支和陆军两部协商筹拨外，其余各镇都责成该省将军、督抚在当地筹款，精心规划训练。并规定“自奉旨之日起，按奏定年限划分次第，分次第，分年依次编练，扣至限满，一律编练足额”[①]。

编练新军的结果：据统计，截止到宣统三年（1911）八月十八日武昌起义爆发为止，全国只编成了十四镇十八混成协，四标和一支禁卫军。如以成镇人数计算，总计新军131800多人。而北洋六镇的兵力就有74500多人[②]。在此期间，新增加的兵力极其有限。各省编练的新军，不但在数量上没有完成计划，而且质量上也不够标准。除少数省份的新军达到一定水平以外，多数省份都是以旧代新，勉强凑数，有名无实。

① 廖一中、罗真容整理：《袁世凯奏议》（中），第113页。

② 姜克夫编著：《民国军事史略稿》第1卷，第17页。

一府一部制（军谘府、陆军部、海军部）

练兵处到陆军部

陆军部是清末军制改革的产物。清政府管理军事的部门是兵部。随着形势的发展，兵部越来越难以适应国防力量发展的现实。光绪二十七年（1901）清政府发布改革上谕，光绪二十九年成立练兵处，特设练兵处总理亲王1人、会办大臣1人、襄办大臣1人，提调1人，军政司、军令司、军学司正使1人、副使1人，委员若干。十一月初九日（1903年12月27日）任命袁世凯的亲信徐世昌以内阁学士候补资格任练兵处提调，段祺瑞任军令司正使，王士珍任军学司正使，刘永庆任军政司正使。初十日，命令陆嘉穀任军政司副使、冯国璋任军令司副使、陆建章任军学司副使。这时袁世凯掌握了练兵处的实权，从而进一步扩大了袁世凯集团的影响。

练兵处主要对清朝军事体制进行改革，建立近代化的军事体系。光绪三十年十一月十四日（1904年12月20日），清政府批准了练兵处与兵部会奏的新军官制章程。练兵处颁布《新军官制》和《陆军人员任职等级及补官体制》，军官制度分为三等九级，初步建立起新型的军官制度。练兵处还设置军佐名目，扩大军官范围。新军官制的施行使军队管理和指挥水平逐渐提高，有利于破除传统的重文轻武观念和提高军官的社会地位。

光绪二十九年（1903），张之洞制定学制时提出各省武备学堂宜设置普通武学、高等武学及各专门武学。到练兵处建立后，以日本军事教育体制为蓝本，确立了四级三类的军事教育体制，分级设立军事学堂。光绪三十年，练兵处颁布了《新订陆军学堂办法》，建立从陆军小学到陆军大学的系统军事教育体制，获得批准。军事学堂分为陆军小学堂、中学堂、兵官学堂和大学堂四级。练兵处督促各地军事学堂建设，制定军事学堂建设的标准，为各省军事学堂建设提供依据。

为学习西方的军事精髓，建立新军，练兵处制定了《选派陆军学生游学章程》，派遣留学生前往日本等国学习。他们学习最新的军事知识，在举办新式教育练新军及整顿军事机构中起到重要作用，推动了清末军事变革。

练兵处参考仿照各国军制和考察各省情形，制定出各种军事制度。练兵处删繁举要，制定了粗具规模的各项制略，分为立军、分军、常备军、续备军、后备军、督练、设官、募兵、入伍、军令、训练、校阅、征调、奖励、惩罚、缉逃、恤赏、退休、卫生、薪饷、营舍、选马、变通、军服、标旗、军器、运输、服役等。练兵处制定了层级分明、编制合理的营制。练兵处还制定了各种铜质的印章。与此同时，练兵处初步规划了全国常备军的编练数额和编练方法，声明中国常备军兵额约需三十六镇。练兵处拟订和颁布了《陆军退伍章程》《陆军服制章程》《陆军各镇赛枪章程》《标旗及阅兵旗式》《陆军枪炮等项程式》等重要军队制度，新军编练逐渐走上近代化轨道。

随着军制的逐渐正规化，练兵处与兵部之间的矛盾也凸显出来。两者均属军事机关，练兵处独立执行新军用人权、选将调将及平衡收支等军事职权，兵部只是负责备案。清政府意识到两者并存时间过长会招惹麻烦，计划在以后适当的时候取消练兵处或者等到兵部改组时，最终将练兵处一并归入。光绪三十二年（1906）九月，庆亲王奕劻等人上奏，提议将兵部改名为陆军部，将练兵处、太仆寺并入陆军部，暂时让海军部隶属于陆军部，练兵处的军令司改名为军谘府，作为掌握全国军政的重要枢纽机关。九月二十日（11月6日），清政府颁布谕旨，宣布改革官制：将兵部改为陆军部，未设立以前，全部暂时归陆军部管理，同时将练兵处、太仆寺并入陆军部。并计划设立海军部和军谘府。袁世凯因在官制改革问题上与铁良矛盾激化，被迫将北洋第一、三、五、六镇的管辖权交给陆军部。倡导中央集权的铁良被任命为陆军部尚书，总理全国陆军事务。此时的陆军部管辖着清朝所有的陆军、军事学堂、军械、军需储藏和兵工厂一等。

陆军部主官有尚书一人，另设左右侍郎、左右丞、左右参议各一人，下设二厅、十司、一处。各司人员有职有官，职指司长、科长、科员、承发官、译员、绘图员等，官指郎中、员外郎、主事、笔帖式、正副参领、正副军校等，以官分任各职。承政厅主管一般性业务；参议厅掌研究、咨讯、检查等工作；军衡司掌军职人员任免；军乘司管理军马、驿站；军计司负责考核功过；军实司负责器械、弹药的管理、补充；军制司负责军队编制；军需司掌粮秣、服装等的筹划、补充；军学司负责军队教育；军医司主管军队医务事宜；军法司掌武职人员法律事宜；军牧司掌管军用马匹的牧养、补充；捷报处负责通信、联络事宜。

陆军部成立后，制定了《陆军三十六镇按省分配限年编练章程》，这是当时规划新军编练方面最大的成就。按照这一规划，各省应在两到三年内，一共编练新军三十六镇。此外，还颁布了一些重要章程，如《贵胄学堂毕业出身章程》《陆军审判试办章程》《校阅陆军章程》《陆军补官制度纲要》等，新军制度逐渐完善起来。

军谘处到军谘府

清末军谘府的前身是军谘处，光绪三十二年七月（1906年9月），清政府下令将兵部改为陆军部，并将练兵处、太仆寺同时并入。当时清政府就计划设立军谘府，没有成立前，相关事务暂时归陆军部办理。编纂官制大臣在《奏请厘定军谘府官制章程》中已经计划将练兵处军令司也并入军谘府。军谘府设立军谘大臣1人，由深孚众望的重臣担任，副大臣、赞助大臣各1人，整理军谘府全府事务，考核军谘府人员的功过。

该军谘府章程还规定，军谘府分设第一至五司，第一司由原来管各种事务的练兵处军令司运筹科合并改设，掌管拟发文电，拟办奏、咨、批、檄、章程及各项稿件，管理庶务及本府出入款项；第二司由练兵处军令司运筹科改设，掌管筹备衡量军机，考核军队实在成绩事项；第三司由练兵处军令司测绘科、向导科改设，掌管测绘地图、考核方舆险要形势以及兵路运道事项；第四司由练兵处军令司储材科改设，掌管遴选储备高级军官及参谋官任用事项；第五司掌管采购军用图册画器及经理军事文库事项。各司都设司丞1名，掌管办理司务，司下设科，每科设科长1人。此外，第一司还有秘书官、副官、会计官、书记官，第三司还有艺师、艺士，第五司还有司库官各职务。每科设一、二、三等科员若干名，科下设股，斟酌使用一、二等股员。军谘府司科各员应该全部使用陆、海军出身的人员，但在创设的初始阶段，选择人才非常困难，暂时准许选择京外文武人员中与军谘府事务相适宜的酌量借补，等数年后人才够用，仍然专门使用陆海军出身的人员。这是军谘府最早的章制。

光绪三十三年，陆军部正式成立，把前练兵处军令司改为军谘处，暂时附设在陆军部内，颁布实行了《军谘处奏定章程》。该章程规定，军谘处设置正、副使各1人，正使负责管理全处事务，并由副使帮助共同管理。另设承发官2人、录事4人。军谘处内分设第一、二、三、四司和测地司，每司设司长1名，除第一司外，都设有承发官1人。第一司下设第一至四4科；第二司下设第五、六2科，第三司下设第七、八、九、十、十一5科；第四司下设第十二、十三、十四、十五4科；测地司掌管陆路测量绘图及测量人员教育，还有测绘学堂等项事务，下分3科，各科均设科长1人。第一司有一二三等科员12人、一二三等译员5人、录事8人；第二司有一二三等科员4人、录事6人；第三司有一二三等科员10人、录事8人；第四司有一二三等科员9人、录事6人；测地司有一二三等科员6人、艺师4人、艺士8人、录事8人。此外，如果遇到实际需要的情况，可以随时增派科员、译员、艺师、艺士、录事等职，但不再作为定额。

由于诸多条件的限制，成立后的军谘处内只设第一、二两司和测地司，兼管其余两司事务。每司设司长1名，下共分18科，各设科长1人，另有一、二、三等科员共22名，其中，第一司有科员12人和承发官、承法司各1人、译员5人；第2司有科员4人；测地司有科员6人、艺师4人和艺士8人。全部职员共85名。宣统元年（1909）五月，清政府依据新颁《钦定宪法大纲》，将军谘处从陆军部独立划出，由贝勒毓朗、载涛和提督萨镇冰管理军谘处事务。载涛等人奏请扩充军谘处机构设置，于是奏定《军谘处暂行章程》，明确规定了军谘处的权限和组织条例。

作为军谘府的过渡机构，军谘处很快就被新成立的军谘府代替。宣统三年四月，责任内阁成立，军谘处扩大规模，改为军谘府，作为中央军政机构，由贝勒载涛、毓朗担任军谘大臣。军谘府在责任内阁中的地位十分重要，其主要职位都由皇族亲贵把持，即使像张之洞这样的重臣多次抗争，也不能加入。

海军处到海军部

清朝近代化的海军在洋务运动时期建立。甲午战败，海军主力北洋海军全军覆灭。10年之后，随着新政的施行，清政府开始重新构建近代海军中央机构。五大臣出洋考察宪政归国后，戴鸿慈等于光绪三十二年七月初六日（1906年8月25日）奏请改定官制，提出设立军部的建议。戴鸿慈等注意到其他各国海、陆军大多各自独立成部，主张建立海军局，管理全国海军事务。戴鸿慈等人的建议符合当时海军发展较为迟缓的情形，得到了清政府的认可，此后海军中央机构的构建逐步展开。

光绪三十三年四月二十七日（1907年6月7日）正式设立海军处，隶属于陆军部。在陆军部所拟《海军处章制并官员额缺及现行办法清单》中，规定海军处管理全国海军政务，厘定章制，考究教育，监督造船制械，负责人员任命候补罢免等事务，都由海军处仔细斟酌，呈报陆军部核定办理。海军处设正使、副使各1人，承发官2人，录事4人，原定下设6司，后暂先设机要司、运筹司、船政司3司，原定的储备、医务、法务三司暂不设置。在奏定官制中规定，海军处管理全国海军政务。关于海军用人，都先由海军处酌情拟订，呈请陆军部核定，上奏办理。规定海军处正使官职等同于陆军协都统，暂时由陆军部堂官挑选，比照陆军部丞参缺上报任命；副使官职等同于陆军正参领，由堂官挑选后开单奏请委派任命。由此可见，海军处用人行政受到陆军部辖制。海军处正使没有委任，由广东黄埔水师学堂第一届驾驶班毕业生谭学衡担任副使。随着海军的发展，清政府已经意识到设立管理海军专门机构的必要性，限定各司科人员应该全部任用海军出身的人员，但因为专业人才极为难得，不得不变通办理，暂时用京外文武人员补充，等几年后人才足够选用时，再专门使用海军出身的人员。为了筹划振兴海军，陆军部在光绪三十四年（1908）六月通告各省督抚，预先保荐熟悉海军的人才。

随着军制改革的深入，海军指挥机构日渐专职化，开始了从陆军部独立的历程。宣统元年五月二十八日（1909 年7月15日）清廷发布上谕，任命贝勒载洵和海军提督萨镇冰担任筹办海军大臣，在陆军部之外设立筹办海军事务处。筹办海军事务处下设参赞及8司，将南北洋各舰艇统一编为巡洋舰队和长江舰队。宣统元年，陆军部奏请清政府批准，将长江水师、江南水师、广东水师、福建水师、浙江水师武职各员弁的升、迁、调、转等各项事务划归筹办海军事务处管理①，各支水师的用人权进一步从陆军部分离出去，海军官员的任用也逐渐与陆军相区别。七月初五日（8月20日），筹办海军事务处奏准《拟定海军人员官阶职任》，自此以后，海军官制按照奏定的三等九级新官名目，从正都统到协军校，各级军官都加上"海军"字样，在职衔上与陆军存在较明显的区别②。

在办理海军的过程中，清政府开始意识到，与陆军相比，海军人才极为难得，必须区别对待使用。海军处在宣统元年专门拟定了海军学堂毕业生的调用办法，规定：所有调用海军学堂毕业生由陆军部考试甄别，分别确认等级，再决定是留在海军部帮同办理筹备海军，还是分派到各省扩充海军学堂，充当教习。同年底，军谘处拟定《海、陆军用人章程》，规定：以后海、陆军所用人员，如果不是各项专门学堂的毕业生，一律不准录用。对海陆军学堂毕业生的派遣，则规定：凡是陆军学堂的毕业生，海军处不准调用；海军学堂的毕业生，陆军部不准调用。之所以对海军人才调用做出专门规定，说明随着时间的推移，清政府对海军人才的录取调用更加专业、严格。区别取用海、陆军人才，有助于近代海、陆两军更加职业化、近代化。

① 刘锦藻：《清朝续文献通考》，卷227。

② 刘锦藻：《清朝续文献通考》，卷124。

清末海军发展，面临的人才短缺窘境一时间难以化解，海军处在取用人员方面大胆突破，用人范围不只局限于国内，也在海外华侨中选用专门人才。宣统二年初，海军处分别通电驻各国使臣，迅速在华侨中物色曾经学习海军的人才[①]。同时，海军处面向全国各地，大量奏调各类人才，委以重任。宣统二年三月初一日（1910年4月10日），海军处奏请将从各地选拔出来的人员留在海军处使用，这其中有26人被派充司员，23人被派充录事[②]。海军处对留学归来的海军人才很重视。宣统二年四月，海军处厘定学生奖章，规定：以后各毕业生回国考试合格，立刻照章给予奖励[③]。三年六月，海军部决定，待海军留学生毕业归来后考试合格，暂时分配到各练习舰船实地见习，其余人员等舰队成立后，再分别委任[④]。

为使海军处尽快从陆军部独立建制并加快发展。宣统二年二月二十九日（1910年4月8日），筹办海军大臣重新厘定了海军处各司职务，分设军制司、军政司、军学司、军防司、军医司、军枢司、军储司、军法司等8司，其中，军制司掌海军规制、考绩、驾驶、器械、轮机等事宜。军政司掌修造船舰、建筑工程等事宜。军学司掌海军教育、训练、谋略等事宜。军防司掌管铨选平衡各省水师将弁和侦测等事务。军医司掌海军卫生、疗伤、医药及军医教育等项事宜。秘书司改为军枢司，掌管全处人员升迁、调补、差缺、机密公牍、函电及承发文件等事务。军储司掌海军经费暨服装、军粮等项事宜。此外，增设军法司，掌海军军事裁判、风纪、法律等事宜[⑤]。

宣统三年，陆军部重新制定《海军处试办条规》，确定该处作为兴办

① 《海军人才之搜罗》，《大公报》宣统二年十二月初四日。

② 《海军处奏续调人员具奏奉旨由》，第一历史档案馆藏《会议政务处档案全宗》，第702卷。

③ 《海军处厘订学生奖章》，《大公报》宣统二年十月十九日。

④ 《海军留学生暂行练习》，《大公报》宣统三年六月初七日。

⑤ 张侠：《清末海军史料》，第518页。

海军的基础，有监察海军官员及兵轮、厂坞、学堂的权力。另外，陆军部筹措拟定了扩充海军、培养海军人才以及厘定海军章制的具体办法。将原设三司中的机要司改称海政司，运筹司改称筹备司，并补设储蓄司、医务司、法务司以及主计处。随着机构、建制、人才等各项条件的逐步具备，宣统二年十一月初三日（1910年12月4日），清政府谕令将筹办海军处改为海军部，将原设筹办海军大臣、参赞一并裁撤，设立海军大臣1员，副大臣1员。应设立的海军指挥机构海军司令部，暂归海军部兼署办理。贝勒载洵出任首任海军大臣，谭学衡担任副大臣。

海军部成立后，清政府向海军各级军官将佐授予三等九级的海军军衔。海军大臣载洵被授予海军正都统，海军副大臣谭学衡被授予海军副都统，长江舰队统制萨镇冰被授予海军副都统，并赏海军正都统衔，其余人员分别按等级授予相应军衔。海军军衔制的推行，推动了清廷海军的正规化、制度化建设。

重建大清海军

甲午海战失利后，清政府认为，日本获胜的原因，是不断购买外国新式舰艇，在装备的质量和数量上均超过北洋舰队的必然结果。复兴海军，购买欧美先进舰船最为适宜（即李鸿章所谓造船不如买船）。清政府可以选择欧洲最新式的舰艇，按照自己的要求设置技术装备，可以限定时间交船，以便及时完成建设和装备海军的预定计划。为此，清政府先后向各国定制购买了各种舰艇34艘，包括巡洋舰6艘，驱逐舰2艘，鱼雷艇12艘，炮艇14艘。购船计划面临着财政窘境。由于需要支付战争赔款，清政府在财政上捉襟见肘，便退而求其次，积极谋求自主建造舰艇船只。在甲午海战结束后到宣统退位的16年间，福州船政局和江南制造总局共造出9艘舰艇。其中福州船政局造成

“福安”运船，“吉云”拖船及“建威”“建翼”“建安”鱼雷快船。江南制造总局也造出“甘泉”“安丰”“联鲸”及“澄海”4艘炮艇。

海军军港和基地建设也是清末海军发展的重点。《辛丑条约》签订后，重建海军军港的事宜提上了议事日程。浙江象山成为清政府重点建设的军港基地。光绪三十二年（1906），兼署闽浙总督崇善认为象山港口宽6公里，水深7—50米，群山环抱，六横山横塞其冲，可以作为屏障，应该开辟为军港。次年，萨镇冰亲自前往勘察，称赞象山港口势纤长，群山环绕，深藏可守，是建设海军根据地最理想的地点。宣统元年，肃亲王善耆在《遵筹海军基础折》中，提出选择浙江象山作为海军根据地，应先进行开筑，并做出具体规划。至此，经营象山军港开始进入实施阶段。但由于经费的缺乏，军港工程迟迟不能全面开工。直到宣统三年，帮办军港事务的曹嘉祥和署理巡洋舰队统领吴应科才在象山购买土地4000亩、房屋600间，计划用作军港建筑的厂坞。不久，辛亥革命爆发，已经开工的象山军港工程陷入停顿。

组建舰队是重建海军的重中之重。宣统元年（1909），清政府成立巡洋舰队和长江舰队，任命程璧光为巡洋舰队统领（舰队司令），任命沈寿堃为长江舰队统领。次年腊月，清政府任命海军提督萨镇冰担任巡洋、长江舰队统制（海军司令），确定了舰队的编制、人员和装备。舰队成立后，确定由巡洋舰队负责北起辽河口、山海关，南达雷州半岛的外海警卫巡逻范围，规定每年由北到南、由南到北为一组，分别巡逻两次；确定由长江舰队负责东起吴淞，西到宜昌的长江江防范围，每年分批巡逻。

海军专门学堂的建设也是重建大清海军的基础工作。光绪二十九年（1903），重建的北洋海军已经粗具规模，急需海军人才。然而，北洋海军原有的威海水师学堂和天津水师学堂早已相继解散，当时的北洋海军已无培养海军人才的学校。海军帮办萨镇冰遂在烟台金沟寨筹建烟台海军学堂。学制期限为3年，共毕业7届161名学生，是清政府新建海军学校中成就最高的1所。

同年，清政府在江苏江阴成立南洋海军电雷学堂，学习英文、数学、物理、化学、电雷等课程，并专门开设实习课。3年后，第一期学生共75人期满毕业。由于清政府财政紧张，该学堂被迫停办。宣统元年，湖广总督张之洞设立湖北海军学堂，仿照江南水师学堂的章程办理，仅有33名毕业生。这两所海军学校规模小，没有什么成效。

七

兄终弟及　事不过三

SHUDU QINGSHI QINGCHAO FUWANG

數讀清史清朝覆亡

帝后的最后四十八小时

光绪三十四年十月二十一日（1908年11月14日）的傍晚（酉刻，下午5点至7点），年仅38岁的德宗（爱新觉罗·载湉），躺在冰凉寂静的中南海瀛台涵元殿，离开了人世。

世界上的事情竟是如此凑巧，就在德宗病危之际，他的母后（实际上是伯母和姨妈）兼政敌叶赫那拉氏也已病入膏肓，并在不到24小时之后辞世。

在48小时内，两位清王朝最高统治者相继离世，让后人对此自然产生种种猜测、怀疑。究竟两人是如何走向死亡的？在去世过程中，究竟发生了什么？后人对此众说纷纭。

让我们把目光投向两人离世前的48小时，来看看究竟发生了什么吧。

德宗从小在慈禧太后的威严管教下，成长过程中一直存在心理阴影。尽管亲政后努力推行变法，但用人不慎，导致“百日维新”失败，被慈禧太后无情地夺去所有权力，在严密的监视下，愁病交加，心情十分抑郁。庚子事变期间，还一度过着颠沛流离的生活。回到北京后，德宗的境遇虽然得到一定程度改善，但没有根本扭转。他的健康状况也一直不太好，是个“老病号”，患有多种慢性病，经常看病吃药。

他多年以来，一直患有遗精的痼疾。光绪二十四年九月初四日（1898年10月18日），法国驻京使馆医官多德福曾经到瀛台为德宗治病。德宗亲自书写了《病源说略》当面交给了多德福。经过听诊，多德福认为德宗患有“腰败”的病。同时也认为，德宗的遗精，是因为小肚子皮肉那里虚弱无力，不能阻止精子的溢出，所以应该先设法治疗“腰败”，然后才能止住遗精。以后，德宗的病情越来越严重。光绪三十三年（1907），德宗在《病源》中承认，遗精的毛病将近二十年，前几年每月一定发作十几次，近几年每月不过两三次，而且有不做梦遗精的情况，尤其在冬天状况比较严重，此痼疾拖延多年。德宗还身患多种疾病，腿膝足踝永远发凉，稍感风凉就会头疼体酸，耳鸣脑响也将近十年，腰腿肩背酸沉，每天必须让人按摩……德宗久病不愈，慈禧太后下令征调吕用宾、周景涛、杜钟骏、施焕、张鹏年等各地名医会诊。在悉心调养下，从光绪三十四年九月中旬（也就是逝世前一个月）以后，病情有逐步好转的迹象，诊治医师屈桂庭观察到，德宗的呼吸逐渐进入常态，用药颇有效果，病状也颇有进一步减轻的倾向。那么，为什么一个月后病情又急转直下，以至不治呢?

光绪三十四年八月（1908年9月），慈禧太后病倒。多年的隐忍，让德宗在得知消息后，喜形于色，被好事者当作可以进一步陷害他的有力证据。当十月初十日（1908年11月3日）为慈禧太后生日祝寿时，有人对慈禧进谗言，说德宗听到太后生病，脸上带着喜色，慈禧太后十分生气，当面怒斥光绪帝说：“我不能先你而死！”[①]与此同时，慈禧太后已经在制造德宗病重的舆论，以方便下一步的行动。她对张之洞说：“皇上病日加剧，头班用药不

① 恽毓鼎：《崇陵传信录》，转引自《近代稗海》第13辑。

效。”[1]从十月初十日至十五日（11月8日）6天中，德宗都会到仪鸾殿慈禧太后的住所请安，并陪同太后到颐年殿听戏，还陪侍吃早、晚饭。只是到了十六日（11月9日）才稍有变化，从这天起到十九日（11月12日）4天中，德宗仅仅到仪鸾殿皇太后面前请安，而没有陪膳、听戏等活动。

再从处理政务的情况看，据时任军机章京的许宝衡说，由于慈禧太后患感冒伤风，十月十二日、十三日没有召见军机大臣，到十四日上午九时，才在勤政殿召见他们；十五日，有外国使节觐见，两宫都在勤政殿接见；十六日，慈禧太后、德宗在瀛台召见了礼部尚书溥良、直隶提学使傅增湘，没说几句话就结束了召见。慈禧太后神情十分疲惫，德宗的面色也非常暗淡。也就是说，到十六日为止，德宗的身体状况基本是正常的，不但能依惯例坚持每日向皇太后“请安”（甚至坚持到了十九日上午），而且可以参与政务活动。再从一些目击者的观察来看，德宗当时的身体状况也没有挨不过十月二十一日这个“大限”的样子。翰林谭祖庵、宫内伶人教师田际云认为，德宗死前的两天，步行游览水滨，他的意态十分活泼。内务府三席大臣增崇接到德宗病重的通知后也曾回忆：“前天，内务府次席大臣继禄受命带大夫请脉后，他下来说，带大夫的时候，上头还站着呢！”[2]更早些时候，陆润庠为德宗“请脉”后，甚至语出惊人，认为德宗本来没有什么病症，即使有病，也不过是肝郁而已。只要他的心情稍微平顺，应该会自然痊愈，何必吃药呢！当事人的有力证明，说明十七日前，德宗并没有出现病危的迹象。

然而，德宗的病情加重，是在十月十七日晚上。当晚，内务府紧急召见由浙江巡抚推荐的医师杜钟骏，突然告诉他光德宗病重，杜医师到前门时，一个骑马者奔驰而来说：“快去，快去！”走了没多久，内务府又派来一个前来催促的骑马者，到内务府公所，周景涛已请脉下来，说：“皇

①② 杜钟骏：《德宗请脉记》，转引自《近代史资料》总122号。

上病重。”杜钟骏诊脉后，就向内务府次席大臣继禄及六位军机大臣（奕劻、载沣、世续、张之洞、鹿传霖、袁世凯）通报德宗的病情，认为病情不出四日，必有危险。十八日，杜钟骏再次请脉的结论是：“脉疾而细，毫无转机。”[①]这一天西医屈桂庭（字永秋，毕业于北洋医院）这样描述德宗的病状：“是日，帝忽患肚痛，在床上乱滚，向我大叫，‘肚子痛的了不得’。”[②]当时中医都已离去，左右只剩下内侍一二人。因为慈禧太后也身患重病，宫廷无主，情形慌乱如同一盘散沙。德宗所居住的地方更加孤寂，没有人管事，而最让人惊异的是皇帝不断喊肚子痛，这是与他之前病情不存在什么联系的地方。按照屈桂庭的判断，德宗十八日的症状与他以前的病情几乎没有联系，完全是一种突发的新情况，可以说是风云突变，险象环生。这一天，德宗已经不能坐起来，他没有召见军机大臣，原定要接见日本侯爵锅岛直大的安排也临时撤销，而慈禧太后的病情也在加剧，当天没有吃东西。十九日，德宗没有召见大臣。

与此同时，皇宫内的警卫也日渐增多。到十九日晚，宫内更是采取了极为罕见的举措，增加兵士守卫，禁止内外臣工出入宫门。宫门之外，自军机以下的各文武大臣守卫森严。医师杜钟骏提及，十九日夜，他和其他医师被突然叫醒，听说宫内电话传出消息，预备宾天的仪式。同时，恽毓鼎（时任御史兼起居注官，是光绪帝的近臣）也记载了宫内各太监出东华门理发，争着说皇帝已经驾崩的情况。

十月二十日（1908年11月13日），慈禧太后在德宗病危之际，她已开始考虑为德宗立嗣之事。她秘密召见世续、张之洞，征询为德宗立嗣的事情。世续、张之洞一致建议要立就立一个成年的国君，这是社稷的福气，直接立

① 杜钟骏：《德宗请脉记》，转引自《近代史资料》总122号。

② 屈桂庭：《诊治光绪帝秘记》，转引自陈赣一《向斋谈往》。

军机大臣载沣为国君。慈禧太后的思路有所不同，她认为还是应当为穆宗立后，提出让载沣的儿子溥仪继承皇位，由载沣主持国政，从公义私情两方面来看，都不会有什么遗憾。张之洞知道慈禧太后的主意已定，就退而求其次，请她先给载沣名分。慈禧太后接受了张之洞的建议，任命载沣担任监国摄政王，也采纳了由宣统帝兼祧同治、光绪两位皇帝的谏言。二十、二十一日，慈禧太后连发三道上谕："醇亲王载沣之子溥仪著在宫内教养，并在上书房读书""醇亲王载沣授为摄政王""朝会大典、常朝班次，摄政王著在诸王之前"[①]。她接纳了军机大臣世续和张之洞的意见，立醇亲王载沣的儿子溥仪为子嗣，任命载沣为摄政王。对德宗身后事预先进行了安排。

就在德宗病危之际，慈禧也已病入膏肓。但她秉性刚毅顽强，神志也依然清醒，她强撑病体，接连召见了世续、张之洞等人，又连发"摄政王载沣之子溥仪著入承大统为嗣皇帝""嗣皇帝继穆宗毅皇帝为嗣，兼大行皇帝之祧"及"嗣皇帝尚在冲龄，正宜专心典学，著摄政王载沣为监国。所有军国政事悉秉承予之训示，裁度施行"三道懿旨[②]，在两天内，慈禧太后做出了重大的抉择，她选择了溥仪作为下一任皇帝的接班人。

慈禧太后的体质一向强健，尽管平时患有肠胃不适的病情，但对她而言，些许小病不影响她的政务活动。尽管已是70多岁的老人，每天操劳国事，但精力十分旺盛，丝毫没有老年人一般的衰老症状，她自己也经常说能够长寿。

但是从光绪三十四年（1908）六月以后，慈禧太后的身体突然间开始变得糟糕。到了九月，又患上了腹泻症。久治不愈，腹泻的症状越来越严重。十月初六日（10月30日）起，太医院张仲元作为主治，经会诊后，认为慈禧

① 中国第一历史档案馆：《光绪宣统两朝上谕档》第34册，第243～244页。

② 中国第一历史档案馆：《光绪宣统两朝上谕档》第34册，第247页。

太后的身肢力软，消耗很大，生命力已十分衰弱。

十月初十日（11月3日），慈禧太后74岁寿辰，宫内举行盛大的仪式，请了京内最好的厨师，准备了100多道菜肴，连续庆贺6天。在盛宴上，慈禧太后特别高兴，喝了几杯白酒，又吃了不少菜。第二天，慈禧太后就感到腹痛。而她连续六天出席筵席，对她的病情影响更大。

十月十四日（11月7日），慈禧太后的病情明显加剧，严重腹泻且便带脓血。此后，慈禧太后的病情一天比一天严重。十月二十一日（11月14日），光绪帝逝世，慈禧太后的病情急转直下。在临终前，慈禧太后感到自己将要不久于人世，连发了两道"懿旨"，安排后事。第一道是命摄政王载沣监国，所有应该遵行的礼节，由内阁各部院会议具奏。第二道是清廷如果遇有重大事件，必须请皇太后（隆裕太后）"懿旨"，由摄政王随时面请施行。

这样，在她生命的最后时刻，她终于交出了掌控近半个世纪的政权。

在遗诏中，慈禧太后强调自己几次垂帘听政，不知内情的人，以为她贪恋权势，实际情况是形势所迫，她不得已而为之。在为自己辩解后，在遗诏的最后，她却说出不要再出现妇人干预国家政治的现象，这与清朝家法相抵触，必须严加限制，而且特别需要严防太监干政的话。这些话出自作为妇人当政近50年，而又十分宠信太监的慈禧太后之口，极具讽刺意味。

二十二日（11月15日）未刻，慈禧太后命归黄泉。

二十五岁的摄政王与三岁的幼帝

末代皇帝登基

光绪三十四年十月二十二日（1898年11月15日），统治了中国近半个世纪的女强人慈禧太后死去。临终前，她把宣统帝的生父，醇亲王爱新觉罗·载沣扶上了监国摄政王的关键位置。

这一重大任命，使年轻的醇亲王一下子手足无措，他的性格、能力、阅历，无论哪一项都不适合已陷入空前统治危机的清王朝。但时局已演变到目前地步，载沣无论如何也要驾驶着这辆破车继续向前开。

在处理完德宗、慈禧太后两宫的丧事后，载沣带着3岁的溥仪在紫禁城举行了新帝登基大典。大殿外，锣鼓喧天，旌旗如帜，内外大小臣工山呼万岁；大殿内，年轻的摄政王坐在年幼的皇帝身边，接受着大臣们的叩拜。在中和殿的时候，内务府大臣刚刚开始行三跪九叩礼的时候，溥仪被这架势吓坏了，开始放声啼哭，小皇帝的声音特别高，特别尖，大臣们跪也不是，不跪也不是，大典只好草草收场。

太监们赶快抱着小皇帝赶往太和殿。那里，文武百官们早已等候多时，溥仪从来没有见过这么多的人，吓得哭着往外跑。载沣在大臣们的注视下，抱着小皇帝哄着他坐到了高大庄严的宝座上。他跪在溥仪的身边，以防他从宝座上溜下来，还连声叮嘱他别乱动。哪知道溥仪根本不听劝解，哭闹着要回家。

大臣们不知所措，情急之下，载沣命太监按住溥仪，接受大臣们的朝拜。溥仪被按在宝座上动弹不得，便放声大哭，整个太和殿内充斥着小皇帝的哭声。载沣在一旁劝慰："别哭别哭，快完了，快完了！"[①]于是登基大典在载沣"快完了"的劝慰声中匆匆结束。

大臣们私下里议论纷纷，摄政王的话太不吉利，怎么能在庄严肃穆的正式场合说出这样的话呢？

"快完了！"虽是无心之语，但恰恰预示着清王朝的最后岁月已时日无多。果不其然，3年后，清王朝便轰然倒塌，2000多年的封建帝制结束了。

载沣监国

载沣监国后，先后烧了三把火，来加强皇族亲贵的权力。首先，他要除去袁世凯这个心腹大患，以泄戊戌年告密之愤。

当然，载沣肯定没有见到德宗，他一直在宫内等候消息。宣统帝继位后，载沣基于情理，都必须处置袁世凯，以树立个人的威信。在军机大臣中，张之洞、袁世凯的影响很大。慈禧太后驾驭袁世凯的策略侧重于抑制，对张之洞则寄予辅弼皇家渡过危难的希望。载沣当上监国摄政王，与张之洞的力荐分不开。自始至终，载沣对张之洞都十分尊敬。

① 爱新觉罗·溥仪：《我的前半生》，第37页。

对于袁世凯，载沣必须采取打压的策略。光绪二十七年（1901），袁世凯在得到李鸿章临终前的推荐后，他的官运开始平步青云，先后出任直隶总督兼北洋大臣等要职。《辛丑条约》签订后，清政府开始实行"新政"，袁世凯出任练兵处的会办大臣，主持训练新军，进一步扩大了自己的军权，掌握北洋新军六镇，从此成为对朝野具有举足轻重影响的重臣。袁世凯的飞黄腾达引起了皇族亲贵的嫉恨。慈禧太后也开始注意压制袁世凯，以防他的权势进一步扩张，因此，光绪三十三年（1907），袁世凯与张之洞同时调到军机处，兼任外务部尚书。袁世凯一贯善于收买人心，他与庆亲王奕劻早就联合起来，在外务部任职后，他在内政和外交上也拥有了更多的话语权。

慈禧太后临终时确定了立嗣大计，袁世凯与奕劻被排挤在外。载沣摄政初期，对袁世凯的态度十分冷淡，袁世凯也以退为进，每天上朝都要人搀扶，并多次请求开去各项差缺，向载沣暗示自己并没有太大的政治野心。载沣要控制朝中局势，必须首先夺去袁世凯的军权，但此时袁世凯的羽翼已经形成，没法在短时间内杀他。载沣最初想用"揽权跋扈植党营私"的罪名杀袁世凯，军机大臣张之洞对载沣的决定很不以为然，他生怕杀袁世凯会造成政局不稳，而他也看到载沣过分倚重亲贵，引起他身为汉人大臣的不安，但也无力改变亲贵集权的现状。光绪三十四年十二月十一日（1908年1月2日），载沣还是以袁世凯身患足疾为借口，罢免了他的各项职差。

袁世凯在罢免诏令没有发出之前，一直感到极度不安，以为载沣要杀他，张皇失措回到锡拉胡同本宅，聚集亲信、僚属、门客，商讨对策。他一度想逃到东交民巷，寻求外国公使们的保护，但因为袁世凯不属于政治犯，列强也可能不愿庇护他，暂不考虑。最后，罢黜袁世凯的谕旨发出后，袁世凯侥幸保全了性命。

袁世凯手下的北洋将领尽管对载沣排袁的决定不满，但并没有人公开反对。列强对袁世凯去职的态度也各有不同。袁世凯在位时亲近英美，疏远日本，日本政府认为袁世凯罪有应得，英国政府表示同情，对载沣的决定不满。

袁世凯下台，表面上回洹上村垂钓，向外界显示自己安心静养，对政治已失去兴趣，但他依然通过各种秘密渠道与亲戚故旧保持着书信往来，同时他继续结交朝中的达官显贵，与核心幕僚商议应对清政府政治危机的策略，企图东山再起。

为进一步清除已经遍布朝野上下的袁世凯党羽，载沣相继采取了不少措施。宣统元年正月（1909年3月），载沣勒令将邮传部尚书陈璧革职，永不叙用；学部侍郎严修退休；锡良接任徐世昌的东三省总督重任，徐世昌调任邮传部尚书；二月，民政部侍郎赵秉钧也被勒令退休，由善耆接任，北京的警察权被亲贵们掌握；五月，直隶总督杨士骧病故，端方继任；宣统二年正月，铁路总局局长梁士诒被撤职；不久，江北提督王士珍借口生病主动辞职。袁世凯在朝中的最大后台庆亲王奕劻的地位也岌岌可危。

在载沣的授意下，从宣统元年二月到十二月（1909年3月—1910年2月）御史江春霖效仿宋代清官包拯，连续上了7道奏章，弹劾江西巡抚冯汝骙。十二月，江春霖直接上奏弹劾奕劻。在奏章里，江春霖列举了袁世凯、奕劻的罪孽，认为戊戌变法失败，是袁世凯告密所导致，袁世凯卖主求荣，得罪了先皇光绪帝，就勾结庆亲王奕劻，排斥异己，在朝中到处安插眼线，包藏着更大的野心。这道奏章让载沣认为江春霖是在胡说八道，下令他仍然回到原来的衙门，但准许江春霖的多道奏章在各大报纸上转载，对奕劻有警示的作用。

集权亲贵

在排挤了袁世凯、奕劻及其党羽后，载沣移植了德国的做法，集军权于亲贵。他建立禁卫军，培植私人武装力量。光绪三十四年十二月（1909年1

月），载沣派载涛、毓朗、铁良选拔精壮的陆军士兵以及闲散的宗室亲贵组成禁卫军，给予优厚待遇，专门负责保卫皇帝和内廷的安全，由他亲自统辖调遣。他下令重整海军，派善耆、载涛、铁良、萨镇冰4人筹划重建海军，奕劻作为总稽查进行核实。宣统元年五月二十八日（1909年7月15日），载沣以宣统帝的名义，确定了军事统帅权的归属，海军从陆军部中独立出来，设军谘处辅佐皇帝统筹全国陆海军建设，成为载沣集军权于自身的总参谋部。载沣的做法，引起了湖广总督陈夔龙、江苏巡抚瑞溦的反对。

除了集军权于亲贵外，载沣还在中央政权中安插亲贵。宣统元年，清廷12个部的尚书及包括外务部总理大臣、会办大臣在内的14人中，满族亲贵有9人。他还赏给两个弟弟载洵、载涛郡王头衔，这在清王朝历史中非常罕见。载沣集权于亲贵的做法，导致亲贵间争权斗争激烈：载洵把持海军，兼办陵工，与毓朗合为一党；载涛统领军谘府，侵夺陆军部大权，与良弼结为一党；肃亲王结纳沟通报馆，占据民政部，领天下警政，为一党；溥伦是宣宗长曾孙，暗地勾结议员，为一党；隆裕以母后之尊，重用太监张兰德，为一党；载泽是隆裕的姻亲，也曾出国考察，他把持财政大权，创设监理财政官、盐务处，为一党；载沣福晋也暗地联络娘家，收受贿赂，为一党；庆亲王奕劻别树一帜，与袁世凯结为奥援，又与列强互通声气，也是一党。亲贵集权是载沣监国的最大失误，他偏激地把政权集中到满人，特别是亲贵手中，激化了原已存在的满汉畛域，在预备立宪期间，又拒绝了汹涌澎湃的速开国会的民意，特别是皇族内阁的出台，将立宪派、地方督抚这些原本拥护自身统治的力量推向了革命的阵营，在武昌起义爆发后，清王朝的倒台也只是时间问题。

八

三次请愿『速开国会』

SHUDU QINGSHI QINGCHAO FUWANG

数读清史清朝覆亡

第一次请愿

清政府在光绪三十二年（1906）颁布预备立宪的上谕后，举国上下人心为之振奋，纷纷组建研究实施宪政的团体，推动清政府落实宪政实施的具体内容。设议院、开国会、实行地方自治、选举民选政府提上了议事日程。但清政府宣布立宪的目的是为了保皇位、重君权，不愿真正放权于民。为敦促清政府尽早实现立宪政体，立宪派展开了各种活动，请愿速开国会就是其中一项重要内容。光绪三十三年秋天，宪政讲习会会长熊范舆领衔向清政府递交了要求速开国会的请愿书。三十四年七八月间，政闻社和预备立宪公会在国内展开了请愿速开国会的活动。但就在这时，清政府封禁了政闻社，又颁布了《钦定宪法大纲》，宣布各省谘议局应在1年内一律开办。因此，各省立宪派的主要精力都转向谘议局议员的选举活动，请愿召开国会的事情暂时搁置，但立宪派并未放弃努力。预备立宪公会会长郑孝胥、副会长张謇、汤寿潜两次致电宪政编查馆王大臣，力争在两年内召开国会。但到这年十一月十三日，预备立宪公会举行年会，决定明年工作进行的方针，以提倡地方自治为主。宣统二年九月（1909年10月），各省谘议局开幕，立宪派分子在各省谘议局中取得了越来越多的席位，地位十分稳固。于是，请愿速开国会运动又重新逐步走向高潮。张謇、汤寿潜、郑孝胥等立宪派首领以预备立宪公会的名义致电各省宪政团体，呼吁采取统一行动，敦促清政府迅速召开国会。当年十月，在江苏谘议局议长张謇的推动下，黑、吉、直、鲁、浙、闽、粤、晋、湘、川等15省代表陆续抵达上海，会集在预备立宪公会事务所，讨论联合请愿事宜，决定派遣各省请愿团前往京师，推举福建谘议局副议长刘崇佑为主席，江苏谘议局议员孟昭常、福建谘议局书记林长民为书记，在年底进京，请愿迅速召开国会。

他们先后掀起三次声势浩大的请愿速开国会运动。第一次请愿活动如下：

宣统元年十月十四日（1909年11月26日），直、奉、吉、黑、晋、鲁、豫、鄂、湘、赣、皖、浙、闽、粤、桂、苏16省代表50多人陆续到达上海，在预备立宪公会事务所集议。陕、甘、川、云、贵等省因路远未及参加。十月十五日起，请愿国会代表团谈话会正式举行。张謇为首的立宪派确定了国会请愿运动的方针：这一方针反映在会议结束后，张謇所写《送十六省议员诣阙上书序》中，该序称："输诚而请，得则国家之福，不得请而至于三，至于四，至于无尽，诚不已，则请亦不已……即使诚终不得，不得请而至于不忍言之一日，亦足使天下后世，知此时代人民固无负于国家，而传此意于将来，或尚有绝而复苏之一日。"[①]会议决定组成代表团到北京向都察院呈递请愿书，请愿书限定各省谘议局议员签名，递呈请愿书按照《清会典》所列出的各省次序，由直隶代表作为领衔，在直隶3位代表中，大家推举孙洪伊领衔。请愿书中心思想是要求在两年内迅速召集各省代表，召开国会。第三天又确定了32名进京代表，组成请愿代表团，名称定为谘议局请愿联合会。

各省代表陆续到达北京。这时，原政闻社社员徐佛苏也奉梁启超之命来

① 张謇：《送十六省议员诣阙上书序》，《国风报》1910年第2期。

到北京，参加请愿活动。梁启超通过徐佛苏和请愿代表孙洪伊、汤化龙、林长民等人直接通信，开始了政治合作。宣统元年十二月初六日（1910年1月16日），请愿代表由孙洪伊领衔到都察院呈递请开国会的请愿书。这份请愿书是林长民起草、经张謇修改定稿的。重点是在“速开”两字。他们提出的具体要求是在1年内召集国会。孙洪伊等人向都察院呈递请愿书后，都察院并没有立即代奏。代表求见都御史，也没被接见。十一日（21日）到十八日（28日），他们到处求见军机大臣和近支王公，痛陈其中的利害关系。最初的反应似乎还算顺利：庆亲王奕劻和尚书那桐都表露出赞成的意思，世续和戴鸿慈经过问答后，被请愿代表们感动，内心中也十分赞同。载涛表示非常希望国会早日召开，可以挽回面临的危局。毓朗表示应当竭力帮助他们。直隶总督陈夔龙，两广总督袁树勋，奉天、吉林、山东各省巡抚和一些出使各国的外交官，也致电清政府，呼吁顺应舆论的要求，迅速召开国会。十八日，请愿书最终由都察院代为呈递给决策者。

面对立宪派的请求，摄政王载沣为首的清政府对召开国会心存疑惧，而且在他们看来，九年预备已经写入上谕，当然不应该因为32个代表的一纸请愿书就匆忙缩短。为了回答这次请愿，两天以后，就颁发了一道上谕。上谕称赞各省代表“请速开国会”一折“具见爱国悃忱，朝廷深为嘉悦”，“惟我国幅员辽阔，筹备既未完全，国民智识程度又未画一，如一时遽开议院，恐反致纷扰不安，适足为宪政前景之累”。故特地明白宣示，等将来九年预备已经完全实现，国民教育普及，“届时朕必毅然降旨，定期召集议院，庶于励精图治之中，更寓慎重筹维之意”[①]。事实上拒绝了这次要求速开国会的请愿。

① 《俟九年预备完全定期召集议院谕》，载《清末筹备立宪档案史料》下册，第641～642页。

第二次请愿

第一次请愿失败后，立宪派并没有灰心。十二月二十七日（1910年2月6日），在京请愿代表决定按照请愿前的方针，立即着手发动第二次请愿运动。第二次请愿定在三四月间进行，各省代表应当在二月二十日（3月30日）前赶到北京。各省请愿代表还通电海外华侨，邀请华侨推举代表来北京，与各省代表同时请愿。留京代表在京师设事务所，组织报馆（这个报社后定名为《国民公报》，由徐佛苏担任主编）， 宣传迅速召开国会的必要性和迫切性，使北京政界人员人人知道国会的性质，去除他们的疑惑和恐惧，让他们对此产生感动。不久，请愿代表发动各省团体，要求他们用绅民的名义，自发推举代表签名，向清政府请愿。签名的人，必须分布在各府厅州县，不能局限在省城，人数越多越好，如果第一次签名人少，就再进行第二次、第三次的发动，这样既可以积累雄厚的实力，也可以借此唤起一般国民。

二月四日，民政部六品官员黎宗岳担心他势单力孤，联合在北京的同志数百人，组织国会期成会，作为请愿代表的后援。他们还先后致书各省谘议局、教育会、商会各代表在三月初十日（4月19日）前到北京，会同国会期成会联名上书，声援谘议局请愿联合会。这样，国会请愿活动的社会声势更加浩大。

五月初，各省国会请愿同志会的分会先后成立，请愿代表开始陆续赴京，第二次请愿的时机逐渐成熟。六月间，抵达京城的各省请愿代表已达150多人。他们所代表的民众号称30万人。四月初八日（5月16日），请愿代表80多人前往都察院呈递十份请愿书，主要包括直省谘议局议员代表孙洪伊等，直省商代表沈懋昭等，直省教育会代表雷奋等，直省政治团体代表余德元等，直省绅民及旗籍绅民代表李长生、文耀等，东三省绅民代表乔占元等，苏州及上海商会代表杭祖良等，江苏教育会代表姚文枏等，南洋雪兰峨三十六埠中华商会代表、澳洲华侨代表陆乃翔等。上书的言辞比第一次请愿更加激烈。请愿书中说：有国会，然后才可以举行宪政。没有国会，那么所宣称的筹备立宪都是空言。这已经是在指斥清政府的筹备立宪。请愿代表上书中更明言："今日时势，主少国疑，民穷财尽，外患鸱张，饥馑四告，革命党又前仆后起，如燎方扬。民情隔阂而不通，政治敷衍而无实，弭乱救亡之策非开国会果有他术乎？"[①]

摄政王载沣得知各地请愿代表陆续抵达北京的消息后，曾多次向军机大臣询问是否应当迅速召开国会，以应对民意，军机大臣们均不置可否。各省请愿代表上书后，五月十五日（6月21日），都察院将意见书的内容上奏。二十一日，载沣再次召见各衙门官员，议定仍需等待九年筹备完全后才可以召开国会。当天颁发上谕，申斥请愿代表："议院一开，即足致全功而臻郅治，古今中外亦无此理。"[②]清政府宣称一定要等到九年筹备完全，再颁布圣旨，定期召集议院。最后，清廷还警告请愿代表："宣谕甚明，毋得再续

① 《国会请愿代表上摄政王书》，《时报》宣统二年（1910）六月十五日。

② 《仍俟九年预备完全再定期召集议院谕》，故宫博物院明清档案部编《清末筹备立宪档案史料》下，第65页。

渎请。”[1]

这道上谕下来，对于请愿代表而言，无异于迎头浇下了一盆冷水。第二次请愿也宣告失败。

接奉上谕后，请愿代表们立即商讨对策。他们决定扩大代表团的组织，在京各省各界代表一律可以加入。他们成立了请愿速开国会同志会，选出孙洪伊、方还、黎宗岳、周树标、邓孝可、文耀等10名职员以及雷奋、孟昭常、徐佛苏等8位编辑。代表们还致函各省团体，要求他们在各省尽快成立分会并督促各府、厅、州、县成立分会，联络和发动广大人民参加请愿运动。代表们还决定，由江苏、广东、直隶3省承担发动各省和海外华侨的工作。例如，江苏省派人前往浙江、安徽、江西、湖北、湖南各省。广东省派人前往海外以及广西、福建各省。直隶省则派人前往东三省、山东、山西、河南各省。除派人到各省联络游说外，希望各省能够大张旗鼓，震撼民众的耳目。并议定第三次请愿在次年三月，改向资政院上请愿书，同时请各省督抚代奏。他们特别强调：3次签名，必须普及农工商各界，人数每省至少必须在百万以上。

这时，由徐佛苏主稿的《国会请愿同志会意见书》发表，系统地阐明了立宪派在请愿国会问题上的主张。全文共分3个部分。第一部分论证中国如果能够迅速召开国会，才是能够革除一切贫弱的根源：只要迅速召开国会，就可以消除君民隔阂之弊、官僚不负责任之弊以及财政困窘之弊。文章特别强调，召开国会可以凝聚人心，中国迅速召开国会，士民已经有议政的权利，忠君爱国的感情就会油然发生，自然应当受到国法的约束，肯定不会东奔西突，超越范围，引起横霸的非议。中国人也会认为，既然有代表参与政治，

① 《仍俟九年预备完全再定期召集议院谕》，故宫博物院明清档案部编《清末筹备立宪档案史料》下，第65页。

他们也能各安职守，不至于越出地位，代为谋划。只要召开国会，就会达到四海归心，国是大定，人人都能享受到宪政所带来的幸福的目的。寥寥数十条宪法就可以将民众纳入轨道上来，又何必拖延不下决心，一定要在民情破裂之后，才开始图谋挽救呢？文章的第二部分则论证了中国具备速开国会的相关条件，批驳了反对者所讲的诸如国民程度不足、宪政各事筹备还不完全等种种谬论。第三部分论证了要迅速召开国会，必须事先具备政党组织，并且把国会请愿同志会称为此类政党的雏形。

七月二十七日（8月31日），梁启超在《国风报》上发表了长文《论政府阻挠国会之非》，表达了对清政府拒绝早开国会的愤慨。这时，广州新军起义、长沙抢米风潮和莱阳抗报抗税等斗争已相继发生。梁启超对清政府的冥顽不化忍无可忍，大胆断言：如果在宣统四五年以前召开的话，还可以确保国会的存在；如果做不到，那么以后永远不可能再有开设国会的时机。

第三次请愿

第二次请愿失败后，立宪派不仅不打算就此罢休，他们决定立刻采取措施，迫使清政府就范。他们倡导不纳税主义，要各省谘议局在国会没召开以前，不得承认新租税，并且必须由谘议局限制民选资政院议员，一概不再承认新的租税。同时，各省谘议局当年的通常会议上，应只限于要求速开国会一个议案，如果不能达到目的，各省谘议局议员应该同时辞职，来破除狡猾的假立宪主张。

宣统二年九月（1910年10月）立宪派又发动了第三次国会请愿运动，要求速开国会。

江苏谘议局议长张謇发起各省议长联合进京请愿的运动，使这次请愿声势更盛。此前，各省谘议局联合会成立，推举湖北谘议局议长汤化龙为会长，四川谘议局议长蒲殿俊为副会长并在后来推举孙洪伊担任干事长。他们认为，前两次上书都是只通过都察院要求转呈，声势不大。这次则要向监国摄政王、都察院、资政院及各省督抚上书，进一步扩大影响。

九月初五日（10月7日），第三次请愿国会的行动开始了。这天，国会请愿代表团孙洪伊等20余人持请愿书赴摄政王府呈递。临行前，东三省旅京学生赵振清、牛广生等17人整队而来，向代表们慷慨陈词。他们还写了血书。请愿代表到达摄政王府，再次遭到冷遇。载沣借口外出拒绝接见，代表们露宿摄政王府前，载沣眼看实在拖不过去，只好让肃亲王善耆出面会见代表并承诺在次日负责代陈。请愿代表将请愿书交给善耆后返回。初七日（9日），请愿团又来到资政院呈交请愿书，秘书厅厅长金邦平出面接收。请愿代表再次拜见庆亲王奕劻、肃亲王善耆、毓朗、载泽、那桐、徐世昌等重要臣僚，陈述国会不可不开的理由，以及人民渴望迅速召开国会的情状，痛哭流涕。在场的王公大臣均为之动容①。

九月二十日（10月22日），资政院第七次会议讨论陈请速开国会议案。会场上出现了前所未有的热烈场面。这次国会请愿，由于地方督抚们的加入，使清政府的威信进一步丧失。九月二十二日（10月24日），除直隶总督陈夔龙、两江总督张人骏两人外，东三省总督锡良、湖广总督瑞澂、两广总督袁树勋、云贵总督李经羲、伊犁将军广福、察哈尔都统溥良、吉林巡抚陈昭常、黑龙江巡抚周树模、江苏巡抚程德全、安徽巡抚朱家宝、山东巡抚孙宝琦、山西巡抚丁宝铨、河南巡抚宝棻、新疆巡抚联魁、江西巡抚冯汝骙、湖南巡抚杨文鼎、广西巡抚张鸣岐、贵州巡抚庞鸿书等几乎所有督抚，联名致电军机处，要求同时召开国会和内阁。督抚们的联衔上奏，无疑是对立宪派的支持和呼应，也给清政府带来了巨大压力。摄政王进退两难。十月初二日（11月3日），清政府召开御前会议。满洲亲贵们反复权衡利弊得失，觉得在这种情况下要是再不提前召开国会，就将陷于更加孤立的境地，对维护自己的统治极为不利。但又害怕正在筹划中的皇族内阁尚未成立，一旦国会成立，七嘴八舌，就会受到很多牵制，不易实现。于是，他们力图在夹缝中寻

① 问天：《宣统二年十月中国大事记》，《东方杂志》1910年第11期，第148页。

找一条出路：既同意提前召开国会，但决不能在明年立刻召集，而要留出时间让他们能抢先解决问题。载泽、毓朗带头主张如此。此外，亲贵们害怕答应得太爽快，会给外界造成一个大权旁落的印象。因此，一定要向外界宣示清廷仍有控制政局的能力。

第二天（11月4日），清政府颁发上谕，宣布缩短预备立宪年限，改在宣统五年开设议院。清政府仍表示大权操之于上，不是代表们请愿的结果，还斩钉截铁地说立宪日期一经宣布，不能再次改变，如果有谁挑战底线，必定会遭到严惩。当天，清政府还命令各省请愿代表立刻离开北京回到各地，静候宪政的施行。

这道上谕颁发后，立宪派内部发生了分化。

张謇等一部分立宪派认为召开国会的日期提前三年，请愿就算取得了一定结果，可以就此收场。十月初六日（11月7日），江苏、浙江两省谘议局致电资政院，祝贺国会提前召开。但大部分请愿人士不满意。河南、湖北、福建、江西、直隶、陕西等省谘议局致电国会请愿代表团，要求继续努力，力争速开国会。直隶、山西、陕西三省国会请愿同志会也致电代表团，力争国会期限务求再行缩短。

显然，这道谕旨提出的条件与速开国会的要求不相符合，立宪派认为请愿运动最终失败。

第三次请愿失败后，立宪派再也没有发动起第四次全国性的请愿活动。但有些地区，如东三省和直隶民众依然群情激昂，奋起再请，态度十分激烈。

十一月初五日（12月6日），奉天八团四十六州县民众手拿本团的旗帜，在谘议局集合，相互约定一同前往总督公署请求代奏，在明年立即召开国会。与此同时，受东三省请愿活动影响，天津的请愿风潮再次兴起，直隶谘议局议长阎凤阁、商务总会总理王贤宾、在津学界请愿同志会温世霖等3859人再次呈请直隶总督陈夔龙代奏。

十一月下旬，东北三省代表10余人又赴京递呈，要求速开国会。十一月二十三日（12月24日），民政部、步军统领衙门将他们强行押送回籍，不准在京逗留。天津学界请愿代表温世霖发出联合全国学界罢课的要求，直隶总督陈夔龙立即派巡警道捉拿惩办。清政府更采取断然手段，将温世霖发配到新疆，交给当地地方官严加管束。

至此，立宪派发动的请愿迅速召开国会运动再也继续不下去了，只得宣告结束。

九

武昌首义 清朝灭亡

SHUDU QINGSHI
QINGCHAO FUWANG

武昌首义

宣统三年四月初十日（1911年5月8日），清政府皇族内阁出台，第二天，就颁布了宣布铁路干线国有的上谕。政府的颟顸无理，激起了川汉、粤汉铁路途经的四川、湖南、湖北、广东等省民众的强烈抗议。四川保路运动后来居上，迅猛发展，让清政府手足无措，为迅速镇压揭竿而起的民众，调湖北新军进川。湖北新军进川后，留守武昌等地的新军力量在削弱。但客观上也提供给了革命党人发动起义的有利时机。

三大团体联合

宣统三年四月十三日（5月11日），共进会与文学社两大革命团体进行了第一次联席会议。文学社的刘复基、王守愚、蔡大辅，共进会的杨玉如、杨时杰、李春萱在长湖西街8号龚霞初的家里商量联合的问题。决定两大团体在新军中的代表放弃成见，避免摩擦，从而为两大团体进一步的合作打下了良好的基础。

五月十八日（6月14日），双方举行了第二次联合会议，讨论两大团体联合的具体办法。刘复基、邓玉麟经过商议，提出领导可以共同担任。双方的意见已经相当接近，在如何分担领导革命的问题上还需要进一步仔细商定。

七月二十二日（9月14日），在武昌雄楚楼10号刘公住宅，双方举行了第三次联合会议，共进会的孙武报告了形势，指出：湖北革命已有十余年历史，最近两三年间，由于文学社、共进会和衷共济，业已获得相当成绩，现在形势的迅猛发展，军队当中革命同志屡次催促发动，大家都认为湖北地理上是军事的要冲，这既是生路也是死路，必须计划万全，不能轻易孤注一掷。目前准备工作大致已经完成，尤其是必需经费已经获得了解决，一旦起事，双方自当通力合作。今天的会议，正处在革命的紧要关头，希望大家切实讨论。文学社的刘复基起身表态说，过去为小己合作，现在应该积极合作，在此生死关头，所有文学社、共进会的名义，应当暂时搁置，一律以革命党人身份，与清王朝拼死活。经过讨论，会议最后达成了基本共识：一、化除团体界限和放弃原团体中个人的名位，如共进会刘公的湖北大都督，文学社社长、副社长等，一切一起以大局为重。二、责任可以分担，事权必须统一；推选一个统领起义大任的主帅，以便指挥一切。双方均同意向上海中部同盟会发电，邀请黄兴、宋教仁或谭人凤前来主持大计。三、共推杨玉如、居正二人赴上海迎接黄兴等人。

在文学社和共进会两大团体密商联合发动起义大计的同时，由谭人凤、宋教仁等两湖人士发起的中国同盟会中部总会，于宣统三年六月初六日（1911年7月31日）在上海成立，直接从事组织发动两湖地区的起义活动。杨玉如、居正到上海后迟迟未归，黄兴、宋教仁、谭人凤等人也并未前来，然而，湖北地区的革命形势已经高涨起来。八月初二日（9月23日）文学社和共进会再次集会。刘复基和邓玉麟提出由蒋翊武担任军事总指挥，由孙武担任军政部长，以及由刘公担任总理以专管民政，在发动起义领导人选的问题上，两大团体取得了一致意见。他们最后确定在中秋节发动起义。会后，发动起义的工作在紧锣密鼓地进行。起义爆发前夕的武昌，已处在瞬息万变的紧要关头。待机而起的革命军人和一夕数惊的清朝官员之间的敌视、对抗情绪陡增。由于武昌清军的防范，原定于八月十五日（10月6日）的起义计划没能实现。孙武、刘公、刘复基等领导人再次开会，决定起义的日期改在八月十八日（10月9日），起义指挥机关的地点从汉口搬到了武昌小朝街85号，刘复基、邓玉麟2人积极开展具体工作，成为军事指挥部的实际负责人。

八月十八日（10月9日）下午，孙武在汉口俄租界宝善里14号制造炸弹，不小心引发了大火，孙武被烧伤，爆炸声引起俄租界警察的注意，他们搜查了这里，搜出了起义的文件、炸药、钞票等物品，开始秘密监视革命党人的举动。

宝善里失事的消息传出后，情况十分危急，蒋翊武、刘复基、邓玉麟等领导人当机立断，决定在当晚立刻发动起义。他们派邓玉麟亲自前往城外的南湖，约定以新军炮队开炮作为起义发动的信号。邓玉麟与工程营总代表熊秉坤商议后，赶回武昌城内，却传来了刘复基、彭楚藩、杨洪胜3人牺牲的消息。由于宝善里发生的意外，使清湖北当局获得了起义者的名单，掌握了起义的信息，清军开始在武昌城内大肆搜捕革命党人，八月十九日（10月10日）当天，武昌城内外陷入恐怖状态。湖广总督瑞澂一心想斩草除根，以雷厉风行的手段，严刑拷问，城内人心惶惶，空气紧张到快要透不过气来，革命党人感到山雨欲来了。

起义爆发

刘复基等人牺牲后，起义军实际上处于群龙无首的状态，城内外的交通暂时隔绝，但起义的时机却出现了。

当天晚上，工程八营的士兵金兆龙全副武装，正在擦拭步枪，遭到营官的呵斥，熊秉坤、金兆龙等人开枪，打响了武装起义的第一枪，工程营立刻宣布起义，进攻楚望台军械库。新军其他各营也相继行动起来。起义军会合后，开始猛攻武昌城。经过一夜激战，次日黎明，武昌被起义军占领。

按照原定计划，起义军组建了湖北军政府，由于筹划起义的领导人或被捕，或被杀，或远避，起义队伍群龙无首。黄兴、胡汉民、宋教仁等著名同盟会领导人一时间均难以赶来武汉，摆在起义军面前的突出问题是必须找到一个有声望的人出面主持军政府。这给了黎元洪出头的机会。

黎元洪，字宋卿，湖北黄陂人，毕业于北洋水师学堂，后应张之洞之召，加入湖北新军，由管带、统带升至第二十一混成协统领（相当于旅长）。

起义军前往黎元洪家，再三请他出任军政府都督，黎元洪多次拒绝。连称“莫害我”！最后，起义军代表马荣用枪逼着黎元洪就任，并临时推选了各部门的负责人，湖北军政府才得以组建。

不久，谭人凤、居正两人赶到武昌，稳定了武昌的局势，规范了军政府的各部职责，并指挥领导汉口、汉阳的起义，终获成功，从而带动了其他地区革命运动的发展，湖北各地相继响应，到十一月底，湖北全省起义先后取得了胜利，率先脱离了清政府的统治。

十四省独立

湖南独立

武昌首义后，第一个响应的省份是湖南。起义的日期是九月初一日（10月22日），距离武昌首义只有12天。

湖南具有良好的群众基础。华兴会、同盟会很早就在湖南组织发动过起义，萍浏醴起义震撼了清政府。起义虽然失败，但革命的火种没有熄灭。黄兴、谭人凤与湖南会党保持着密切联系。共进会的焦达峰回到湖南后，也开始联系会党，组织起义。

随着铁路国有政策的宣布，湖南民众掀起了反抗清政府的抢米风潮。同盟会对知识分子和新军开展组织发动工作。武昌起义爆发的消息传到湖南，湖南新军中的革命分子早已跃跃欲试，但苦于缺乏领导。此时，焦达峰在刘文锦的介绍下赶回长沙，同安定超、刘安邦、熊光汉、陈作新、丁炳尧、徐鸿斌等人接洽，策划发动起义。

对湖南新军的变化，湖南巡抚余诚格也刻意防范。他和营务处统领黄忠浩密谋将省城的新军分别调往各府州县驻扎，以分散其力量，并将原来分别驻扎各地的巡防队调回长沙，听候调遣。余诚格还派出大批稽查人员，要求新军的全部函电必须先由稽查员拆阅登记，士兵不准许擅自发出信函电报，采取了极为严密的防范措施。

这时候，湖南的立宪派也积极地行动起来。

随着国会请愿运动和争路的先后失败，湖南的立宪派人士对清政府异常失望，日益不满。武昌起义一举成功，革命党人的声势越来越大，湖北立宪派领袖汤化龙等人参加了湖北军政府，都使湖南立宪派人士深受震动。武昌起义后的第三天（10月13日），湖北革命党人来长沙联系湖南的革命党人，罗杰、谭延闿等立宪派人士开始重新考虑自己和清政府的关系。他们认为，如果革命成功，至少可以保住自己的身家，但因立宪派平时与革命党人缺少往来，无法取得联系，经过多方物色，最后找到陈作新作为联系人。陈作新并非革命党人，只因读过《民报》等革命书刊，喜欢酒后高谈阔论，甚至信口开河，从而引起立宪派人士的关注，把他看作是革命派的重要人物。在陈作新的联络下，立宪派人士约请革命党人焦达峰会面。焦达峰慨然应允联络会党。立宪派人士还约请新军中的革命党人代表同到福寿楼见面。八月二十二日，陈作新、安定超与左学谦、黄翼球等40多人在紫荆街福寿楼开会商议合作。

第二天（10月14日），由陈作新邀集部分新军代表30多人，在小吴门外义冢山召开会议，与会者推举安定超、刘安邦、徐鸿斌分别指挥新军、巡防队，起义时间定在八月二十九日（10月20日），由成邦杰等通知哥老会响应。

八月二十七日（10月18日），长沙的形势日渐紧张。长沙关税务司伟克非给总税务司安格联的信中写道：绅士要求巡抚让位给革命党，不要抵抗，巡抚坚决拒绝。此地的商人对于将来可能发生的事情都很放心，他们都同情革命，知道自己会得到保护[①]。同一天，焦达峰从浏阳返回长沙。由于联络的会党仍未到齐，他又召集陈作新、安定超、文经纬、易宗羲、吴作霖、徐鸿斌、左学谦、阎鸿飞、成邦杰、粟戡时、黄瑛、文斐等100多人，在贾太傅祠体育学堂开会，最后决定在三十日（10月21日）发动起义，以炮兵营举火作为信号。然而，清军的防范措施很严密，炮兵营没有举火的机会，这一夜的起义行动又没有成功。

革命党人的多次起义均未成功发起，却营造了极为紧张的政治气氛，长沙已处在风声鹤唳的氛围中。巡抚余诚格认为湖南新军并不可靠，就同主持湖南全省营务处兼中路巡防营统领黄忠浩商量，把巡防营的枪、炮、子弹都收缴存放在军装局，每营只留存10小箱，做警卫之用。而新军的子弹早已上缴，就连供打靶用的子弹都封存在库房。这样他还不放心，又将四十九标一、三两营调驻岳州、临湘，五十标的梅馨、蒋国经两营移驻宁乡、益阳。原来驻扎在各县的十多营巡防队，调往省城驻防。他还发电报调动中营游击杨怀烈带兵五营到长沙增防。

黄忠浩原任四川提督，足智多谋，深受余诚格赏识，在湖南算得上一位人物。宣统三年（1911）夏，余诚格任湖南巡抚时，把他奏调回长沙。他到湖南后，同绅商学界都有广泛的联系。立宪派甚至曾想拥护他当湖南都督。他对此持观望态度，不想立刻表态。武昌起义后，他派心腹到武汉观望形势，在得知清军依然控制武胜关的消息后，决定站在清政府一面，以曾国藩自居。三十日的起义没有成功发动，次日一早，余诚格、黄忠浩听闻革命党人起义未成的消息后，商量用大炮轰击新军营房。

在这千钧一发的关键时刻，长沙的新军决定立刻发动起义。

① 《1911年10月18日伟克非致安格联第97号函》，中国近代经济史资料丛刊编辑委员会、对外贸易部海关管理局研究室《帝国主义与中国海关》第13编，第90页。

九月初一日（10月22日）拂晓，李金山得知新军炮队当日开赴醴陵的消息，立刻跑步报告安定超。安定超认为起义已经刻不容缓，就在8时率领四十九标新军士兵发动起义。

一路未遇到太多阻碍，上午10时，彭友胜的队伍已经开进了长沙城的北门。驻守北门的巡防营在起义军到达时，管带赵春霆指挥士兵列队举枪致敬，起义军得以顺利进城。进城后，起义军的重要目标就是储存军械弹药的军装局。巡防营第八队士兵打开库房取出弹药，安定超等人到达小吴门时，巡防营管带已命令士兵关闭城门，下令向起义军开枪。但士兵既不放枪，也不开门，僵持一个多小时，安定超命令炮队退到教场坪，架起大炮，佯装将要轰击城内。事前进城的工兵代表赖福春到达城门口，将尚未加锁的城门门杠摇落，城门豁然打开后，起义军进入了长沙城。

起义军会合后，立刻前往湖南巡抚衙门。抚署卫队立刻投降。余诚格见势不妙，挂起白旗，从后院挖了一个洞，逃往小西门外洋行，乘坐轮船逃往上海。黄忠浩得知起义的消息后，他骑马带了随身的几个护卫，准备到城墙上指挥清军抵抗，正好与从小吴门进城的起义军相遇，黄忠浩被杀。激战中，长沙知县沈瀛、营务处会办兼提调王毓江、总文牍申锡绶3人也被杀。

革命党人召集立宪派召开会议，讨论成立湖南军政府，焦达峰被推举为湖南都督，谭延闿为民政部部长，阎鸿飞为军务部部长，长沙城内的局势很快安定下来。

军政府成立后，立宪派要求成立临时参议院，选举议员、议长。经选举，谭延闿当选为议长。谭延闿对都督焦达峰的权力进行了多方限制。九月初五日（10月26日），谭人凤到达长沙。对立宪派的夺权行为非常担忧。他联合曾杰、阎鸿飞等同盟会会员，坚持主张取消临时参议院和军政府，另外订立新的章程，一切军事、行政、理财、司法等都由都督掌管。九月初十日（10月31日），焦达峰宣布取消各机关，谭延闿被迫辞去了临时参议院议长的职位，愤然离去。

湖南起义成功后，立即扩充武装力量，北上援助湖北。九月初七日（10月28日），王隆中率领新编独立第一协开赴湖北。长沙的革命党人实力空虚，难以自保。初十日（31日），因未满足独立混成协协统的要求，驻益阳的原新军第五十标第二营管带梅馨亲自带兵，杀害了陈作新、焦达峰。焦达峰一死，湖南陷入无政府状态，叛军涌到谭延闿家，逼迫他担任湖南都督。谭人凤、周震鳞先后认可了谭延闿，要求他顾全大局，不要再相互歧视、排斥，严守纪律，准备北伐援鄂。

谭延闿担任都督后，也顺应潮流，并没有回到清朝统治的老路上去。谭延闿加入了同盟会，同湖北军政府保持合作关系，先后派第一师第二协协统刘玉堂率军四营、第二师第三协协统甘兴典率军四营、独立第九标标统刘耀武率军三营，前往湖北，投入武汉保卫战中。谭延闿也能接受革命党人的部分主张，后担任国民党湖南支部部长。使民国初年的湖南并未倒向北洋军阀。这些仍然是有积极作用的。

江西独立

江西独立的独特之处是，新军发动的起义不是从省城南昌开始，而是首先从长江的重要口岸九江开始。九江紧接武汉，是武汉下游的第一通商大埠，也是军事重镇。江西新军为第二十七混成协，协统是吴介璋，下辖步兵第五十三标、第五十四标两标，拥有马、炮、工、辎各营队。其中，第五十三标驻扎在九江，标统马毓宝。第五十四标驻扎在南昌，标统齐宝善。因第五十四标曾捕获担任队官的革命党人彭克俭，清江西当局担心会发生兵变，就将五十四标从南昌移驻袁州，并将巡防营改编为第五十五标，由庄守忠担任标统，驻守南昌。武昌起义后，九江由于处在武汉沿江东下的下游要冲，战略地位十分重要，江西巡抚派庄守忠率四营清军开往九江，加强防御。这样，江西新军已大部分转移到九江，这里的一举一动对江西全局都有重大影响。

九江沿江交通便利，同盟会会员林森、吴铁城等早已在当地开展革命活动。武昌起义后的第二天，九江籍同盟会会员蒋群就从云南昆明经武汉回到了九江。蒋群曾在江西督练公所担任过职务，与马毓宝早有交情，该标3个营的管带范福增、黄焕章、何文斌与蒋群是军校同学，九江炮台总台官徐公度、统领戈克安等人与他也是多年朋友。蒋群利用武昌起义的声势，在这批新军军官中奔走接洽，运作动员他们反正，使九江的革命形势迅速取得了进展。清江西当局调庄守忠部4个营来九江，同时任命周树森担任九江炮台总稽查官，名义上是充实九江防务，实际就是监视第五十三标和九江炮台。蒋群知道事不宜迟，就和五十四标的新军军官约定在九月初二日发动起义[①]。

九月初二日（10月23日）晚，岳师门外的金鸡坡炮台首先响起三声号炮。各营新军士兵听到炮声，就鸣放一排枪声以示响应。随后，起义军臂缠白布，向九江道、府两个官署发动进攻，九江道员保恒和知府璞良早已携眷属逃走，不知所踪，起义军没费吹灰之力就占领了两署。接下来，起义军冲出南门，向第五十五标驻扎的火柴厂发动猛攻。在这里坐镇的江西按察使张检和第五十五标标统庄守忠眼见大势已去，未坚决抵抗就逃往省城南昌。九江新军的起义顺利成功。

初三日（24日）早晨，马毓宝、徐公度、蒋群等领导人在道台衙门开会，正式宣布九江独立。蒋群拟定了九江军政分府的组织大纲。他们推举马毓宝为军政府都督，蒋群为帮办军务兼参谋长，刘世均为参谋次长，徐公度为炮台总司令，戈克安为副司令，吴铁城为总参议，吴照轩为副总参议，派

① 蒋君羊：《辛亥江西光复记》，丘权政、杜春和等《辛亥革命史料选辑》下，第49页。

任职于九江海关的林森担任对外交涉事宜，又推举了本地士绅罗大佺为政事部部长，商会会长舒先庚为财政部部长。建立了江西省内的革命政权。

九江独立后，社会秩序稳定良好。但马毓宝性格懦弱，他参加起义，是被形势所迫，并非对革命有深刻认识。九江军政分府急需强有力的领导。五六天后，前五十四标第一营营官李烈钧来到九江，他颇具胆略和才干，蒋群推举他代替自己出任参谋长，筹划出兵安徽。李烈钧很快就成为九江军政分府的核心人物。

九月初三日，同盟会会员吴宗慈等人接办南昌《自治日报》，改名为《江西民报》，刊发社论，转载九江起义有关文件、布告，南昌全城顿时轰动。驻南昌的新军五十五标已调去九江四营，无力抵抗，在蔡公时等人的努力下，第二十七混成协的马、炮、工、辎各营队倾向革命。初七日，方先亮、蔡森、蔡杰、韦兆熊、米洛宾、沈鹤年、宋炳炎等人召开秘密会议，决定在九月初九日晚发动起义，由蔡森担任爬城队队长，挑选勇壮的士兵打先锋，进占南昌城。他们与巡抚卫队中的革命分子联系，江西巡抚冯汝骙深知大势已去，已无心抵抗。初八日晚，他在谘议局要求士绅公举代表，担负责任，自己愿意卸甲归田。

九月初九日（10月30日）晚，南昌新军起义开始了。蔡森带领爬城队队员打响了第一枪。警察和抚台卫队听到枪声，集合起来充当内应，打开了全部城门。方先亮、蔡杰、宋炳炎、李柏年率混成协将士进入南昌城。警察焚烧了皇殿和抚台衙门两侧的鼓楼、旗杆。巡抚冯汝骙听到满城枪声，得知卫队也已经起义，从后门逃走，南昌全部被起义军占领。

次日，随同起义军进入南昌的蒋群提议召集各界人士在合同巷万寿宫开会，决定宣告江西独立。然而起义军缺少一个足以服众的领导人。不论是同盟会，还是其他革命团体，在江西并没有太大的影响，没法以团体、政党的名义向外界宣布政策，看不到强大的组织力量。第二十七混成协协统吴介璋因在军界资望很高，被推举为江西军政府都督，刘凤起担任民政部部长，雷恒安任财政部部长，李瑞清担任文事部部长，因李瑞清无意就职，由副部长熊育锡代理。

九江、南昌独立后，萍乡、定州、鄱阳、吉安、抚州、上饶等地相继宣布独立。江西的政局很不稳定。南昌是江西的省会，江西军政府的主要成员中几乎没有革命党人，军事力量弱小，都督吴介璋一心扩军，对改善人民生活、改革社会制度等重要事务却并不关心，军政府军费开支很大，许多人心生不满，又遭冯嗣鸿等军方反对，难以控制全省局势，只得离职。

九月二十二日（11月12日），江西各界在军政府集会，提议彭程万继任都督。彭程万曾经留学日本，积极响应南昌起义，但因自身没有足够的实力和影响，表示临时负责，在得知新军派方先亮等3人为代表去九江迎接马毓宝的消息后，便自动取消了职务，通电袁州、赣州、鄱阳分别取消军政分府，拥立马毓宝为江西都督，谋划全省统一。

马毓宝就任都督职务后，继续实行北伐、援鄂、锄奸等措施，并且减少赋役的征收，江西全省宣告统一。由于马毓宝也没有能力控制江西整个局势，李烈钧不久后接任都督，江西成为革命党在南方能够控制的重要省份之一。

江西独立，特别是九江的起义，在武昌起义后的全国局势中产生了重大影响。湖北、湖南、江西三省紧密毗邻，连成一片，形成互成犄角的局势，武昌军政府有了比较巩固的后方。

附：清廷海军起义

江西独立后，海军也宣布起义，脱离清政府的控制。

清末海军，有大小舰艇40余艘，分设巡洋、长江两个舰队，分别由程璧光和沈寿堃担任统制。巡洋舰队拥有最大4300多吨的海圻舰，此舰由英国船厂制造，配有二十一生的大炮，射程远，火力强。宣统二年（1910），由原来担任海军大臣的海军界的元老萨镇冰出任海军提督，驻扎上海。

武昌起义后，海军部急电萨镇冰，要他亲往武汉协助陆军进剿。这时，海圻舰已由程璧光率领前往英国庆贺英国国王加冕，短时间不能回国。海容、海琛两舰也在山东附近海面展开夏季演习。八月二十一日（10月12日），萨镇冰率楚有舰出发，在五天后到达汉口刘家庙附近江面。海军中虽然没有秘密革命团体，但多数官兵早已同情革命。萨镇冰于九月下旬召集各舰舰长谈话后的次日，就和沈寿堃搭乘太古商轮前往上海。巡洋舰队降下龙旗，悬起白旗，宣告起义，向九江驶去，并派人同已宣告独立的九江军政分府联络。

九江军政分府派林森、吴铁城、蒋群、龚永四人登舰接头。舰队在九江留驻几天后，悬挂青天白日旗，黎元洪也派人前往慰劳。此后舰队又开回武汉江面，发挥海军的炮火优势，连续猛烈炮击二道桥和三道桥，参加对清军的作战。清军第四镇士兵受海军炮火轰击，死亡400多人。秋冬之交，武汉附近的江面水浅，海容、海琛等舰艇吃水较深，经黎元洪批准，开往上海。

此外，驻泊在南京江面的12艘南洋海军军舰，在同盟会会员、担任海军教练官陈复等人的带领下，在九月中旬宣布起义，开往镇江，受到已宣告独立的镇军都督林述庆的欢迎。几天后，又由镜清舰率领，几艘舰艇夜袭南京城，向城内发炮弹100多发，帮助江浙联军向南京攻击，为南京光复做出了贡献。

陕西独立

武昌首义后，陕西起义和湖南起义在同一天（九月初一日）发生。陕西响应武昌起义之快，出乎许多人的意料。从客观情势来看，陕西能够成为第二个起义的省份，与陕西的革命形势有着密切关系。

陕西革命党人井勿幕在光绪三十年（1904）赴日留学，受到革命思潮的影响，加入同盟会。回国后，他推动同盟会陕西分会成立，选举李仲特担任负责人，在陕西哥老会中开展活动。钦廉起义失败后，同盟会开始重点发动新军。以钱鼎为代表的新军中下级军官在组织发动起义方面发挥了重要作用。钱鼎毕业于保定陆军速成学堂，在陕西新军一标充当队官（排长），后来升为三营营副。他团结了张钫、党仲昭、张宝麟、曹位康、张作栋、朱彝铭、彭世安以及张光奎等一批革命志士，在新军设立了军事研究社，吸收士兵参加。二标一营管带张凤翙也与他们建立了联系。四川保路运动开始后，陕西新军很快酝酿，准备响应。

武昌起义爆发后，清陕西官府对新军严密防范，计划把新军从西安调往外地。如果新军全部调离，要发动起义就相当困难了。二十九日（20日）上午，钱鼎和张钫会面商议，一致认为时机紧迫，决定于九月初一日发动起义，推举张凤翙负责指挥。

第二天，张凤翙召集相关人员开会，确定了起义相关六项事项：一、上午行动；二、记号用白布缠左臂；三、炮、骑兵骑马或徒步零星入城，在高等学堂附近集中，听候招呼，由张钫指挥；四、听到枪声后，一标向陆军中学前进，收缴该校枪弹，编制学生，占领教学楼及北城门楼，从满城西北进攻，由钱鼎带领；五、二标向军装局前进，取得子弹后，由东、南两方面攻满城，工、轴两队随二标前进，由张凤翙带领；六、口号是“兴汉灭旗”[1]。

那时新军有枪无弹，发动起义确实冒着危险，所以能否乘敌不备，迅速抢占西安的军械库（即军装局）成为决定起义成败的关键。

炮营首先出发。那一天10点前，张钫带着两个骑兵先进入西门，侦察

① 金冲及、胡绳武：《辛亥革命史稿》第3卷，第233页。

军装局附近一带情况。左队队官朱叙五立刻带领20多名骑兵由西门进入。党仲昭率30名骑兵到骑兵营监视出入，从南门进城。西、南两个城门多留10多人，听到枪声后就夺取城门，其余士兵则三三两两，赤手空拳，从西门进城，顺着僻静街巷向军装局进发，到高等学堂门前空地等候。

大约10点半，张钫来到高等学堂西边，遇见省谘议局议员严庄，就嘱咐他到谘议局通知郭希仁，说马上放枪发动起义。此时，聚集到军装局的士兵已有28人，他们立刻攻进军装局。军装局内毫无准备，护卫军装局的巡防队士兵大半都出外游逛，少数士兵看到冲入的人人多势众，不做抵抗就都从后门溜走。冲进去的新军士兵来到南院库房门前，看到铁栅门上有一尺多长的铁锁，就用院内围墙旁的青石条撞坏铁锁，进入了库房。士兵们又用这个办法撞开了铁包裹的二门后进入，楼内堆积着如山的枪弹。炮营其他士兵也都陆续赶到，完全控制了这个军火库。为起义取得胜利提供了充足的武器装备。

大约20分钟后，第一标部分士兵在钱鼎的指挥下也抵达北校场陆军小学。在这里同样没有遇到抵抗。起义军进校后把存放在校内的1000支枪和16万发子弹全部取出。接着，他们占领了城内的制高点之一——鼓楼。第二天，起义军又抽调陆军中学学生700多人，占领了藩台衙门，派专人保护藩库，为军政府成立后的军费开支打下了基础。张凤翙率领第二标一部分士兵进入城内后，迅速跑步赶到军装局，取得弹药后，连续向西安城内东北面的内城发射，全城为之震动。

这次迅雷不及掩耳的起义行动，完全出乎清政府意料之外。起义当天，陕西官员正在谘议局开会，听到枪声四起，仓皇失措，立刻四处逃散。官员中的一些人脱掉官服，藏匿在平民家，不敢出门。护理陕西巡抚钱能训，作为陕西省的最高行政长官，没有采取任何有效对策，只是慌忙躲在他的一个随从家里，用手枪自杀没有成功，几天后被押送到军政府，受到起义军的优待。这时，哥老会控制的士兵也行动起来。军事参议官衙门（前督练公所旧址）被哥老会首领万炳南率众占领。城内其余各衙门几乎全被哥老会大小首领所占领。整个西安城，在当天没有经过抵抗，就被起义军全部占领了。清朝在陕西的最高统治机构，顷刻之间土崩瓦解。

这时，起义军进攻的目标就集中到西安城内的满城。西安将军文瑞听到西安城内枪声四起，立刻下令关闭通往西安城的城门。第二天（23日）清晨，起义军用大炮轰击满城。满城骑兵几次组织冲击，都被起义军击溃。午后，起义军的炮火击中了满城的火药库，造成强烈爆炸，守城的旗兵伤亡惨重，顿时陷入混乱，失去抵抗能力，起义军趁乱攻入满城。九月初三日（24日），起义军在满城内逐巷逐院进行搜索战。西安将军文瑞在混乱中跳井自杀。当天，西安全城肃清。

为建立统一的领导机构。九月初四日（10月25日），张凤翙召集各方人士开会。他首先发言表示谦让，提出辞去大统领的职务。钱鼎则表示拥护张凤翙，哥老会代表陈殿卿也说："大家一致拥护张大统领，这没有别的可说。谁要不顾大局，我就先把军装局烧了，大家散伙。"①在与会者的一致拥护下，张凤翙正式出任军政府的大统领，钱鼎、万炳南为副统领，张云山为兵马大都督，马玉贵为粮饷大都督，刘世杰为军令大都督。到十月十九日（12月9日），南京临时政府正式任命张凤翙为秦省都督。南北停战议和后，袁世凯政府成立，张凤翙改任陕西都督。

山西独立

九江起义后6天，山西在九月初八日（10月29日）起义响应。

山西独立对清政府构成的威胁更为直接，震动也更大。山西俗称表里

---

① 张钫：《张凤翙事略》，载《风雨漫漫四十年》，第100页。

山河，位于直隶西侧，从地势高峻的黄土高原俯瞰整个华北平原，京津地区尽收眼底。从这里东出娘子关，沿正太路向东，能轻而易举地切断京汉线，截断南下湖北的清军后路辎重给养。由于地理上接近畿辅地区，如果北出大同，沿京绥铁路迅速推进，能对京师重地构成巨大威胁。因此，山西如果独立，必将给清廷带去巨大的恐慌。

山西新军中的革命党人力量比较强大，新军中重要军官多为同盟会会员，所以能在华北率先起义。光绪二十八年（1902）山西设立武备学堂，3年后，选送温寿泉、姚以价、黄国梁、荣炳、荣福桐、阎锡山、张瑜、乔煦等优秀学员前往日本留学，并指定前往士官学校，培养高、中级军事人才。中国同盟会在东京成立时，曾设立山西分会，负责人是谷思慎，他介绍了荣炳、荣福桐、景定成、赵戴文、温寿泉、何澄、王用宾等人参加。同盟会成立后，为培养军事人才，在留日士官生中秘密组织了“铁血丈夫团”，阎锡山、温寿泉、何澄、张瑜、乔煦等山西籍学生踊跃参加。荣炳、赵戴文、谷思慎、景定成等同盟会会员回国后，在教育界开展活动，发展了以南桂馨为代表的一批同盟会会员，但山西的社会风气保守，教育界的思想很难开放，活动效果并不显著。同盟会为宣传革命思想，派王用宾担任太原《晋阳日报》主笔，南桂馨在太原创办“振兴派报社”，代销各地的革命报纸，在当地产生一定影响。

山西起义的主要力量同样是新军。自光绪二十八年开始到宣统元年（1909），山西新军编成由谭振德任协统的暂编陆军第四十三混成协，下辖八十五标（标统是黄国梁）、八十六标（标统是阎锡山）两个步兵标。另外还有炮兵、骑兵各一营，工程队、辎重兵各一队，共4000余人。黄国梁和阎锡山两人同为日本士官学校毕业生，又都是同盟会会员。此外，姚以价任第八十五标第二营管带，乔煦任第八十六标第一营管带，张瑜任第八十六标第二营管带，温寿泉任督练公所会办兼陆军小学堂监督。另外，保定陆军速成学堂的山西籍毕业生也先后回省担任军职，其中有不少同盟会会员，如张培梅、赵守钰等。第八十五标第二营正目、同盟会会员杨彭龄等在士兵中做了许多工作，也团结了不少人，形成“九弟兄”等核心组织。山西的革命党人在新军中已具备相当强的实力，在太原地区拥有极大优势。山西旧军巡防营有20多营，约4000多人，分散驻在平阳（临汾）、大同和代州等地，由南北总兵谢有功、王得胜分别率领。太原城内只有巡防马队营和300多人的“旗卫护”。受同盟会会员的影响，巡防营、抚台衙门警卫队中部分成员也倾向于革命，这成为山西爆发起义重要的有利条件。

武昌起义后，太原人心极度不稳。陕西西安的新军起义后，秦晋一水之隔，人心更加惶恐不安，太原城内已经有风声鹤唳的态势。山西巡抚陆钟琦才到任一个多月，他是个思想守旧的官僚。陕西起义当天（10月22日），他急忙电告平阳（临汾）总兵谢有功调集步兵、马队七营，加强黄河山西一侧的河防。初四日（25日），陆钟琦召集督办公所总办姚鸿法、协统谭振德密谋对策。他们认为新军绝不是可以依靠的力量，商定采取两项办法来避免起义的爆发。会后，陆钟琦首先把新军调出太原，第八十五、八十六两标分别调往晋南和晋北，令其南北相隔，无法及时联系，避免串通一气，同时将平时驻扎在外地的巡防营调往太原，用来震慑城内的革命党。由于八十五标官兵中的革命势力非常大，他首先调动八十五标，命令他们马上开拔，前往蒲州（永济），然后再将八十六标调往大同。同时，陆钟琦定下平时新军不发子弹的规矩。此次第八十五标调往蒲州，按规定必须发放子弹，但他命令先开拔，再发子弹，经过黄国梁、姚以价等人极力争取，才最终允许分发4万发子弹。

对革命党人来说，新军外调，使起义形势顿时变得异常严峻。陆钟琦接着又命令第八十五标第一、第二两营必须在九月初七日（10月28日）首先开拔。如果奉命开拔，不仅原来已处在准备中的起义计划将化为乌有，而且新军在被南北分隔开后，也可能被清军各个消灭。该如何应对当局的毒计？初七日下午，革命党人在黄国梁家商议对策。经黄国梁、阎锡山、张瑜、温寿泉、乔煦、南桂馨等人商议，决定待新军开到黄河河岸后，立刻联合陕西新军，反攻运城、临汾、太原。阎、黄、温等人力主在次日领到子弹时就发动起义。会后，黄国梁、南桂馨（八十五标军需官）率部和骑兵营先行出发，到祁县等候起义的信号。

当晚，张树帜与杨彭龄、王嗣昌商议后，确定清晨攻城的起义方案。即将开拔的新军士兵配备了比较齐备的枪支弹药，对起义成功非常有利。王嗣昌在征得张煌、卢俊、刘汉卿等队官同意后，向管带姚以价坦陈了起义方案，姚以价欣然同意。

第二天天还没亮，新军集合在太原城南10里的狄村营房大操场，姚以价号召官兵为推翻清王朝举起义旗，得到一致拥护，被推举为起义军总司令。

姚以价宣布了四条军法：一、不服从命令者斩首；二、不直前力战者斩首；三、滋扰百姓者斩首；四、伤害外人者斩首[①]。然后，命苗文华带领第一营前、左两队向满洲城发起进攻，崔正春带领第一营右、后队夺取军装局，杨彭龄担任冲锋队队长，张煌担任奋勇队队长，随姚以价猛攻巡抚衙门。起义官兵随杨彭龄的先锋队向太原城新南门挺进。

负责把守新南门的是李成林。杨彭龄在前一天就通知李成林提前打开新南门，以便起义军能够顺利进城。苗文华带领冲锋队，进城后立刻登上城墙，向东冲到满城。熟睡中的满城清军听到起义军进攻的枪炮声，才在慌乱中吹响集合号。起义军占据有利地势，居高临下，几个小时后占领了满城。张煌带领的奋勇队紧随先锋队，直奔巡抚衙门。

阎锡山听到枪炮声，一面命令乔煦、张煌堂率部分别开向抚院、藩库及

① 冯锐存：《辛亥年山西革命见闻记》，载《山西文史资料》第1辑，第16～17页。

子弹库、官钱局，一面又在九仙桥防堵驻城的巡防队。起义军分别控制了藩台衙门银库、军械库、子弹库、巡管道、官钱局等机构。为防止发生抢劫事件，起义军还专门组织了稽查队，维持地面秩序。

夺取巡抚衙门后，阎锡山、温寿泉、姚以价、张瑜、李成林等起义领导者召开紧急会议，商讨推举都督，阎锡山主张选举姚鸿法为大都督，与会者推举温寿泉和姚鸿法接洽，遭姚鸿法拒绝。

于是，新军官兵一致选举阎锡山为大都督。阎锡山、温寿泉、姚以价、赵戴文、徐一清、贾英、常裕等军、学、警各界代表召开会议。姚以价、阎锡山先后发表演说，得到在场各界代表的一致拥护，一致选举阎锡山任都督，温寿泉为副都督兼军政部长，黄国梁为参谋部长，常裕为军令部长，景定成为政事部长，姚以价为东路军总司令，杜上化为总参议。山西军政府正式成立。

晋北、晋南也相继爆发起义。

武昌起义爆发后，十月初十日（11月30日）夜，宋世杰、李国华等大同同盟会会员潜伏在总兵衙门附近放起高升纸炮作为信号，孔宪林、傅殿邦等新军官兵在总兵衙门内鸣枪响应。总兵王得胜在睡梦中惊醒，翻墙而逃。知府李德炳和知县葛尚德逃入耶稣教堂。第二天，大同军政府成立，推举同盟会会员李德懋担任都督，副都督为李国华、刘幹臣，李国华暂时代理都督。宋世杰担任统领，傅殿邦、孔宪林担任帮统，彭继先担任财政长，白英担任民政长。军政府派人向太原和忻代宁公团求援。十月十五日，续桐溪带领忻代宁公团3000多人进入大同。

山西军政府任命刘汉卿为南路军总司令，于九月二十九日（11月19日）自太原出发南下。十月十五日（12月5日），攻克平阳府。十一月初十日（12月29日），同盟会会员张士秀刚刚出狱，他联系陕西革命军东渡黄河，攻克运城，成立了河东军政分府，王用宾担任兵马节度使兼民政长。

由于山西毗邻直隶，清政府正在运送军队前往武汉，石家庄、正定两地都驻扎着大量军队，半天就可以到达太原，山西军政府成立后，防御清军攻入山西，是当时军事布防的重点。九月初八日（10月29日），阎锡山命姚以价率4000多人前往娘子关防堵。清政府派第六镇统制吴禄贞部从保定前往石家庄，但吴禄贞却按兵不动，与山西军政府暗通声气。清政府派人暗杀吴禄贞，命张锡銮率第三镇统制曹锟、协统卢永祥猛扑娘子关。阎锡山、黄国梁率主力前往娘子关增援，局势陡然紧张。

十月二十三日（12月13日），清军占领娘子关。阎锡山率部退回太原，召开紧急会议，准备转移到外地。阎锡山、赵戴文在第二天离开太原向晋西北转移，姚以价、黄国梁等人离开省城前往外地。温寿泉、景定成、杨彭龄等率军南下。阎锡山一度撤至绥远。在清军的打击下，一败再败。太原城内的守旧势力开始活跃起来，放出被民军看管的姚鸿法，成立民团、巡警队，重建巡防队。宣统三年十二月二十二日（1912年1月10日），山西巡抚张锡銮进驻太原，派清军分别向山西南北两路进攻，北到忻州，南到平阳，清军在各地奸杀掳掠，纪律败坏。主攻南路的清军统兵官第三镇统领卢永祥，其部下到达赵城后，焚烧劫掠，给当地百姓带来了深重的灾难。山西的起义遭受到了严重挫折。革命党人继续坚持斗争，在运城建立河东军政分府，坚持到南北议和达成。

云南独立

山西起义的第二天（九月初九日），云南昆明也爆发了新军起义。

云南地处西南边疆，与缅甸、越南相接壤。近代以来，英、法帝国主义势力企图染指这块美丽富饶的土地。滇越铁路建成，被视为法国准备直接吞并云南的先声，缅甸、越南等近邻相继沦为英、法殖民地，也刺激着云南人民。云南地处边疆，位置特殊，经济并不发达，民族主义运动却格外高涨。云南留日学生创办的《云南》杂志在省内产生巨大影响。

同盟会云南支部建立很早。在东京时，分会支部长是法政大学的学生吕志伊。光绪三十二年（1906）同盟会云南支部成立，徐濂、杨大铸、张大义等会员成立文明演说会，编辑《云南旬报》，出版《新云南》《醒滇梦》等书籍，改编《靖康耻》《崖山痛》等新剧，还以研究科学为名义组织了云南公学会，云南的革命运动迅速发展。在总督锡良、提学使叶尔恺的摧残压迫下，革命运动暂时停顿。光绪三十四年（1908），受同盟会会员杨振鸿的影响，滇西爆发起义。宣统二年（1910），杨大铸等同盟会会员回国后，得到谘议局议长张世勋的赞助，在昆明设立云南国民大会，号召云南民众挽回矿权，暗中推进革命活动。

同盟会的努力，使革命思想在绅学界中有一定影响，而云南新军中的革命党人为响应武昌起义起到决定作用。

云南新军是暂编第十九镇，许多军官出身于日本士官学校，蔡锷、唐继尧、刘存厚、雷飙、李鸿祥、刘云锋、谢汝翼、黄毓成、李凤楼、韩凤楼、沈汪度、张子贞、罗佩金、殷承瓛、李根源、顾品珍、刘祖武、庾恩旸、赵又新等军官都是革命党人，这在全国各省中非常少见。蔡锷为协统的第三十七协和沈汪度任代理监督的云南讲武堂，以及炮兵标、机枪营等驻扎在昆明，便于一致行动，能够一呼百应，迅速控制全局。

宣统元年（1909），云南成立讲武堂，李根源和沈汪度先后担任云南讲武堂总办，很快讲武堂成为云南革命力量的重要据点。

受四川保路运动的影响，六月初，讲武堂300多名学生决心发动起义，想在六月十八日（8月12日）李经羲到讲武堂举行特别班毕业仪式时行刺。沈汪度、唐继尧均知道这个计划。由于起义的时机并没有到来，谢汝翼认为起义必然失败，因此极力阻止。

武昌起义爆发后，李经羲和新军统制钟麟同连日召集官员商议办法。决定一面调动巡防营到昆明，一面在军械局建筑碉楼，防备革命党人的袭击。昆明城内风声鹤唳，局势非常紧张。

革命党人决定发动起义，但对领导起义的人选争执不下，罗佩金、殷承瓛、李根源主张由云南人领导。雷飙、刘存厚、谢汝翼、唐继尧和李鸿翔主张推举蔡锷为领导，最后，蔡锷被选定为领导人。

八月二十日（10月11日）上午，蔡锷、唐继尧、刘存厚、罗佩金、雷飙五人聚集在昆明的刘存厚寓所秘密商议，决定发动起义。

初九日清晨，统制钟麟同突然来到巫家坝训话，想制止起义。刘存厚等人担心清军已有察觉，建议延期举行。蔡锷、唐继尧、雷飙、李鸿祥、沈汪度等人决定按照原定计划于当夜起义。

起义原定于晚12时开始，但七十三标各营情况复杂，出现北洋派队官与士兵的冲突，李鸿祥宣布提前起义，向昆明北门进发。起义军冲入城内，因弹药不足，决定首先向五华山北面的军械局进攻，与钟麟同部清军展开激战。

李经羲得知七十三标起义消息后，打电话向蔡锷求救。蔡锷决定七十四标和炮兵第十九标官兵提前行动。蔡锷发表演说，号召士兵奋勇杀敌，推翻清王朝的统治。两标官兵大喊三次“革命军万岁”。刘存厚宣布公推蔡锷担任临时革命军总司令官。起义部队到达昆明南门，守门的清军不战而降，其他起义部队陆续入城。

谢汝翼命炮兵轰击总督署和五华山、军械局，但军械局的清军弹药充足，仍然据险顽抗。起义军炸开军械局的围墙后攻入，在初十日（31日）清晨全部占领了军械局。在军械局获得大量弹药，刘云峰、庾恩旸下令炮轰云贵总督署，督署卫队很快就缴了械，李经羲仓皇逃走。唐继尧率兵攻入，占领了云贵总督衙门。第十九镇统制钟麟同被杀。当天中午，城内战斗全部结束。

云南军政府的成立，同以前独立的湖南、山西、陕西这些省不同，地方士绅没有参与，完全由起义军队支配。起义军公推蔡锷担任云南军都督，将五华山两级师范学堂改为大中华国云南军都督府，组织章程约法草案。军都督府设参议院、参谋部、军务部、军政部。参议院是军事政治的咨询机构，以军政部总长李根源兼院长（后改为参议处）。参谋部负责军事计划，殷承瓛担任总长，刘存厚、唐继尧担任次长。军务部负责军备事务，韩国饶担任总长，张毅担任次长。军政部实际负责全省的行政工作，李根源担任总长，李曰垓担任次长。还设有秘书处，由周钟岳负责。

昆明起义胜利后，滇西和滇南的起义也提上了日程。为了实现云南全省的独立，除昆明外，还有需要解决的问题。

滇西以腾越为中心，这里地处中缅边界，是商业交通要冲，行商云集，少数民族聚居。杨振鸿、刀安仁在这里从事革命活动，张文光、刘辅国两人先后参加了同盟会，加紧准备在腾越地区发动武装起义。四川保路同志军起义走向高潮后，张文光密谋发动起义，以牵制入川的清军。九月初一日（10月22日），张文光约集陈云龙等人开会，约定集合驻扎腾越的新军在初六日发动起义，刀安仁组织后援。初六日晚7时，张文光进入南校场巡防第四营部，杀掉管带曹福祥，陈云龙杀掉陆军第七十六标第三营管带张桐，带兵攻入腾越城，围攻镇署和军械局。清军总兵张嘉钰无力抵抗，兵败自杀。张文光又转攻腾越道厅署，道尹宋联奎投降。腾冲的起义取得了胜利，成立了滇西都督府，张文光任第一都督，刀安仁任第二都督，陈云龙为前军都指挥，刀厚生为后军都指挥。这次起义比昆明起义还早3天，是在云南最早建立的革命政权。

为扩大起义成果，滇西都督府兵分两路，进攻永昌（保山）、顺宁（凤庆），会攻大理。昆明起义的消息传到大理，清军标统涂孝烈逃走，当地士绅决定设立滇西自治总机关部，在九月十四日推举途经大理的赵藩为总理，由云龙、李福兴担任协理，通电反正。滇西都督府不久也被取消，纳入云南军政府。

滇南重镇临安府（今建水县）驻有新军第七十五标，内有云南陆军讲武堂特班毕业生18人见习，他们联络朱朝瑛、何海清、吴传声、李镜明等人，议定九月十五日起义。初十日，云贵总督命令各营士兵退伍。当夜，何海清、盛荣超率部起义，起义军整队入城，临安府独立。次日，起义军公推赵复祥担任统领，朱朝瑛担任副统领。击败前来偷袭的清军龚心湛部，蒙自随后独立。九月十六日，临安起义军进入蒙自。

滇西滇南相继起义，建立了以革命党人为主的军政府，云南全省独立。

云南独立后的第五天，与云南接壤的贵州宣布独立。云贵一向互通声气。同盟会发动云南河口起义，贵州各界深受震动。贵阳达德学堂成为革命党人的联络地点。革命党人组织“历史研究会”，宣传革命思想，在陆军小学堂成立起义机关，贵阳各新式学堂学生深受影响。席丹书、阎崇阶和刘莘园等贵州新军中的革命党人，积极筹备起义。

武昌起义后，贵州自治学社负责人张百麟、周培艺开始与革命党人合作，他们联络会党、军、学、警各界人士，准备响应武昌起义。九月十三日（11月2日）晚，起义爆发，巡抚沈瑜庆见大势已去，与谘议局议长谭西庚和自治学社的张百麟等进行谈判后，宣布辞职，贵州起义成功。

沪苏浙皖独立

继武昌起义之后，给予清政府的第二次决定性打击，是以上海为中心的东南各省的相继独立。

东南地区，江苏、浙江是中国社会经济最发达、社会财富最集中的地区。这里的农业、手工业、商业、金融业、交通运输业、对外贸易等行业，在全国都处于领先的地位。这里又是帝国主义经济贸易竞争的主要场所，受到国际社会的强烈关注。东南各省在九月下旬相继独立，南北对峙的基本格局已经形成，国内政治力量的对比顿时有了改观。

鸦片战争后五口通商，上海成为东南地区重镇，这里是民族资本主义最为发达的地区之一。光绪二十八年（1902），上海商界建立商业会议公所，两年后改称上海商务总会。随着国会请愿运动的开展，上海商务总会中的沈缦云、王震等议董积极活动，他们支持立宪，但清政府拒绝召开国会、成立责任内阁，使他们极为失望。“皇族内阁”出台后，他们转而支持革命派，沈、王二人秘密参加同盟会。当时，上海的资本家手里还掌握着2000人的商武装力量。宣统三年三月初五日（1911年4月3日），全国商团联合会在上海成立，李平书被推为会长，沈缦云、叶惠钧任副会长。商团联合会成立后，联系上海其他市民团体，在四月初九日，由全国商团联合会、全国学界联合会、上海日报公会等10个团体在上海张园召开大会，欢迎东京留学生成立的国民会的代表，决定在上海成立中国国民总会。五月十五日，中国国民总会召开成立大会，到会的有5000人，大家一致推举沈缦云担任会长，马相伯担任副会长，叶惠钧担任坐办。以尚武精神、兴办团练、实行国民应尽义务为宗旨。

上海也是同盟会最活跃的地区，也是同盟会在国内开展革命活动的重要策源地。宣统三年（1911）六月初中国同盟会中部总会成立，上海成为长江下游地区的活动重心。同盟会在上海成立了秘密机关，谭人凤、宋教仁、陈其美、于右任等骨干分子积极活动。陈其美联络上海社会各界、策划上海起义，表现得尤为活跃。陶成章、李燮和、尹维峻等人组织成立光复会上海支部，对外称锐进学社，发行《锐进学报》，李燮和担任总干事。同盟会和光复会携手合作，为发动上海起义积极准备。

上海并非江苏省城，列强在上海设有租界，因而驻上海的清军只有巡防营五营的兵力，驻扎在高昌庙、南市、闸北、浦东、吴淞和狮子林。上海城内南市、闸北及各地警察大概有1000人。这样的军事布局，便于革命党人发动起义。革命党人的工作重心选择争取商团和联络巡防营，战斗力相对较弱。同盟会没有一支可靠的军事力量，在复杂的形势面前，选择了与邻省联合，共同推动江浙两省武装起义的方式。

武昌起义后，上海各报馆每天刊载起义进展的情况，引起市民的极大兴趣。光复会积极行动，李燮和受黎元洪的委派前往上海。光复会本部认为，上海如果得不到江浙的响应，起义的事情最终不可能成功。李燮和、尹锐志等人招募敢死队，组织光复军，联络清方巡防营发动起义。李燮和拉拢吴淞、闸北一带军警上层人物中的湖南人。八月二十六日（10月17日），光复会派王文庆前往杭州，章梓前往南京，柳承烈、张通典等人前往苏州。

九月初三日（10月24日），陈其美、宋教仁、范鸿仙、沈缦云、叶惠钧等同盟会领导人举行秘密会议，利用《民立报》宣传革命胜利消息，来激励民众，决议把联络商团、沟通士绅工作作为上海起义的重心。沈缦云介绍陈其美在初八日同全国商团联合会会长李平书见面。同盟会同上海商团之间的联络开始成熟。

宋教仁写信给陈其美，希望各地能够响应，分担湖北面临的军事压力。九月十一日（11月1日）夜，陈其美和李平书、叶惠钧等改变原定行动计划，寻求发动武装起义。当天，李平书的族侄、新军第九镇马标第一营管带李显谟（字英石，日本士官学校第六期毕业生）担任上海各商团检阅官，被推举担任上海商团临时总司令。

关键时刻，同盟会和光复会领导人举行了商谈。九月十二日（11月2日），陈其美、李燮和在民声报社相见，商议共同行动的问题，他们决定次日午后命令各路军警改换旗帜，宣告独立。当晚，革命党人召集会议，部署第二天的起义行动。行动目标是控制南市和江南制造局；李燮和分发了光复军的白旗，派人到闸北和吴淞通知起义的时间。

第二天上午，陈其美等举行会议，决定通知各部集结向制造局进攻。但闸北警备队在陈汉钦的带领下，担任巡警起义总指挥。起义军很快攻占了巡警总局，悬挂写有“光复“二字的白旗，登台演说。闸北起义发动后，商业体操会商团代司令朱少沂、总教练沈鹏也在南市发动起义。上海道台刘燕翼听闻起义的消息后，携带关防，逃到租界。道台衙门群龙无首，毫无抵抗之力，起义军在大街小巷贴出由李平书署名的六字安民告示，上面写着“惟愿亲爱同胞，仍各安分营生。洋人生命财产，切勿乘此相侵。转瞬民国成立，人人共享太平”等内容。

起义开始后，革命党人最重要的目标是要夺取地处上海南郊高昌庙的江南制造局。这里是全国最主要的兵工厂之一，储藏了大量的枪支弹药，几百名清军驻守在这里，能否控制江南制造局，是决定上海起义成败的关键。

午后，商团和新成立的敢死队在南市九亩地集合。陈其美率领敢死队和部分商团向江南制造局发起进攻。制造局总办张士珩是李鸿章的外甥，他率卫队利用有利地形，负隅顽抗。敢死队难以接近，死伤已经超过50人。这时，陈其美忽然站出来，打算说服守卫制造局的军队。他毅然只身闯入制造局，企图说服守军放下武器，结果遭到扣押，被绑在办公厅的前柱上。

十四日（4日）凌晨，商团总司令李英石率商团反攻高昌庙江南制造总局。江南制造局东、南两面临黄浦江，只有北、西两面是陆地。商团派敢死队为前锋，同清军对攻两个多小时。守军用机枪居高临下扫射，敢死队仰攻再次受挫。制造局大门极为牢固，杂商铺店主捐助火油十几斤，纵火焚烧。商团团员许奇松等夺得一门钢炮，猛烈轰击大门，清军开始陷入混乱。李燮和所部吴淞、闸北起义军到达高昌庙，张士珩被四面围攻，眼见大势已去，带着亲信搭乘事先停泊在黄浦江上的小火轮，退往上海法租界。制造局挂出白旗，商团、光复军、敢死队一齐拥入，完全占领江南制造局。吴淞炮台总台官兼巡防营统领姜国梁率部宣告独立，上海宣告独立。

青浦、松江、金山、嘉定、太仓、昆山、崇明、宝山等县相继和平独立，苏州、杭州也在上海起义后的第二天同时宣布独立，成立军政府。在推举都督时，同盟会、光复会产生激烈争执，敢死队头目刘福标突然高举一颗手榴弹，逼迫在场代表推举陈其美，否则就要同归于尽。陈其美担任都督。上海军政分府随即发表宣言书，废除了清政府征收的各项苛捐杂税，号召工商业者自由捐助。

李燮和没能担任沪军都督，便另外成立了吴淞军政分府，向江苏巡抚程德全要求直属江苏军政府领导。同时，在吴淞中国公学内设立了光复军司令部。

上海的工商业者积极支持沪军都督府。沈缦云担任财政总长，主持财务，勉力应付，不久自动引退。陈其美请朱葆三担任财政总长，他奔走接洽，筹集军政费用，不遗余力。荣宗敬、穆藕初、顾馨一、陆伯鸿等工商业资本家出钱出力，尽量协助。除沈缦云、朱葆三外，在上海都督府先后担任过要职的李平书、王一亭、虞洽卿等都是上海工商界的头面人物。

上海起义成功后，沪军都督府任命伍廷芳担任外交总长，表示愿意负责保护外国人的利益。他们没有用武力改变租界的管理办法，外国人在华权益没有受到直接损害。以英国为首的列强持观望态度，没有采取进一步的行动。江苏巡抚程德全较为开明，在武昌起义之后，他曾电邀张謇到上海，奏请清政府迅速颁布立宪的诏书。

程德全致电总督张人骏，陈述江苏驻防兵力不足。新军协统艾忠琦无法有效控制部队。统带刘之洁向程德全进言，江苏应沉着应变，等待时机。程德全表示同意。

在准备起义过程中，光复会李燮和派柳承烈、张通典到苏州活动。同盟会方面，徐文斌也到驻苏州宝带桥北的新军中进行联络。新军中的革命分子已经迫不及待，跃跃欲试了。

九月十四日上海起义后，南京的新军第九镇也已经发动起义，江苏独立的时机已经成熟。刘之洁从抚署回来后，集合官兵，发表讲话，宣布独立。当晚，民军50人从上海乘火车赴枫桥同苏州新军会合。十五日拂晓，马队、步队、工程队、辎重队入城，他们臂缠白布，劝说程德全担任都督。张一麐、沈恩孚、潘祖谦等绅士也先后劝程德全宣布独立。程德全当即表示赞成。他命人用竹竿挑去了抚衙大堂屋上的几片琉璃瓦，表示革命必须破坏的意义。

苏南民族资产阶级支持独立，苏州商会热烈地欢迎。他们各自认定白天晚上的时间，轮流出巡，共同保障苏州的治安。苏州颐泰等十七家钱庄，捐助起义军饷银洋一万元，联名送到商务总会转呈都督府解缴。天官坊陆侍庭独自捐助银洋一万元。在拙政园开省议会时，到会的谘议局议员有55人。程德全亲自到会，宣布开会宗旨。张謇也登台演说，提出谘议局议员的名号现在已经解散，应该立刻公共推举临时会长。于是到会会员投票选举，张謇为正会长，蒋炳章为副会长。

在江苏政权更替的过程中，引人注目的国内立宪派领袖、江苏谘议局议长张謇，其政治态度已经倾向于推倒清王朝政权取而代之。

八月十九日（10月10日）武昌首义那天，他正在武昌。彭、刘、杨3烈士就义时，武昌全城戒严，张謇看到局势紧张，在上午匆忙过江，从汉口登上开往上海的日本商船襄阳丸。他上船后，武昌起义就爆发了，在船上他看到城内燃起的熊熊火光。二十二日，船到南京。他上岸后，先后会见江宁将军铁良和两江总督张人骏，劝他们派兵援助湖北清军，并要求他们请求清政府立刻实行立宪。但两人的反应很冷淡，张謇没有成功。

八月二十五日，张謇到苏州，同程德全商议后，他连夜和雷奋、杨廷栋等人替程德全起草奏折，要求清政府剿抚并施，本末兼治。要求清政府确定日期，到太庙向天下宣誓，提前宣布宪法，实施宪政。八月三十日，他同沈恩孚、雷奋、杨廷栋商议后，又用江苏省谘议局的名义发出致内阁电报，内容大体相同。到这时，张謇仍然希望通过清政府提前实行宪政的办法，使革命平息下去。

但客观局势的发展实在太快，完全同他所希望的相反。当他在九月十二日回到家乡南通的第二天，上海的起义便爆发了。接着，江浙两省相继宣布独立。革命的浪潮已不可阻挡。周围的环境又逼得张謇再无观望和回旋的余地。张謇看到：只有表示支持革命，才有可能继续保持自己的影响，逐步控制局势，使整个社会秩序不致发生大的动荡。因此，他的态度立时发生重大变化。

九月十八日（11月8日），张謇写信给江宁将军铁良，要求实现共和。差不多同时，他又发出告江苏父老书，表明自己的态度。他随即来到上海和苏州积极活动。在他的家乡南通，由他的哥哥张詧出任通州军政分府总司令，使大生系统各企业继续得到维持，没有受到影响。

像张謇这样具有全国影响的国内立宪派领袖人物，最看重的是让已经存在的社会秩序不至于发生根本动摇。他们主张社会变革，但希望把它限制在这个范围内进行。尽管他们对清政府早已深感失望，存在种种不满，但当革命运动刚刚发生的时候，依然想劝说清政府尽快宣布实行立宪，以平息革命的风暴。当革命浪潮已经势不可挡的时候，如果坚决抗拒，结果反而将会导致对立的加剧，危及整个社会的秩序，他们的政治态度很快就转为支持革命，使自己成为革命阵营内温和的派别。他们希望参加革命政权，继续保持现有的社会秩序，不至于发生大的变动。

立宪派政治态度的这种变化，减少了各省独立的阻力，也扩大了革命的声势，使清政府陷于更加孤立的境地。

程德全就任江苏都督后，江苏各地宣告独立。十六日无锡独立。十七日常熟、昭文、吴江独立。十八日南通、扬州、江阴独立。十九日常州独立。除南京及其附近地区外，苏南和苏北的沿江地区，在四五天内已经先后宣告光复。

浙江和江苏一样，同样是在上海独立的第二天（九月十五日）宣告独立。

浙江的革命中心力量在新军，同光复会、同盟会的长期努力分不开。朱瑞、俞炜，顾乃斌、吴思豫、冯炽中、傅孟、徐士镳、来伟良、童保暄、傅其永、王桂林、韩绍基、葛敬恩、周亚卫、黄元秀、吕公望等中级军官均为革命党人，同盟会会员和光复会会员通力合作，共同行动，实力相当雄厚，浙江新军能够成建制地参加起义，拥有较强的战斗力，这在全国各省中并不多见。

上海革命党人中的陈其美、黄郛、蒋介石、王金发、尹锐志、尹维峻等都来自浙江各地，同浙江革命党人的关系十分亲密。

武昌起义后，九月二十一日（11月12日），陈其美来到杭州，他约集顾乃斌、褚辅成、吕公望、朱瑞、黄元秀、吴思豫、俞炜、童保暄、傅孟等人在西湖白云庵秘密商议。1周后，陈其美派姚勇忱来杭州筹划起义，邀集褚辅成、黄元秀、吕公望、傅其永等人开会，决定由吕公望去金华召集会党，王金发负责绍兴，宁波、台州两地则由姚勇忱回上海后分别通知。

起义计划确定后，杭州的风声十分紧张，恰恰当时各地的抢米风潮此伏彼起，社会状况极不安定。新军的步兵两标虽然驻扎在城外，但城内还驻有工程营，负责主管清泰、望江两处城门（火车通过）的开关。工程营左队队官来伟良表示，愿意在城内首先起义，用迅雷不及掩耳的手段，劈开几处城门，将城外新军放入城内。九月初二日，黄郛召集褚辅成、朱瑞、顾乃斌、韩绍基、葛敬恩、吴思豫、周亚卫等，讨论进行起义部署及准备工作，决定在李纲棠家（横箭道巷）设立临时机关，起义条件已经成熟。

鉴于杭州的起义条件，陈其美一度考虑是在杭州或上海首先发动起义，还是在两地同时发动起义的问题。上海起义后，黄郛、蒋介石代表上海前来参加紧急会议，最终决定在第二天午夜时分起义。

九月十四日，上海宣告独立，浙江革命党人受到更大的鼓舞。葛敬恩起草了起义命令，以攻占巡抚衙门和旗营为目标。上海方面派来敢死队，准备一起参加行动。当天下午，多数士绅在官绅联合会议上请求独立，却未获准许。

半夜，起义开始了。八十一标从笕桥，八十二标从南星桥出发，分别开向杭州城。童保暄、傅其永、王桂林命令士兵打开望江门、新城门，来伟良打开艮山门，城外的新军起义士兵长驱直入。

新军进城后，向抚署进攻。抚署卫队很快放弃抵抗。次日黎明，城内各处除旗营外，都已被起义军占领。旗营中有1000余人，起义军则有5000多人，力量对比悬殊。杭州将军德济主张投降，协领贵林主张顽抗到底。经谘议局议长陈黻宸规劝后，才竖起白旗投降。

杭州独立后，汤寿潜出任浙江军政府都督，后因革命党人处决贵林而离职。由同盟会会员蒋尊簋继任。浙江都督府相继公布了9条政令：一、免除本年全省赋税；二、奉行共和政体；三、行政机构改为两级制，废去府、道两级；四、实行新法律，废除刑审，实行三级三审制；五、厘定中央与地方税饷，取消西北协饷，重定各府税则；六、修改教育课本，添设各地小学；七、整理盐务规则；八、设立各县警察，禁鸦片，放缠足，剪发辫；九、审查同共和国体相违背的制度、法令、军则，禁止婢妾与贩卖人口，实行婚姻自主。

宁波、绍兴、湖州、金华、衢州、严州、处州、台州、温州等各府，相继发动起义，各自成立军政分府。浙江全省宣告独立。

江苏、浙江光复后4天，九月十八日（11月8日），安徽宣告独立。

革命党人在安徽有着长期的工作基础。光绪三十年（1904），陈独秀、柏文蔚等人就在安徽成立了岳王会。留日学生吴春阳、管鹏、王天培、常恒芳等回国后，在安庆开展革命活动。柏文蔚、倪映典、熊成基、吴春阳、杨礬龙、李乾瑜、胡万泰等人在安徽新军中发动革命。徐锡麟、熊成基、张汇滔先后发动起义。

光绪三十四年（1908）安徽新军重新成军，下辖第六十一标、六十二标。不少官兵倾向革命，成为革命力量的汇聚地。武昌起义后，巡抚朱家宝十分恐慌，请调张勋的江防营来安庆并多方防范。

吴春阳奔走各地，联络确定发动起义日期。九月初九日（10月30日），他和王天培、韩衍、史沛然、李乾瑜、陈安仁等人召开会议，决定当晚就由新军发动起义。但这次起义并不顺利。胡万泰突然离开安庆，李乾瑜被拘留，情况临时发生了变化，整个部署都被打乱。

次日（12月1日），胡永奎调来荷枪实弹的数百名江防营兵，将六十一标全标解散。第六十二标新军向安庆进发。得知消息后，六十一标新军也向省城进发。当晚，起义军逼近北门，在江防营的严防死守下，起义军被击溃，余部退往桐城。起义宣告失败。

然而，江防营纪律败坏，肆意抢劫居民财物。安徽谘议局开会，逼迫朱家宝召回部分新军，接管财政及督察局。正在此时，江西军政府致电安徽谘议局，提出由江西派出军队经安庆进攻南京，帮助安庆宣布独立，迫使安徽谘议局决定主动选择独立，推举朱家宝为都督、王天培为副都督，吴春阳为总经略。安庆宣告独义后，庐州、芜湖两地也同时独立。

安徽独立受邻省影响，革命党人发动新军起义造成了巨大压力，巡抚朱家宝不愿为清政府送终，绅商们的向背也有重要的作用，多种因素交织在一起，造成了安徽在独立后立刻陷入异常的混乱和动荡不定的局面，一度同时有3个都督出现。

吴春阳接洽九江军政分府都督马毓宝，请他派兵。马毓宝派黄焕章开往安庆。宣称负责安徽一切军政，俨然又一个安徽都督。马毓宝派李烈钧来安徽善后，李被推举为安徽都督，但安徽局势仍然不稳。李烈钧离开安徽。安庆士绅再推举桂丹墀为临时都督，胡万泰这时仍然以总司令自居，安徽事实上还是有两个都督。

随着革命形势的发展，混乱的状况必须得到解决。各军政分府首脑一致同意同盟会员孙毓筠出任都督，安徽大体上得到统一。在柏文蔚接任安徽都督后，安徽的局面得到稳定。

安徽独立后，仍然据守南京的清军陷入孤立。

光绪三十二年（1906），福建革命党人即成立同盟会福建支部，以郑祖荫、林斯琛为首，但影响不大。福建新军由左宗棠的旧部改编而成，为暂编第十镇，军官多为留日学生，以同盟会会员许崇智为首，掌握新军领导权。武昌起义后，福建深受震动。郑祖荫、林斯琛、林肇民、许崇智、萧奇斌等召开会议，决定发动起义。他们争取统制孙道仁共同起义。十八日，许崇智受命担任前敌总指挥，彭寿松率部配合，占领福州的制高点于山。控制弹药库后，起义军向福州将军署发动猛攻，清军投降。成立由孙道仁担任都督的福州军政府。厦门在福州独立后，同盟会负责人王振邦、张海珊等人积极响应。九月二十五日（11月15日），起义爆发，道台已提前逃匿，起义军不费一兵一卒，占领了道台衙门，厦门顺利独立。

上海、江苏、浙江、安徽、福建等东南地区相继独立后，只剩下南京一隅，革命党人的声势大振，全国的力量对比发生了重大变化。

与东南各省几乎同时，独立的浪潮迅速席卷了西南、华南，贵州、广西、广东和四川各省。在这些省份的起义过程中，新军依然扮演了十分重要的角色。

两广独立

广西与贵州接壤，但却是同盟会发动起义的重点地区。清军的力量比较强大，省会桂林是革命党人活动的中心，广西提督驻扎的南宁则是清军力量的重心。

广西新军历来实力较强。督练公所兵备处由革命党人庄蕴宽、钮永建担任总办、帮办，他们都倾向革命。巡抚张鸣岐将其撤职，一批骨干成员被迫离开广西。张鸣岐升任两广总督后，以耿毅为首的同盟会广西支部成立。他们积极发动新军、联络会党，进行革命宣传。武昌起义后，九月初十日（10月31日），起义在广西梧州爆发。清广西当局内部陷入分裂。藩台王芝祥主张武力镇压，巡抚沈秉堃则在绅商两界的游说下犹豫不决。耿毅两次向其讲明利害关系后，王芝祥也接受了建议，宣布独立。广西独立后，军政府积极援鄂。王芝祥趁机发动兵变，逼迫沈秉堃离职。叛军被镇压后，谘议局将副都督陆荣廷选为都督。王芝祥大势已去，前往南京。

广东的独立落在了全国的后面。广东虽然长期以来一直都是革命党人着力经营的地区，被称为革命的策源地，然而，经过多次起义，革命力量损失惨重。武昌起义后，各省群起响应，广东的革命党人迟迟没有动作。武昌起义后，胡汉民在香港，一方面鼓动新军驱逐张鸣岐，另一方面，派朱执信、胡毅生潜入内地，组织陈炯明、王和顺、高剑父、莫纪彭、任鹤年、林君复、黄明堂等各路民军逼近广州。尽管遍地开花，但实力有限。张鸣岐风声鹤唳，向清廷奏请在广东各地严加防范。九月初四日（10月24日），广州将军凤山被炸身亡，士绅巨贾见革命大势不可逆转，江孔殷提出“用官府改良独立”的主张，得到代表们的拥护。初九日（10月29日），广州各大善堂、总商会举行集会，决定立即派代表向督抚呈请承认南京的共和政府，并从西关开始在城内巡行，要求张鸣岐立即宣布独立，与清政府脱离关系。

张鸣岐要求商户停止巡行，在城内实施戒严，城内商户纷纷关门歇业，物价猛涨，一片恐怖肃杀的景象。革命党人要张鸣岐在两天内必须宣布独立，如抗拒民意，将会用大炮回敬。

张鸣岐的戒严高压反而促使水师提督李准改变态度。李准看到武昌起义后的民心所向，开始有意识地向革命派靠拢，派谢义谦到香港，与胡汉民等人接触。

胡汉民提出三项要求：一、李准亲手书写投降文书，去掉清朝黄龙旗，改用青天白日旗，通电反正；二、立即驱逐张鸣岐，逼迫龙济光投降；三、交出手中管辖的全部要塞、兵舰、军队，由革命政府处理。李准接受了这些要求，并采取了一系列行动。他一面派周子文、陈了明等人前往龙济光处劝说，使龙济光对革命党人表示同情。李准还派水师营务处的刘冠雄到张鸣岐处，劝告张鸣岐迅速做出决断，不要再恋虚荣，贻害地方。张鸣岐还在犹豫不决，李准认为龙济光已经归顺，新军都表示同情，于是传令水路各军、沿海炮台，由吴宗雷、吴占高督饬各营队，约定在九月十九日（11月9日）发动起义。

广东的士绅巨贾也行动起来。十八日（8日），各社团领袖召开会议，一致通过主张独立，推举江孔殷、陈景华、黄谦作为代表，请张鸣岐就任都督。这时，李准已经直接打电话给张鸣岐，告知自己已经与革命军联络合作，决定起义。张鸣岐见大势已去，逃到沙面英租界。同盟会会员选举胡汉民任都督，陈炯明为副都督，黄士龙为参都督，胡汉民抵达广州就任。

四川独立

四川是西南、华南地区最后一个宣布独立的省份。

四川保路运动是辛亥革命的导火线，保路同志军开全国大起义的先河，但四川总督赵尔丰严加防备，多方压制，四川的革命几乎是在各省独立即将宣告结束之际才得以实现。

武昌起义的消息传到四川后，全省震动，川北、川东、川南以及重庆相继建立了军政府，四川的革命形势迅速改观。

重庆是四川同盟会活动最重要的基地。同盟会在光绪三十二年（1906）设支部，杨庶堪、张培爵、向楚、黄圣庠、熊兆飞、周国琛、杨霖、朱之洪等人加入同盟会。保路运动中，重庆的同盟会会员十分活跃。成都血案发生后，湖北新军进入重庆，革命党人暂时不敢轻举妄动。

九月十五日（11月5日），夏之时在距成都只有40里的简阳龙泉驿发动起义。当天夜里，夏之时率新军230多人誓师起义，连夜率部东下。渡过沱江后，绕道北路东下。两天后抵达重庆江北的黄桷树。重庆的革命党人派朱之洪前去联络，决定夏军经浮图关进入重庆，独立的时机已经成熟。

杨庶堪立即召集紧急会议，决定宣布重庆和平独立。十月初二日（11月22日）夏之时部抵达浮图关，城内的革命党人里应外合，重庆知府钮传善被迫投降，成立蜀军政府，革命党人公推张培爵为都督，同盟会完全掌握蜀军政府。

蜀军政府成立后，立刻支援四川各地起义军的军费，与清成都当局对峙，四川各地纷纷发动起义。

在川南泸州，杨兆蓉和谢叔铭共同策反防军。十月初六日（11月26日）成立川南军政府，在蜀军政府的不予认可的压力下，川南军政府改由同盟会会员所掌握，成为蜀军政府下辖的地方政权。

四川清军主要是署理四川总督的赵尔丰部和留驻资州的湖北新军端方部。

九月廿八日（11月18日），湖北新军抵达资州时，已经陷入保路同志军的四面包围之中，进退两难。重庆独立后，湖北革命党人田智亮秘密回到重庆，与重庆的同盟会机关取得联系。张培爵派300人向资州开拔。十月初七日（11月27日），新军中的革命党人把端方押往天上宫处决，于次日凌晨（28日）开回武昌。

总督赵尔丰迫于革命形式的发展，释放了蒲殿俊、罗纶等人，并将政权暂时交给蒲殿俊，以便保存实力。十月初四日（24日），赵尔丰与蒲殿俊等人达成协议，四川宣布独立自治，设军政府，赵尔丰率军队出关处理边疆事务，暗中唆使巡防营发动兵变，在成都大肆抢劫。军政府尹昌衡则率陆军小学堂学生进城平乱。周骏、彭光烈、徐炯、邵从恩、张澜等士绅改推尹昌衡担任都督，罗纶担任副都督，重建军政府。

尹昌衡当机立断，利用哥老会分化赵尔丰的卫队，并攻入总督署，捕获赵尔丰，当众枭首。成都的局面趋于稳定。成渝两地开始酝酿合并。尹昌衡、张培爵、罗纶、夏之时成为军政府首领。四川完成统一。

首任临时大总统

南京战役

随着西南、华南各省的独立，长江流域只剩下南京一座孤城。这里虎踞龙盘，城池坚固，是兵家必争之地。革命党人必须攻占南京，才能形成南北方对峙的格局。因此，南京战役成为举国上下瞩目的焦点。

清政府在南京驻有重兵。两江总督张人骏直辖巡防兵约2000人，江宁将军铁良有一支约1000人的旗营。江南提督张勋率领的江防营23营，约7000人。武昌起义后，江防营陆续进入南京城，成为驻防南京的主要军事力量。

在城外，驻扎在南京的新军为暂编陆军第九镇，由原两江总督周馥在光绪三十二年（1906）建立，统制是苏松镇总兵徐绍桢。经过三年编练，只有步兵一营、马队两队。第九镇下辖第十七、十八两协，这是一支建制完整、装备精良、战斗力强大的部队。

革命党人很早就在新军中秘密活动。赵声、柏文蔚、林之夏、林述庆、陶骏保、冷遹先后在第九镇任职。虽然他们先后离职，但第九镇的革命基础已经建立起来。

武昌起义后，第九镇立刻遭到张人骏、铁良、张勋等人的猜忌。那时第九镇驻扎在南京城内，江防营驻扎在城外浦口一带，两军的矛盾很深。八月二十五日（10月16日），张勋率江防营入城后，南京宣告戒严。由于张人骏对新军产生疑心，第九镇和江防营在配发弹药的问题上产生了尖锐矛盾。

张人骏还打算在新军中进行搜捕，徐绍桢坚决反对，张人骏不敢轻举妄动，于是在九月初九日（10月30日）把第九镇调出城外，移驻城南60里的秣陵关。

这时，湖南、陕西、江西、山西、云南等省已经先后宣告独立，第九镇中的革命党人要求采取行动。与上海同盟会进行了联系，曾任管带的柏文蔚在九月初三日（10月24日）来到南京。

当时，南京城内的同盟会会员正在凌毅和李华侬的主持下，策动新军起义。柏文蔚到南京后，与第九镇官兵密切接触。考虑到弹药不足，新军内高级军官没有经过发动，不了解政治态度，因此柏文蔚首先来到秣陵关第九镇驻地，与徐绍桢等人会见。柏文蔚劝说徐领导起义，拥立他担任都督。徐绍桢、史久光、沈同午、孙铭等人商议，都主张上海先发动起义，然后再进攻南京。确定了起义的计划，徐绍桢派柏文蔚回上海运送枪炮子弹发给士兵，准备起义。

在柏文蔚与徐绍桢等人确定计划的当天（九月十四日），上海已经宣告独立。第二天，江苏、浙江两省同时宣布独立。南京的起义已经箭在弦上，不得不发。

这时，南京城内的革命党人突然单独采取了冒险行动，十七日夜里，苏良斌半夜放火，督署附近的卫队和巡防营同时响应，被江防营击溃。南京进入了严密戒备的状态。

就在苏良斌采取冒险行动的次日（十八日）拂晓，新军正式发动了起义。

第九镇新军从秣陵关出发，向雨花台猛攻，以为能得到城内部队的响应，结果遭到张勋统领的江防营清军的猛烈还击。雨花台清军用重炮轰击新军。下午3时，新军从花神庙向雨花台全线进攻，没有遇到有效抵抗。5时，接到消息，得知城内的起义军被击溃，这时已来不及停止行动。只好赤手空拳，向雨花台冲击。由于缺乏弹药，新军损失惨重，被迫撤退到秣陵关待命。经过短暂休整，新军沿句容退往镇江、安徽、武汉等地。

在秣陵关起义的当天，第十八协第三十六标的管带林述庆已经在镇江宣告独立。林述庆被推举为镇江都督，陶骏保任参谋长，李竟成任军务部部长，杨邦彦任民政部部长。

柏文蔚在镇江起义时，打算前往秣陵关联系徐绍桢，但南京起义军失败的消息传来，他返回镇江，收容改编退往镇江的起义军。

秣陵关起义失败后，上海、江苏、浙江两省三地的革命党人深受震动。于是，在沪军都督府的主持下，决定组建江浙联军，共同攻克南京。九月二十一日（11月11日），徐绍桢被推举为联军总司令，负责指挥攻克南京的战役。

总司令部成立后，顾忠琛、孙毓筠组成参谋部，负责指挥部的运转。各省联军先后云集在镇江，声势浩大。

九月二十六日，徐绍桢在镇江都督府召开了紧急军事会议，分配作战任务。在分析了南京的地理形势后，确定兵分三路，淞军负责北路进攻乌龙、幕府两座山头；苏军负责南路，进攻雨花台；浙军、镇军负责中路，浙军从麒麟门攻取紫金山，镇军负责攻占天保城。进军时间定在十月初三日。

联军开始向南京进军后，北路取得了首先突破。乌龙、幕府两座山头的守军与江浙联军互通信息，决定响应起义。十月初四日夜，联军向乌龙山进发，得到响应。次日拂晓，江浙联军占领了幕府山。

在中路，南京城大权已经落到张勋手中。初四日联军开始向南京发动正面进攻，浙军担任主攻。他们经东流市向麒麟门方向前进，同清军展开激烈的战斗。下午，他们一举占领了紫金山东部，在孝陵卫和紫金山东部之间摆开战场。击毙了清军统领王有宏，沉重打击了清军士气。

同时，幕府山上的联军开始向城内的两江总督衙门、江宁将军衙门轰击，联军士气大振。初五日5时，张勋亲自率领5000人袭击联军。战斗从清晨持续到傍晚，清军无法支持，撤到城内。浙军奋勇向前，追击到朝阳门外。张勋固守城内，不敢主动出击。第二天，镇军、苏军相继到来，联军包围了南京。

这时，城东天保城的攻防就成为攻克南京的关键。天保城是南京的制高点，居高临下，俯瞰南京全城。十月初七日，联军总司令部命令总攻天保城。到十月初十日下午，经过浴血奋战，付出重大代价后，联军攻克了天保城天堑。

天保城攻克后，南京已经无险可守。于是张勋派人向苏军司令部求和，率残部向浦口方向溃退，遭到柏文蔚部的截击。

南京城被攻克后，徐绍桢、林述庆之间的矛盾立刻尖锐了起来。林述庆进入南京后，自称江宁都督，占据南京城内的重要衙门，让联军总司令徐绍桢感到无法控制，他通电全国，辞去总司令的职务。镇军的跋扈行为，让联军内的其他各军也极为不满，林述庆无法控制南京城的混乱局面。

陈其美决定请程德全担任江苏都督，委任林述庆担任北征临淮总司令。林述庆与柏文蔚、徐宝山、郑权等人磋商，没有得到支持，只好黯然下野。这样，南京城内的混乱局面得到平息。

从武昌起义到南京独立，相隔只有50多天。南京光复后，南北对峙的格局已经形成。成立与清政府正面对峙的革命政权摆在了革命党人的面前。在南京光复不到1个月后，南京临时政府正式成立。

孙中山归国

武昌起义后，全国各地普遍响应，在不到两个月的时间内，已有14省宣布独立。革命形势的迅猛发展，迫切地要求建立统一的中央革命政权，来领导全国的革命运动。

但发动、领导这场革命的中国同盟会，没有足够的能力来解决这个问题。虽然同盟会早已对政权建设有比较完整的规划，但在武昌起义后的复杂形势面前，没有做好充分的思想准备。武昌起义后，袁世凯东山再起，立宪派在各地军政府中的强势，同盟会缺乏强有力的领导核心，人心涣散，以及部分成员地域、权势思想严重等情况，已经不能担负起团结各方力量的领导责任。九月中旬，两湖、江浙两大区域的革命党人在筹组临时中央政权的过程中，很快出现了对立的状态，不利于实现推翻清王朝统治并建立共和政体新政权的革命目标。在中央政府的地点和临时大总统的归属问题上，各省代表展开了错综复杂的斗争，致使临时中央政府迟迟不能成立。这时，摆在革命党人面前的一项紧迫任务，就是推举一位革命资历足以让大家信服、在全国享有崇高威望、才识胆略超出一般人的领袖来担任这一重要职务。

孙中山是全国人民公认的革命领袖，他虽然没有直接参加武昌起义的领导，但是起义的人们仍然把他当作革命的领袖，用他的名义来号召群众、组织群众。武昌起义后不久发刊的《中华民国公报》，就在九月初十日（10月31日）以“中华民国军政府大总统孙”的名义向各省同胞发出布告，号召“各省义军代表，同心勠力，率众前驱”“建立共和国”，清楚地表明了革命军的用意。因此，在“南北和谈”已经开始，临时中央政府难以成立的困难时刻，人们自然而然地把目光投到了孙中山的身上。

武昌起义当天，孙中山正在美国从西海岸乘火车前往中东部各地向华侨募捐的旅途中。八月二十日（10月11日）他抵达哥罗拉多州的典华（今译丹佛）城。由于旅途疲倦，他直到第二天11时才起床。在旅馆回廊报摊的报纸上得知武昌已被革命党占领这一意外消息。但是，他并没有立即起程回国，而是决定先从外交方面努力，期望得到欧美各国明确支持后再回国。

孙中山首先把外交重点放在英国上，同时也努力争取其他列强对中同革命的支持。九月上旬，孙中山在芝加哥参加了当地同盟会举行的预祝中华民国成立的大会后，就和同盟会会员朱卓文乘车前往华盛顿，并在二十七日（18日）写信给美国国务卿诺克斯，要求举行秘密会晤，希望能够获得美国的道义支持与物质援助，希望能在外交上坚守中立。但他没有受到诺克斯的接见。九月初五日（10月26日），孙中山到纽约又会见了秘密来访的日本驻纽约总领事水野幸吉的代表鹤冈永太郎，表示愿以公开身份访问日本。并提到他曾致电宫崎寅藏，代为探询日本政府的意向。九月初三日（10月24日）萱野复电称：如果孙中山肯改名，登陆或停留都可以。孙中山则表示：如果日本政府能同意他不更改姓名而登陆，对中国革命示以同情的态度. 他愿意改变原定到欧洲后经印度洋返日的计划，再度取道美国，经西雅图前往日本。孙中山认为，这样做既可以鼓舞革命军的士气，又能消除外界认为日本国政府暗中庇护清政府的疑虑，对双方都有利。这些往来电函，是孙中山极力争取日本政府不干涉中国革命的明证。

孙中山在华盛顿和纽约的外交活动，并没有取得任何实际效果。九月十二日（11月2日），孙中山只得离开纽约前往伦敦。

孙中山到英国开展外交活动的目的，除了想取得英国对中国革命的谅解、向英国争取贷款以便回国支持革命需要外，还想阻止四国银行团贷款给清政府，以免清政府得到贷款后继续对革命运动进行顽抗。

清政府原来与四国银行团签订过川汉铁路1亿元、币制改革1亿元的贷款合同。当时清政府已经为其中一笔借款发行债票，准备征收款项，等待付款；另一笔已经签约，还没有发行债票。武昌起义后，清政府急于想把这两笔贷款拿到手，用作镇压起义的军费。可是，由于英国驻华公使朱尔典为迫使清政府将政权交给袁世凯，要求伦敦拒绝贷款给清廷，所以孙中山还在大西洋旅途中时，四国银行团已在巴黎做出暂时不同清政府谈判，须待新的正式政府成立后才能再谈借款的决议。

在孙中山到达英国前，咸马里已在伦敦替他进行过多方面的活动，寻求支持。当时英国马克沁（Maxim）机枪厂的厂主达耳生看到孙中山将来有可能当选为大总统，盼他订购武器与军火，愿意代表孙中山同英国政府联系。达耳生代表孙中山会见英国内阁外相格雷，提出希望成立盎格鲁撒克逊联盟以联合英、美。孙先生希望获得英国的友谊与支持援助，答应给予英美在中国的若干优先权利，但格雷并没有接受孙中山的要求，不过英国政府还是答应了他的一些要求，取消了英属政府对孙中山的放逐令，不反对他在返国途中经过英国殖民地以及香港等地并能够短暂停留。达耳生代表孙中山同格雷磋商时，格雷表示英国将保持中立，如果袁世凯能够驱逐清政府并赞成共和，所有外国人以及反满团体都可能给予袁世凯总统的职位。英国政府的表态，使孙中山认真考虑后，决定赞成黎元洪、袁世凯当总统。

孙中山在伦敦进行外交活动后，在十月初一日（11月21日）由伦敦到达巴黎，初四日由马赛乘船回国。他在巴黎一共住了3天，进行繁忙而紧张的外交活动。孙中山同克里蒙梭、阿尔弗雷得·马赛、吕西安·于贝尔及博雷尔等政界人士会面，向他们提出法国是否愿意承认中华民国的问题。除政界人物外，孙中山还会见过巴黎《巴黎星期报》和《巴黎日报》等报的记者，以中国革命导师的身份，对即将提上日程的建国任务及对外关系的某些原则做出了说明，争取外国的同情与支持。

与在英国的外交活动一样，孙中山在法国活动的重点也是借款。当他会见东方汇理银行的经理西蒙时，就先开门见山地向西蒙提出能否立即或在最短期间内，贷款给革命临时政府，西蒙干脆地拒绝了这个请求，从一开头就关死了立即贷款的大门。这样，孙中山从英国到法国历时两周的外交活动，在筹款问题上都没有任何结果。

孙中山在巴黎期间，除了会晤法国各界人士外，还同一些旅居法国的中国人，特别是同盟会会员胡秉柯、张翼枢等人有所往来。孙中山归国途中，经过槟榔屿、新加坡等地，在宣统三年十一月初二日（1911年12月21日）到达香港。胡汉民、廖仲恺等人乘兵舰到香港迎接。孙中山与胡、廖就当时国内形势与应采取的方针，从早到晚进行了一整天的热烈讨论。胡汉民认为，清政府完全失去了人心，所依赖的不过是袁世凯的兵力。袁世凯的表现历来不能轻信。他主张孙中山先到广州，以广东为根据地，整训军队，然后举兵北伐。

孙中山不同意胡汉民要他留在广州的建议，他认为目前的最大问题就是没有统一的政府，关键的问题是尽快建立起全国性的统一革命政府，坚持要前往南京、上海主持局面。他的着眼点是考虑如何缩短战争的时间，当务之急是迅速建立起统一的革命政府，利用袁世凯来推翻清朝政府。

在孙中山的坚持下，胡汉民放弃了原来的主张，委任陈炯明代理广东都督，让廖仲恺返回广州布置一切，然后随同孙中山乘船前往上海。

孙中山到上海的消息传出后，已独立的各省革命政权纷纷来电表示欢迎。江西派出代表专程到上海表示欢迎。南京的“各省都督府代表联合会”也派遣马君武、景耀月、王竹怀、王有兰等6位代表，在十一月初七日（12月26日）晚专程前往上海欢迎。

孙中山从海外归来，使资产阶级革命派的声势大振，可是这时的形势实际上对革命已很不利。南京临时政府成立前，革命阵营内的矛盾、冲突已经相当严重。同盟会组织已经涣散，不能对革命实行有力的领导，挤入革命行列的旧官僚和立宪派分子又进行拉拢和分化，促使原来的派系、集团矛盾更加尖锐。与此同时，反革命势力亦竭力制造流言蜚语，攻击同盟会，诬蔑革命党人是“暴徒”“无赖”。

“南北议和”

孙中山到达上海以前的十月二十八日（12月18日），由欧美各国、袁世凯和立宪派共同策划的南北议和，已在上海英租界正式开始。帝国主义列强千方百计地迫使南方革命势力向袁世凯妥协。十月三十日（12月20日），南北议和代表举行第二次会议时，驻上海的英、美、日、俄、法、德等六国总领事经各国政府批准，一致向南北双方代表发送同文照会说，目前中国战事的继续进行，不仅使中国本身，而且也使外国人的重大利益和安全遭受严重威胁。因此，各国政府认为有责任非正式地吁请双方代表注意，需要尽快达成一项旨在结束目前冲突的协议。这项照会，表面看起来好像不偏不倚，但矛头针对的却是南方革命势力，不准他们把革命战争进行下去，必须与袁世凯达成协议。在帝国主义公开干涉的同时，张謇、赵凤昌等立宪派首脑继续进行着紧张的幕后活动。他们一直与袁世凯暗通声气，在南方革命党人中间极力散布对袁世凯的幻想，制造妥协的气氛。这时，被袁世凯收买、随唐绍仪南下充当南方议和代表参赞的汪精卫，也在革命党人中间公开为袁世凯制造舆论。他总是说袁世凯在北方如何帮助革命，收拾大局非袁莫属。在上海的同盟会其他领导人黄兴、陈其美、宋教仁等在立宪派人的拉拢、影响下，也表示要进行议和。这样，孙中山一到上海，就陷入妥协气氛的包围之中。

由于英国已公开向孙中山声明支持袁世凯做大总统，孙中山本人也害怕南方的革命力量同袁世凯的北洋军长期相持下去，会引起列强的干涉，希望尽早结束战争。同时，孙中山对袁世凯抱有幻想，他在刚到香港的时候就已经大体上确定了利用袁世凯来“争取和平，以收革命之功”的方针，所以他主观上并不反对通过议和来迫使清帝退位，以实现“建立民国”的目标。

但是，这时袁世凯并没有承认建立共和制度，口头上还在坚持君主立宪的主张。要真正贯彻这个方针，必须整顿领导这场革命的同盟会，建立起一个由同盟会领导的强力的革命政府，在必要时能够迅速出兵北伐，击溃袁世凯的武装，推翻清朝政府的反动统治，把民国建立在牢固的基础上。

因此，孙中山主持起草了《中国同盟会意见书》，十一月初十日（12月30日），在上海召开了中国同盟会本部临时会议，通过了这个《意见书》，改订同盟会的暂行章程。《意见书》回顾了同盟会的历史与现状，在肯定武昌起义以来革命形势飞速发展的同时，也指出同盟会内部的分歧已被敌人所利用，造成了分裂的局面。《意见书》不点名地批驳了章太炎所宣扬的"革命军兴，革命党消"的论调，指责这种论调和同盟会所主张的主义背道而驰，也是书生之见，没有一条有价值。《意见书》强调革命党人的责任绝不限于推翻清朝政府，也就是不结束于民族主义，而结束于民权主义、民生主义，必须完全贯彻这三大主义。《意见书》指出，汉阳失利，清军还没被消灭，胜败的结局无法预料，革命党人必须先自己团结起来，形成坚固的不能攻破的力量，然后广泛与社会各阶层结合起来，网罗人才，壮大实力，建立灵活的机关，剔除抛弃同盟会中的败类，是同盟会当下最要紧的事情。

出任临时大总统

在组建临时政府方面，在孙中山到上海后的第二天（十一月初三日），他就和在上海的黄兴、陈其美、宋教仁等同盟会领导人秘密商议组织统一的中央革命政府问题，力图建立起以革命党人为主体的新政府。会上，同盟会决定推举孙中山为大总统，分别向各省代表传达，由马君武主编《民立报》，唤起舆论。晚间，又在孙中山的住所专门研究了组织政府的方案。这时，同盟会最高领导层内已存在着矛盾，在讨论政府的组织形式时，就发生了一场究竟采用总统制还是内阁制的激烈争论。宋教仁坚持主张实行内阁制，孙中山表示反对说，内阁制平时不使国家元首处在政治冲突中，绝不是这个非常时代所应该坚持的政治体制，我们不能对于唯一置信的元首，再设立防范制约的法度；我也不肯随便附和大家的意见，自居于神圣的地位，从而耽误革命的大计。当时参加这次会议的除孙中山、宋教仁之外，还有黄兴、胡汉民、汪精卫、陈其美、张静江、马君武、居正等元老。孙中山的意见，首先得到张静江的支持，其他参加会议的人，除宋教仁外，也都同意孙中山的意见，于是就决定采用总统制。宋教仁仍然坚持己见。黄兴则从中进行调解，劝他等到南京后再和各省代表商议，然后再做决定，宋教仁才不再坚持。会后，宋教仁乘夜车去南京。初六日，黄兴乘专车到达南京，当晚在江苏谘议局召开各省代表会议，提出三项议案：一、改用阳历；二、起义时用黄帝纪元，今应改为中华民国纪元；三、政府组织形式采用总统制。经过讨论，各省代表对前两项议案全体赞成，但因民间习惯沿袭已久，在阳历下仍然注明阴历的节气。至于总统制、内阁制问题，在讨论时，宋教仁仍然主张内阁制。讨论结果，大多数代表赞成总统制，于是通过。并决定临时政府组织大纲及第二天选举临时大总统。

十一月初八日（12月29日），各省代表开会正式选举临时大总统，到会者共有17省代表45人。由浙江省代表汤尔和为正主席，广东省代表王宠惠为副主席，江苏省代表袁希洛担任书记。会议首先将前一晚预备投票的结果揭晓，有候选资格的是孙中山、黄兴、黎元洪3人。选举以每省1票为原则，共17票。按临时政府组织大纲第一条规定，达到投票人数三分之二以上的候选人当选。选举结果，孙中山得到16票，黄兴得到1票。孙中山以超过投票总数三分之二以上的票数，当选为临时大总统。在这次参加投票的45人中，立宪派人占多数。面对孙中山当选的事实，立宪派也不得不承认孙中山的革命元勋地位。

各省代表会选出临时大总统后，立即决议，由各省代表特派汤尔和、王宠惠、陈陶遗3人去上海欢迎孙中山到南京就职。孙中山得知当选的消息后，立刻发电给各省代表会议，表示接受。

宣统三年十一月十一日（1912年1月1日）凌晨2时，孙中山乘坐专车离开上海，前往南京就任中华民国第一任临时大总统。出发前，孙中山嘱咐陈其美准备一切，并告诉他，革命党人不用采取复杂的仪式，只需要一辆车足够了。陈预备了专车并且亲自护从。同行的有各省代表会临时议长汤尔和、副议长王宠惠和孙中山的军事顾问荷马李（即咸马里）等几十人。上海各界1万多人到车站送行。当天下午，专车抵达南京下关，受到各省代表和广大群众的热烈欢迎，礼炮齐鸣，共和万岁的声音响彻云霄。专车随即由下关进城，城内欢声雷动。南京百姓为欢迎他做了许多准备，部队排列在从火车站到总督衙门六英里长的道路两旁。但孙中山没有下火车改乘汽车，而是把他的车厢调到通往城内的铁轨上，坐火车前往总督衙门。下午6时15分，专车到达总督衙门车站，孙中山等人下车后，就前往设在前两江总督衙门的临时大总统府，由黄兴、陈其美和海军代表护送孙中山进入。

当晚，举行了庄严而朴素的大总统就职典礼，由徐绍桢担任司仪员。典礼开始时，鸣礼炮21响。代表会公推景耀月致颂词。孙中山亲自宣读了临时大总统誓词：

> 倾覆满洲专制政府，巩固中华民国，图谋民生幸福，此国民之公意，文实遵之，以忠于国，为众服务。至专制政府既倒，国内无变乱，民国卓立于世界，为列邦公认，斯时文当辞大总统之职。谨以此誓于国民。[①]

① 《孙中山全集》第2卷，第1页。

孙中山正式就任临时大总统的当天，就对外发布了《临时大总统就职宣言》和《告全国同胞书》。宣言明确地指出，临时政府是革命时代的政府。它的任务是：完全扫除专制流毒，确定共和，普利民生，以达革命的宗旨，完成国民的志愿。规定对内的方针："民族之统一""领土之统一""军政之统一""内政之统一""财政之统一"。对外的方针是："'满清'时代辱国之举措与排外之心理，务一洗而去之。与我友邦益增亲睦，持平和主义，将使中国见重于国际社会，且将使世界渐趋于大同。"①

宣言发布后，孙中山下令改国号为"中华民国"。并且在第二天（1月2日）发布了《改历改元通则》，规定中华民国改用阳历，用黄帝纪元四千六百九年（即辛亥十一月十三日）作为中华民国元年元旦。

组织南京临时政府

孙中山任临时大总统后，立即开展组织政府的工作。但原来《临时政府组织大纲》中只规定设大总统，而没有副总统；行政部门只设外交、内务、财政、军务、交通五部，不能适应客观形势的要求。于是，根据宋教仁的提议，在十一月十四日（1月2日）修正《中华民国临时组织大纲》，在大总统以外加设副总统，对行政各部不加限制。

成立政府需要设立参议院作为立法机关。因此，通电各省根据《临时政府组织大纲》第八条"参议院以各省都督府所派的参议员组织"和第九条"参议员每省以三人为限，其派遣方法，由各省都督自定之"的规定，抓紧成立参议院。同时，根据临时政府组织大纲第十七条"参议院未成立以前，暂由各省都督代表代行职权"的规定，选举赵士北、马君武担任临时正副议

① 《孙中山全集》第2卷，第2页

长。十一月十五日（1月3日），由各省都督代表组成的临时参议院举行副总统选举会，黎元洪获得全票当选。孙中山出席了这次会议，并提出中央行政设立各部及其权限案，在获得通过后立即提出国务员9人的名单由会议审查。孙中山最初所提9人的名单是：

陆军总长　黄　兴

外交总长　王宠惠

财政总长　陈锦涛

教育总长　章炳麟

交通总长　程德全

海军总长　黄钟英

司法总长　伍廷芳

内务总长　宋教仁

实业总长　张　謇

这个名单中，虽然重要的部门都由同盟会会员担任，但也安排了立宪派人和旧官僚。名单提出后，一部分代表反对宋教仁、王宠惠、章炳麟，也有人主张改任伍廷芳为外交总长。根据讨论情况，黄兴与孙中山商议，他认为宋教仁主张初次组建政府，必须全部使用革命党人，不用旧官僚，理由非常充足。但在今天的情势下，新旧交替，而代表会又坚持反对宋教仁担任内务总长，还不如部长取名，次长取实，改为程德全掌内务，蔡元培掌教育，伍廷芳和王宠惠对调。孙中山对此不完全同意，认为内政、教育两部可按照黄兴的意见，外交问题则打算直接与外国接触，伍廷芳是忠厚长者，会有很多不顺，所以才用王宠惠。伍廷芳可以随时指示。黄兴根据孙中山的意见再同代表会商，得到代表会的一致同意。接着，又任命胡汉民为总统府秘书长，黄兴兼参谋总长，并委任了各部次长。这样，内阁的最后名单就确定了下来：

陆军总长 黄　兴　次长 蒋作宾

海军总长 黄钟英　次长 汤芗铭

外交总长 王宠惠　次长 魏宸组

内务总长 程德全　次长 居　正

财政总长 陈锦涛　次长 王鸿猷

司法总长 伍廷芳　次长 吕志伊

教育总长 蔡元培　次长 景耀月

实业总长 张　謇　次长 马君武

交通总长 汤寿潜　次长 于右任

总统府秘书长 胡汉民

从这份名单来看，各部总长名额的分配是革命派、立宪派、旧官僚三种势力的联合，由同盟会会员任总长的只有陆军、外交、教育三个部，但“部长取名，次长取实”，各部次长除汤芗铭外，都是同盟会的重要骨干，实权主要掌握在革命党人手中。它是一个以革命派为主体的政权。张謇、汤芗铭他们往往住在上海租界，程璧光本来就在租界养病，伍廷芳代表南方议和，没有精力管理部务，所以5部全都由次长代理部务，黄兴、王宠惠、蔡元培3个总长实际负责。所以，从实质上看，南京临时政府是一个由革命派居于主导地位的资产阶级民主共和政府。

《中华民国临时约法》

制定和颁布《中华民国临时约法》，是南京临时政府在立法建制方面最重要的成就。《临时约法》由参议院主持制定，从1912年2月7日开始，到3月8日结束，经过一个多月的紧张讨论，通过二读、三读手续，最后通过，孙中山以临时大总统的名义，于3月11日正式颁布。

《临时约法》共七章五十六条。

第一章《总纲》共四条，规定：“中华民国，由中华人民组织之”；“中华民国之主权，属于国民全体”；“中华民国领土，为二十二行省、内外蒙古、西藏、青海”；“中华民国以参议院、临时大总统、国务员、法院行使其统治权”。

第二章《人民》共十一条，规定：“中华民国人民，一律平等，无种族阶级宗教之区别”；人民享有人身、居住、财产及经营、言论、著作、出版、集会、结社、书信秘密、居住、迁徙、信教的自由；有请愿、诉讼、考试、选举及被选举的权利；有依法纳税和服兵役的义务。

第三章《参议院》共十四条，规定：“中华民国之立法权，以参议院行之”，“参议员，每行省、内外蒙古、西藏各选派五人，青海选派一人，其选派方法由各地方自定之；参议院会议时，每参议员有一表决权”。还规定了有关参议院的各项权利，包括议决一切法律、临时政府的预算决算、全国的税法、币制及度量衡的准则、公债的募集、国库有负担的契约；承诺临时大总统任免的文武职员、任命的国务员及外交大使公使、宣战媾和及缔结条约，密请临时政府查办官吏纳贿、违法事件，对临时大总统有谋叛行为、国务员有失职或违法行为时，得加以弹劾等。参议院在国会成立当天解散，其职权由国会行使。

第四章《临时大总统副总统》共十六条，规定：“临时大总统、副总统由参议院选举之”；“临时大总统代表临时政府总揽政务，公布法律”；“临时大总统，得提出法律于参议院”；“临时大总统代表全国，接受外国之大使、公使”；“临时大总统受参议院弹劾后，由最高法院全院审判官互选九人，组织特别法庭审判之”等内容。《临时约法》把《临时大总统副总统》这一章放在《参议院》一章后面，目的是显示参议院代表国民的权力，拥有至高无上的地位，而总统则不过是国民的公仆。

第五章《国务员》共五条，规定：“国务总理及各部总长，均称为国务员”，“国务员于临时大总统提出法律，公布法律，及发布命令时，须副署之”，“国务员受弹劾后，临时大总统应免其职，但得交参议院复议一次”。

第六章《法院》共五条，规定：“法院以临时大总统及司法总长分别任命之法官组织之”；“法官独立审判，不受上级官厅之干涉”；“法官在任中，不得减俸或转职，非依法律受刑罚宣告，或应免职之惩戒处分，不得辞职”。

第七章《附则》规定：“本约法施行后限十个月内，由临时大总统召集国会，其国会之组织及选举法由参议院定之”；“中华民国之宪法由国会制定，宪法未施行前，本约法之效力与宪法等”[①]。规定《临时约法》具有宪法的效力。

这部《临时约法》和之前的《临时政府组织法》相比，没有采取总统制，而采取了内阁制。《临时约法》在参议院、大总统、国务员三者的关系中规定，参议院有广泛的权力，国务员负有实际的责任，而临时大总统的权力则受到多方力量的限制。孙中山原本反对英国内阁制，主张美国总统制，这时他同意《临时约法》将总统制改为内阁制，显然是为了限制袁世凯的专权，保护民国国体。

《临时约法》深受欧美各资本主义国家法典影响，其内容来源于美、法等资本主义国家的立法、行政、司法“三权分立”和“代议政治”等原则。《临时约法》的精髓，是通过立法程序，确立了资产阶级共和国的国体和政体，以及国民所享有的民主权利。《临时约法》的发布，宣告了资产阶级民主共和原则的正义性和中华民国政权的合法性，开创了近代中国资产阶级民

① 《公布参议院议决临时约法》，载中国社科院近代史研究所、中山大学历史系孙中山研究室、广东省社会科学院历史研究室《孙中山全集》第2卷，第220～224页。

主政治的新局面，在中国近代政治发展史上具有划时代的意义。《临时约法》中关于人民权利和自由的一系列规定，对于促进民众觉醒，使资产阶级民主共和观念深入人心，鼓舞民众自觉为维护合法权利而展开斗争，也有着极其重要的作用。

南京临时政府成立后实施的各项政策，使这个革命政权初步站稳了脚跟，为实现政治革命的目标——推翻清王朝，孙中山等资产阶级革命派人士，与袁世凯及清王朝展开了反复博弈。

六岁幼帝退位——三百年清史终结

议和替代北伐

南京临时政府成立前，实行北伐，推翻清王朝的统治，是独立各省的共同心愿。沪军都督陈其美曾向各省建议组织北伐联军。十月十五日（12月5日），上海各界人士在张园召开北伐联合会成立大会，推选程德全担任会长，章驾时担任副会长，朱芸担任司令。十月十八日，北伐联合会致电各省都督，请求各省组织统一的北伐军。得到社会各界人士的拥护。十月三十日，江浙联军100多位军官，在南京谘议局召开军事会议，推举徐绍桢担任北伐总司令，决定实施北伐。十一月初九日，粤军军官姚雨平率领8000人的混成协抵达上海。南京临时政府成立后，孙中山也主张通过北伐推翻清王朝的统治。他就职后的第四天，电令广东都督陈炯明出兵北伐。他还宣布担任北伐总指挥，黄兴担任陆军总参谋长，制定了六路北伐的计划，通告黎元洪执行。姚雨平和柏文蔚统率北伐军，沿津浦路向北推进，与张勋、倪嗣冲发生遭遇战，大败清军后，追击到宿州。北伐军攻克徐州，张勋败退到山东。同时，海军3艘巡洋舰抵达烟台，成为北伐军进军东北的基地。北伐取得了一定进展。

由于南方各省内部议和的声势越来越大，北伐的计划被迫中止。此后，南北议和成为推翻清政府统治的主要手段。在南京临时政府成立以前，双方经过5次会议，已达成“开国民会议，解决国体问题，从多数取决”的协议。但在召集国民会议的地点上仍然争论不休。南方坚持在上海召开，北方主张在北京召开。

正当争论不下的时候，孙中山从海外归来，并在宣统三年十一月初十日（1911年12月29日）当选为临时大总统。袁世凯对孙中山当选临时大总统十分恼怒，怀疑南方原来答应他的承诺不可靠。他采取逼迫南方革命政府和清政府都向后退让的两面政策，一方面他致电伍廷芳，同意唐绍仪辞职，他亲自负责交涉，另一方面他唆使段祺瑞、冯国璋等北洋将领联络40多位军官，电告清廷皇族内阁，主张君主立宪，极力反对共和。他还将这份通电转达伍廷芳，声称如果根据少数人的意见采取共和政体，北洋军一定会誓死反抗。袁世凯通过这样的举动，一面对南京临时政府施加压力，另一方面也让满洲亲贵们坚信南方革命政府的要求很苛刻，必须通过讨伐才能解决。但目前军费短缺，讨伐没办法进行，迫使隆裕太后动用内帑充当军费。

尽管袁世凯对孙中山出任临时大总统非常不满，但南北议和并没有因此中断。唐绍仪辞职后，袁世凯与伍廷芳直接通过电报联系，同时唐绍仪与伍廷芳还在不断进行秘密交涉，交涉的内容，主要集中在清帝自行退位的交换条件上，原来争论的召开国民会议地点的问题已经抛在一边。通过秘密交涉，他们大体上达成清帝在优待的条件下自行退位，退位后孙中山辞去临时大总统，由袁世凯继任的协议。

这时的袁世凯处在颇为困难的境地。他原来坚持国体问题应该由国民会议议决，他唆使段祺瑞、冯国璋等将领发出反对共和、主张讨伐南方的通电，现在要清帝自行退位，确实难以开口。为了从困境中解脱出来，他大造社会舆论来逼迫清帝自行退位。在北京，《官话报》十一月十六日（1月4日）发表了敦促清帝退位的社论，说这是不可避免的事情，因为这是人民共同的意愿。袁世凯还通过他的亲信蔡廷干请求莫理循发动上海的外国商会向清政府提出清帝退位的要求。莫理循通过英国驻上海领事法磊斯的安排，外商上海商会很快发来了要求清帝退位的请愿书。

宗社党的顽抗

与此同时，袁世凯秘密地把清帝退位的优待条件告诉了奕劻，说这是对皇室和满人最为安全有利的办法。十一月廿三日（1月11日），满洲王公亲贵召开秘密会议，讨论是否退位。会上，奕劻将袁世凯向他暗示的退位条件提了出来，除少数少年亲贵表示反对外，大多数人意气消沉，会议没有任何结果。廿五日（13日），载沣访问袁世凯，询问关于退位的问题，袁世凯假意敷衍他。自从退位的消息传出后，亲贵中如肃亲王善耆、恭亲王溥伟、毓朗、良弼、铁良等人，对袁世凯极端不满，酝酿组织“宗社党”来对付袁世凯。廿八日（16日），袁世凯入朝谒见清太后隆裕，请示最后的“圣断”。皇太后回答在第二天召开御前会议讨论决定。袁世凯散朝时，在东华门的马路拐角处，受到革命党人杨禹昌、黄之萌、张先培的炸弹袭击，炸死卫队和巡警数人，袁世凯得以逃脱。廿九日（17日），御前会议召开，袁世凯称病没有出席，他派赵秉钧、梁士诒作为代表。三十日（18日），清政府召开第二次御前会议，奕劻在会上提出袁世凯告诉他的清帝退位优待条件，遭到蒙古王公的激烈反对，仍然没有结果。这时的宗社党人士见形势越来越严峻，集合30多人，一齐前往庆王府，包围奕劻，态度激烈，奕劻被迫改变他主张退位的态度。十二月初一日（19日）早晨，这批以禁卫军成员为主体的“宗社党”人士，便以‘君主立宪维持会”的名义，发布了激烈的宣言。

当天，清太后隆裕在养心殿召集满蒙王公亲贵举行第三次会议。会上，恭亲王溥伟、肃亲王善耆、那亲王那彦图、载泽等人强烈反对退位，当面攻击“奕劻欺国”，要求太后以后不要再轻信他的话。还要求清太后拿出宫中的金银器皿，暂时充作军费，支持冯国璋再战。这时总管禁卫军的冯国璋暗中虽然服从袁世凯的指挥，但在表面上也和满洲亲贵采取同样的态度，表示拥护清帝。他在十一月三十日（1月18日）见到载泽，对载泽说革命党不足畏惧，只要发给3个月的兵饷，就能奏功。载泽等人信以为真。在这次会上，被召见的满洲、蒙古王公有14人，但站出来说话的只有溥伟等4人。隆裕太后已经不大听得进溥伟、善耆等人希望冯国璋继续报效出力一类的话，她已经倾向于接受优待条件。她认为袁世凯廿八日被炸的事实已经证明，他不是袒护革命党人，而是真心替皇室打算的人。

在隆裕太后召见满蒙王公亲贵后，袁世凯内阁的各位国务大臣进见隆裕太后，代表袁世凯出席的赵秉钧，正式提出由内阁商定的解决方案，主要内容是：将清政府和南京临时政府同时取消，另外在天津由袁世凯设立一个临时统一政府。袁世凯提出这个方案，是想借清帝退位的机会，迫使南京临时政府也同时取消。因此，在这个方案正式提出的同时，袁世凯致电伍廷芳，要求在清帝退位两天后，南京临时政府立即解散。这个方案暴露了袁世凯的野心，遭到孙中山的揭露与抨击，以良弼为首的宗社党反抗的态度也非常激烈。

孙中山揭露袁世凯阴谋

南京临时政府在接到伍廷芳传来的消息后，立刻识破了袁世凯的阴谋。十一月三十日（1月18日）和十二月初一日（1月19日），孙中山连续致电伍廷芳，要他向袁提出以下条件：一、清帝退位，其一切政权同时消灭，不得私授于其臣。二、北京不得更设临时政府。三、各国承认中华民国之后，临时总统即行辞职，请参议院举袁为大总统。接着，孙中山还在十二月初四日致电伍廷芳，将所提各条送交各报馆公开发表，并指出这是最后的解决办法，如果袁世凯连这项条件都不愿意遵守的话，就是不愿赞同民国，不愿意和平解决，那么所有优待皇室八旗的各项条件，南京临时政府也不能履行。

孙中山公布袁世凯继任临时大总统的条件后，袁世凯在舆论上处在十分被动的地位。他如果不接受这个最后的解决办法，也没有别的办法；如果他接受这些条件，宗社党人又在同他纠缠，隆裕太后也没有最后同意清帝退位。他以前用清帝退位去换取自己的总统职位，还是半公开的秘密交易，孙中山把5项条件公布后，秘密交易完全被公开了，再没有暗中回旋的余地。因此，他只好继续称病不入朝。孙中山对袁世凯的揭露和提出的各项最后解决问题的条件，在各方面引起了强烈的反响。

在孙中山公布清帝退位、袁世凯继任临时大总统的各项条件的同时，以良弼为首领的宗社党也加紧反袁活动。他们准备等袁世凯一辞职就得到批准，由毓朗、载泽等人出面组阁，以铁良任清军司令，做最后的挣扎。

可是，由宗社党人策划反袁在北京所造成的这种紧张局势，到了十二月初八日（1月26日）就烟消云散了。当天，北京天津同盟会会员彭家珍在北京西城红罗厂投弹，炸伤了良弼，彭家珍当场牺牲，良弼受重伤，两天后死去。这一事件，让亲贵们心惊胆战。铁良一听说谋杀他兄弟的消息，便逃离了北京，其他反对退位的宗社党也纷纷逃出北京，前往天津、青岛、大连等地租界，在帝国主义列强庇护下苟延残喘。这场由宗社党策划的反袁活动也就偃旗息鼓了。

大势已去　清帝退位

袁世凯为了从困境中解脱出来，唆使他的亲信纷纷上书，要求清政府宣布共和，自动退位。河南巡抚齐耀琳、山西巡抚张锡銮、署直隶总督张镇芳、署山东巡抚张广建和署两湖总督、会办剿抚事宜第一军总统官段祺瑞等人纷纷请袁世凯表达希望清帝退位的意愿。段祺瑞的两封电报对清政府的压力最大。十二月初八日（1月26日），段祺瑞领衔、北洋将领46人联名奏请清政府“立定共和政体”，接着又在2月5日通电各省，声称“共和国体，原以致君于尧舜，拯民于水火。乃因二三王公迭次阻挠，以至恩旨不颁，万民受因”。“瑞等不忍宇内有此败类也”，“谨率全军将士入京，与王公剖陈利害”[①]，向清政府发出了军事威胁。这样一来，皇室内部就再没有人敢坚持反对清帝退位。袁世凯开列了“清帝逊位之后，其尊号仍存不废”，“岁用四百万元，由中华民国给付”，“暂居宫禁，日后移居颐和园，侍卫照常留用”，“其宗庙陵寝，永远奉祀，由中华民国酌设卫兵保护”，“其原有私产，由中华民国特别保护”等条件。此外，还提出了优待清皇族的条件，如“清王公世爵，概仍其旧”，“清皇族私产，一律保护”，“清皇族免兵役之义务”等。经过南北多次磋商之后，这些条件大体上确定下来。十二月十九日，南京临时政府参议院通过对清皇室的《优待条例》。十二月廿五日，清政府在内外交困中，被迫接受了这些优待条件，当天颁发了皇帝退位诏书。这道退位诏书，是由胡汉民请张謇起草，经唐绍仪转袁世凯发表。袁世凯在发表时添加了“即由袁世凯以全权组织临时共和政府与民军协商统一办法”一句话，向外界表示他的政权从清朝政府接受，同南京临时政府无关。

① 中国史学会主编：《辛亥革命》（八），第178～179页。

清帝的退位，宣告了已建立300年的清王朝的终结。

退位诏书颁布的第二天，袁世凯致电南京临时政府，承认共和是最好的国体，世界各国所公认，并表示永远不让君主政体再在中国实行。次日，孙中山向参议院提出辞职，推举袁世凯代替他。同时，为了防范袁世凯破坏共和，恢复专制政体，孙中山在辞职咨文中附有3个条件："（一）临时政府地点设于南京，为各省代表所议定，不能更改；（二）辞职后，俟参议院举定新总统亲到南京就任之时，大总统及国务院乃行解职；（三）临时政府约法为参议院新定，新总统必须遵守颁布之一切章程。"孙中山提出辞职的第二天，参议院选举袁世凯为第二任临时大总统，不久，又选黎元洪为副总统。

至此，清朝统治结束，历史开始了中华民国北洋政府时期，本丛书也画上了句号。

主要参考文献

[1] 中国史学会：《中国近代史资料丛刊 · 义和团》，上海人民出版社，1957年。

[2] 中国史学会：《中国近代史资料丛刊 · 辛亥革命》，上海人民出版社，1957年。

[3] 王铁崖编：《中外旧约章汇编》，生活 · 读书 · 新知三联书店，1957年。

[4] 朱寿鹏：《光绪朝东华录》，中华书局，1958年。

[5] 国家档案局明清档案馆：《义和团档案史料》（上），中华书局，1959年。

[6] 沈祖宪辑：《养寿园奏议辑要》，文海出版社，1966年。

[7] 胡滨译：《英国蓝皮书有关义和团运动资料选译》，中华书局，1980年。

[8]《荣禄集》，《近代史资料》1983年第4期。

[9] 第一历史档案馆：《清实录》，中华书局，1986年。

[10] 刘锦藻：《清朝续文献通考》，浙江古籍出版社，1988年。

[11] 沈桐生：《光绪政要》，广陵出版社，1991年。

[12] 中国第一历史档案馆：《光绪宣统两朝上谕档》，广西师范大学出版社，1996年。

[13] 商务印书馆编译所编纂：《大清新法令》，商务印书馆，2011年。

[14]《国风报》。

[15]《东方杂志》。

[16] 爱新觉罗·溥仪：《我的前半生》，中华书局，1977年。

[17] 廖一中、罗真容编：《袁世凯奏议》（上、中、下），天津古籍出版社，1987年。

[18] 故宫博物院明清档案部：《清末筹备立宪档案史料》，中华书局，1979年。

[19] 金冲及，胡绳武：《辛亥革命史稿》，上海人民出版社，1980~1991年。

[20] 李文海，林敦奎，林克光：《义和团运动史事要录》，齐鲁书社出版社，1986年。

[21] 李贵连：《沈家本与中国法律现代化》，光明日报出版社，1989年。

[22] 穆景元，毛敏修，白俊山：《日俄战争史》，辽宁大学出版社，1993年。

[23] 吴春梅：《一次失控的近代化改革——关于清末新政的理性思考》，安徽大学出版社，1998年。

[24] 郭廷以：《近代中国史纲》，中国社会科学出版社，1999年。

[25] 王先明：《中国1911》，天津人民出版社，2000年。

[26] 李治亭：《清史》，上海人民出版社，2003年。

[27] 张晋藩：《中国司法制度史》，人民法院出版社，2004年。

[28] 罗立：《沈家本与晚清修律》，湖南大学硕士学位论文，2001年。

[29] 李志武：《载沣研究》，中山大学硕士学位论文，2003年。

[30] 刘庆：《清末军制改革研究（1901~1911）》，山东大学硕士学位论文，2003年。

[31] 顾丹：《晚清废科举研究》，辽宁师范大学硕士学位论文，2009年。

[32] 张亚斌：《晚清陆军部研究》，首都师范大学硕士学位论文，2009年。

[33] 潘崇：《清末五大臣出洋考察研究》，南开大学博士学位论文，2010年。

[34] 林明德：《清末民初的司法改革》，《台湾师范大学历史学报》第26期。

[35] 田跃安：《清末新军建设的历史思考》，《西安电子科技大学学报》（社会科学版）2001年第2期。

[36] 王华：《〈大清新刑律〉修订始末》，《江淮法制》2006年第3期。

[37] 梁治平：《晚清围绕〈大清新刑律〉的争论》，《中国企业家》2008年第4期。

[38] 杨东梁：《光绪帝死因探析》，《商丘师范学院学报》2008年第5期。

[39] 饶本忠：《论清末新政时期的四级三审制》，《河南科技大学学报》2009年第2期。

[40] 王琛：《顺势和逆流：清末军咨府研究初探》，《高等函授学报》（哲学社会科学版）2009年第6期。

[41] 张季：《从海军衙门到海军部——清廷近代海军中央机构的初步建立与人员取用》，《石家庄学院学报》2010年第1期。

[42] 李治亭：《论清朝的历史地位》，《社会科学战线》2010年第5期。

[43]《孙中山就任中华民国临时大总统》，《北京档案》2012年第1期。

[44] 姜克夫编著：《民国军事史略稿》第1卷，中华书局，1987年。

后记

《数读清史丛书》历经七年的艰辛，终于得以付梓，真是值得高兴的事。作为主编，我们深感编辑这部有一定特色的“清史丛书”实非易事，个中甘苦，唯亲历者知之。

本套丛书的编辑工作启动于2012年，两位主编在深思熟虑之后，明确宗旨，确定选题，拟就编写计划，制订《编写则例》。接着，又约请京内外九位中青年学者承接编写工作。作者们对于本丛书的写作十分认真，兢兢业业，数易其稿，付出了艰辛劳动。编纂伊始，还承蒙北京青年政治学院（通过作者之一谭绍兵）赞助，使得来自四面八方的作者能齐聚一堂，共襄盛举。

由于多种原因，原接洽的出版社临时变卦，致使丛书出版中途搁浅。面对意外变故，我们作为主编没有气馁，又积极与辽宁民族出版社沟通。承蒙不弃，该社社长兼总编辑李凤山先生、副总编辑吴昕阳女士鼎力相助，慨然允诺出版本套丛书。责任编辑李璜女士及杜璐珊、黄金刚等编辑负责联系、审稿，多有辛劳。此外，又通过邹建达、张立程两位作者得到了云南师范大学和浙江大学的出版资助，最终得以克服困难，仅仅用了不到一年时间就把此书奉献给广大读者，这是我们全体编著者要特别感谢的。在丛书编撰过程中，编著者的家人、朋友给予了大力的支持和帮助，杨阳、黄彦震等同志也协助做过一些事务性工作，在此一并致谢。

2019年4月于北京